세상 끝에 일어날 마지막 전쟁

세상 끝에 일어날 마지막 전쟁

초판 1쇄 인쇄 2014년 04월 23일
초판 1쇄 발행 2014년 04월 30일

지은이	김수진
펴낸이	손형국
편집인	선일영
편 집	이소현 이윤채 조민수
디자인	이현수 신혜림 김루리
제 작	박기성 황동현 구성우
마케팅	김회란
펴낸곳	(주)북랩
출판등록	2004. 12. 1(제2012-000051호)
주소	153-786 서울시 금천구 가산디지털 1로 168, 우림라이온스밸리 B동 B113, 114호
홈페이지	www.book.co.kr
전화번호	(02)2026-5777
팩스	(02)2026-5747
ISBN	979-11-5585-215-6 03230(종이책)
	979-11-5585-216-3 05230(전자책)

이 도서의 국립중앙도서관 출판시도서목록(CIP)은 서지정보유통지원시스템 홈페이지(http://seoji.nl.go.kr)와
국가자료공동목록시스템(http://www.nl.go.kr/kolisnet)에서 이용하실 수 있습니다.
(CIP제어번호: 2014013384)

세상 끝에 일어날
마지막 전쟁

김 수 진

셋째 하늘 (해택, 천국)

둘째 하늘

첫째 하늘

둘째 '땅' (마른 육지, 지구)

바다

깊음

첫째 '땅'
형태가 없고
비어 있다

내가 한 사람을 알았는데
그 사람은 셋째 하늘로 채여 올라갔느니라

첫 단추부터 잘못 끼운 진실? 전쟁 war ?

반드시 마지막 전쟁 battle 은 속지 말자!

book Lab

 서 문

'상식 = 교만', 꿈속에서 어떤 음성이 내게 말하길 '너는 해명하려 하지 마라. 설명하려 하지 마라. 이해시키려 하지 마라 무엇을 이미 말해 버렸다하자 그것이 다가 아니라 하자 그럴지라도 그것의 보조설명도 하려고 하지 마라. 말하지 마라. 그냥 지금부터는 아무 말을 하지 말라.'

이 공식을 꿈을 통해 알게 되었습니다. 인생을 살아감에 있어 지도처럼 나침판처럼 나의 방향을 그리고 나의 목표지점을 알려 주는 도구들이 필요합니다. 원하였던 원치 않았던 이 세상에 태어난 순간부터 우리는 인생이란 여행을 시작한 것입니다. 인생이란 여행은 내가 원하던 원치 않던 숨을 쉬고 있는 이상 살아 있는 순간 동안은 선택이 아닌 가야만 하는 여행인 것입니다. 참으로 멈추고 싶고 주저앉고 싶고 다시 되돌리고 싶어 몸부림칠지라도 아무 소용이 없는 멈출 수 없는 되돌릴 수도 없는 여행입니다. 나의 어린 시절 정말 아무런 희망이 없이 느껴지는 어느 날 참으로 '죽고 싶다'라는 생각을 태어나 처음으로 하던 날, 죽고 싶은 게 아니라 살아야 하는 이유를 알 수 없다고 느끼는 어느 날 정처 없이 가다가 산 중턱의 벤치에 않았습니다. 눈동자는 초점을 잃고 멍하니 앞을 보는 순간 아이의 작은 눈동자에 들어온 '큰 나무'

누구 인지 알 수 없지만 잔잔한 목소리가 나의 속에서 올라옴을 분명히 느꼈습니다.

잔잔한 목소리: 저 나무는 어떻게 자랐지?

내 마음: 그냥 가만히 있었겠지. 누군가 뽑거나 자르지만 않는다면

잔잔한 목소리: 저 나무는 무얼 먹고 저렇게 크게 자랐지?

내 마음: 그냥 가만히 있기만 하면 하늘에서 비도 주고 하늘에서 바람을 불게 해서 꽃가루를 날려 주고 하늘에서 새들을 보내주면 벌레도 잡아주고 하

늘에서 뿌리에 양분을 주면 그것들을 먹고 자랐겠지.

잔잔한 목소리: 저 나무는 어떻게 저렇게 다른 나무보다 훨씬 클까?

내 마음: 다른 나무들 보다는 아마도 저항하지 않고 바람이 불면 부는 대로 주면 주는 대로 먹고 움직일 수 없으니 그냥 그렇게 가만히 있었겠지. 나무는 움직일 수가 없으니.

잔잔한 목소리: 저 나무가 할 수 있는 것은 뭐가 있지?

내 마음: ……그냥 가만히 있는 것. 나무는 움직일 수 없으니.

그 순간 나의 마음은 나의 눈동자는 다시 숨 쉬는 것 같았습니다. '아! 그렇구나 가만히 있기만 하면 되는 구나! 바람이 불면 부는 대로 주면 주는 대로 새들이 나를 쪼아 댈지라도 참고 견디는 것이구나, 가끔 비바람이 폭풍이 나를 고통스럽고 정신없게 할지라도 잠잠히 뽑히지 않게 고개를 숙이고 몸에 힘을 빼면 되는구나. 그러면 나도 저 나무처럼 크게 자랄 수 있겠구나!'

인생에 있어 아주 간단하면서도 정확한 지도를 한 장 얻은 느낌이었습니다. 속에서부터 올라오는 기쁨과 감사로 조금 전의 모든 생각들을 잊은 듯 다시 숨쉬기 시작했습니다.

나는 이 깨달음대로 살려고 했습니다. 비바람이 나를 치고 나를 참으로 정신없게 할 때도 새들이 날라 와 나를 끝없이 쪼아 댈 때에도 그냥 그렇게 잠잠히 서 있었습니다. 시간이 흘러 몸과 마음이 조금씩 자라게 되었을 때도 참으로 고통스러운 순간이 올 때도 대항하지 않고 변론하지 않고 그냥 그렇게 서 있었습니다. 생명은 참으로 소중한 것입니다. 내가 살아 있다는 것 고통을 느낀 다는 것 새들이 나를 쪼아 댄다는 것 바람이 불고 폭우를 견딘다는 것 춥고 매서운 겨울을 견딘다는 것 이 모든 것은 살아 있을 때만 느낄 수 있는 것입니다. 요즘 시대에 침묵한다는 것은 상식에 어긋납니다. 억울한 일을 당하면 대항 할 줄 아는 것이 상식이며 자신의 권리는 자신이 찾아야 한다는 것이 상식입니다. 저는 이 공식(상식=교만)의 정확성은 알지 못합니다. 그러나 이 공식대로 내가 본 나무처럼 살아 왔던 나의 여행은 후회는 없습니다. 많은 것을 잃기도 했습니다. 어떤 영역에서는 모든 것을 잃었습니다. 그러나 후회가 없는 인생, 돌아가도 다시 그렇게 살 것이라고 말할 수 있는 인생, 이 것보다 더 소중한 것이 있을까요? 실수가 없었다는 것이 아니라 실패가 없었다는 것이 아니라. 내가 만난 자연의 법칙에 순응 할 줄 아는 마음을 배운 것에 감사 할 뿐입니다. 나의 여행을 스스로 멈추지 않은 것만으로도 나는 참으로 감사합니다. 많은 사람들이 자신의 생명을 스스로 끊어 버립니다. 자신의 삶의 여행을 스스로 멈추어 버립니다. 두렵고 정말 걸을 수 없는 수치심을 느끼는 순간순간도 숨 쉬다 보면 어느 날 나는 큰 나무처럼 견고한 자가 되어 있는 것입니다. 타인에게 인정받는 것이 아니라 나 자신의 심장이 나를 증명해 주고 나를 인정해 주는 것입니다. 저는 책을 쓸 수 있다고 생각해 본적이 없었습니다. 이 생각은 나를 아는 나의 주변 모든 사람들도 동의할 것입니다. 이 책을 어떻게 썼는지 솔직히 저도 잘 모릅니다. 그러나 진실은 썼다는 것입니다. 그렇게 쪼아 대던 새들과 그렇게 매섭게 치던 비바람을 그렇게 쏘아대던 태양을 견디다 보니 내가 아닌 내가 된 것입니다.

이 책을 읽고 계시는 모든 분께 감사합니다. 이 책을 본다는 것은 살아 있다는 증거이니 그것만으로 저는 당신에게 감사합니다. 이 책은 내 생각에서 나온 것이 아니니 나에 대해서는 쓸게 없습니다. 이 책을 쓸 수 있도록 나의 생명을 지켜주신 분께 저 또한 감사할 뿐입니다. 이 책은 인간의 도움을 받은 게 없으니 감사할 사람도 없습니다. 이 책은 나에게 생명을 주신 나를 이 땅에 태어나게 하신 나의 생명을 아직도 거두어 가지 아니하신 분께 올려 드립니다.

이 책을 보고 있는 살아 숨 쉬는 당신께 다시 한 번 감사드리며 마지막으로 이 책을 쓸 수 있도록 허락하신 나의 생명의 주인이신 하나님께 감사드립니다.

차 례

01 천지창조

창세기 1장~2장

1장 1절__처음에 하나님께서 하늘과 땅을 창조하시니라.

땅1 : earth

하늘1 : heaven

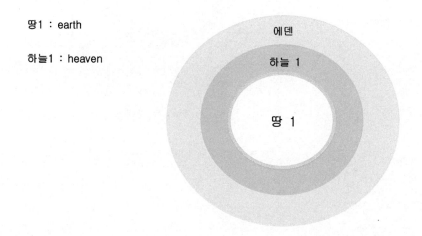

※ 땅의 원 위에 앉으신 이가 바로 그분이시니 땅에 거하는 자들은 메뚜기 같으니라. 그 분께서 하늘들을 휘장같이 펼치시며 그것들을 거주할 장막같이 펴시고(사 40:22)

1장 2절 땅은 형태가 없고 비어 있으며 어둠은 깊음의 표면 위에 있고 하나님의 영은 물들의 표면 위에서 움직이시니라.

땅1(without form, and void) : 유형이 없다, 그리고 (커다란)빈 공간(무엇이 없는 공간)

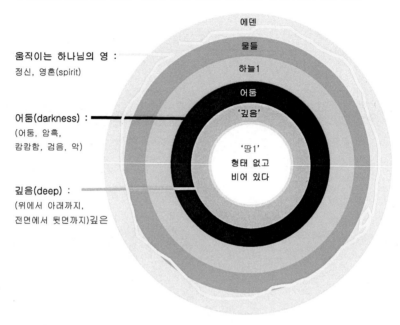

움직이는 하나님의 영 :
정신, 영혼(spirit)

어둠(darkness) :
(어둠, 암흑,
캄캄함, 검음, 악)

깊음(deep) :
(위에서 아래까지,
전면에서 뒷면까지)깊은

에덴
물들
하늘1
어둠
'깊음'
'땅1'
형태 없고
비어 있다

※ 그분께서 또한 하늘들을 휘시고 내려오시니 어둠이 그분의 발밑에 있었도다.
　(삼하 22:10)

1장 3절~5절__하나님께서 이르시되, 빛이 있으라, 하시매 빛이 있었고 하나님께서 그 빛을 보시니 좋았더라, 하나님께서 어둠에서 빛을 나누시고 하나님께서 빛을 낮이라 부르시며 어둠을 밤이라 부르시니라. 그 저녁과 아침이 **첫째 날**이더라.

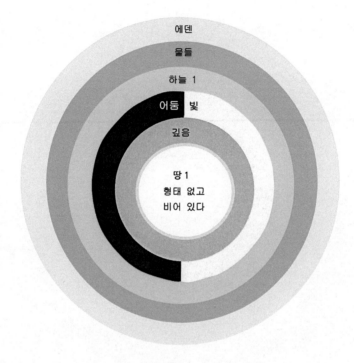

1장 6절~8절__하나님께서 이르시되, 물들의 한가운데 궁창이 있고 또 그것은 물들에서 물들을 나누라, 하시고 하나님께서 궁창을 만드사 궁창 위의 물들에서 궁창 아래의 물들을 나누시니 그대로 되니라. 하나님께서 궁창을 하늘이라 부르시니라. 그 저녁과 아침이 둘째 날이더라.

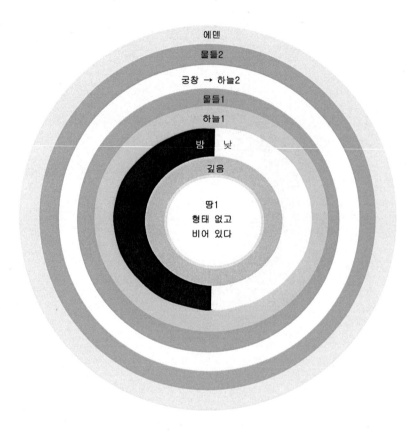

1장 8절__ 하나님께서 궁창을 하늘이라 부르시니라. 그 저녁과 아침이 **둘째 날**이더라.

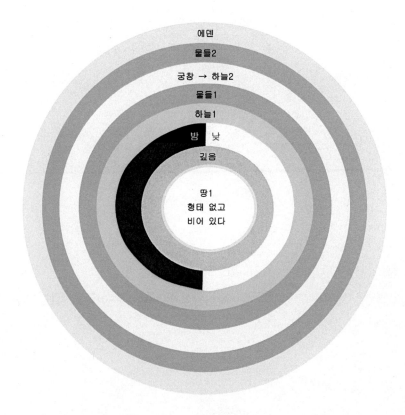

※ 이스라엘의 하나님을 보았는데 그분의 발밑은 마치 사파이어 돌로 포장한 듯하고 청명한 하늘의 본체 같더라.(출 24:10)

1장 9절__하나님께서 이르시되, 하늘 아래의 물들은 한 곳으로 함께 모이고

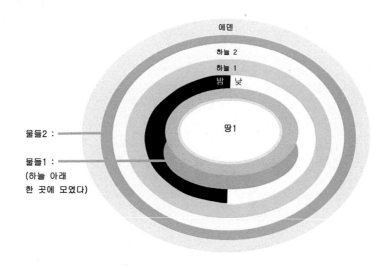

1장 9절__마른 육지는 드러나라, 하시니 그대로 되니라.

　형태가 없고 비어 있던 땅 중에서, **마른 육지(dry land)는 드러남.**(let the dry land appear)

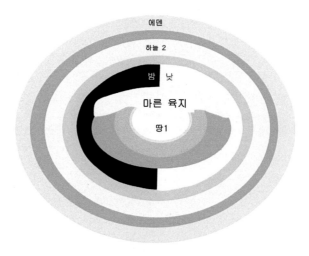

1장 10절__하나님께서 마른 육지를 땅이라 부르시고 물들이 함께 모인 것을 바다들이라 부르시니라. 하나님께서 보시기에 좋았더라.

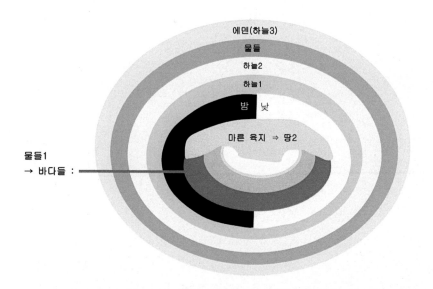

1장 11절~13절__하나님께서 이르시되, 땅은 풀과 씨 맺는 채소와 자기 종류대로 열매 맺는 과일 나무 곧 열매 속에 씨가 있는 과일 나무를 땅 위에 내라, 하시니 그대로 되어 땅이 풀과 자기 종류대로 씨 맺는 채소와 자기 종류대로 열매 맺는 나무 곧 열매 속에 씨가 있는 나무를 내니라. 하나님께서 보시기에 좋았더라. 그 저녁과 아침이 **셋째 날**이더라.

1장 14절~19절__하나님께서 이르시되, 하늘의 궁창에 광체들이 있어서 밤에서 낮을 나누고 또 그것들은 표적들과 계절들과 날들과 해(年)들을 나타내라. 또 그것들은 하늘의 궁창에서 빛이 되어 땅 위에 빛을 주라, 하시니 그대로 되니라. 하나님께서 커다란 두 광체를 만드사 큰 광체는 낮을 다스리게 하시고 작은 광체는 밤을 다스리게 하시며 또 별들도 만드시고 하나님께서 그것들을 하늘의 궁창에 두사 땅 위에 빛을 주게 하시며 낮과 밤을 다스리게 하시고 어둠에서 빛을 나누게 하시니라. 하나님께서 보시기에 좋았더라. 그 저녁과 아침이 **넷째 날**이더라.

1장 20절~23절__하나님께서 이르시되, 물들은 생명이 있어 움직이는 창조물과 땅 위 하늘의 열린 궁창에서 나는 날짐승을 풍성히 내라, 하시고 하나님께서 큰 고래들과 물들이 풍성히 낸, 움직이는 모든 살아 있는 창조물을 그것들의 종류대로, 날개 달린 모든 날짐승을 그것의 종류대로 창조하시니라. 하나님께서 보시기에 좋았더라. 하나님께서 그것들에게 복을 주시며 이르시되, 다산하고 번성하여 바다의 물들을 채우고 날짐승은 땅에서 번성하라, 하시니라. 그 저녁과 아침이 **다섯째 날**이더라.

1장 24절~26절__하나님께서 이르시되, 땅은 살아 있는 창조물을 그것의 종류대로 내되 가축과 기는 것과 땅의 짐승을 그것의 종류대로 내라, 하시니 그대로 되니라. 하나님께서 땅의 짐승을 그것의 종류대로 만드시니라. 하나님께서 보시기에 좋았더라. 하나님께서 이르시되, 우리가 우리의 형상으로 우리의 모양에 따라 사람을 만들고 그들이 바다의 물고기와 공중의 날짐승과 가축과 온 땅과 땅에서 기는 모든 기는 것을 지배하게 하자, 하시고

2장 4절~9절__땅과 하늘들이 창조된 때 곧 주 하나님께서 그것들을 만들고 들의 모든 초목이 땅에 있기 전에 초목을 만들며 들의 모든 채소가 자라기 전에 채소를 만드신 날에 하늘들과 땅의 생성 세대들이 이러하니라. 그때에는 주 하나님께서 땅에 비를 내리지 아니하셨고 또 땅을 갈 사람도 없었으며 단지 안개만 땅에서 올라와 온 지면을 적셨더라. 주 하나님께서 땅의 흙으로 사람을 지으시고 생명의 숨을 그의 콧구멍에 불어넣으시니 사람이 살아 있는 혼이 되니라. 주 하나님께서 동쪽으로 에덴에 동산을 세우시고 자신이 지은 남자를 거기 두셨으며 또 주 하나님께서 땅으로부터 보기에 아름답고 먹

기에 좋은 모든 나무가 자라게 하시니 그 동산의 한가운데에는 생명나무와 선악을 알게 하는 나무도 있더라.

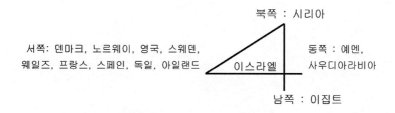

북쪽 : 시리아

서쪽: 덴마크, 노르웨이, 영국, 스웨덴, 웨일즈, 프랑스, 스페인, 독일, 아일랜드

이스라엘

동쪽 : 예멘, 사우디아라비아

남쪽 : 이집트

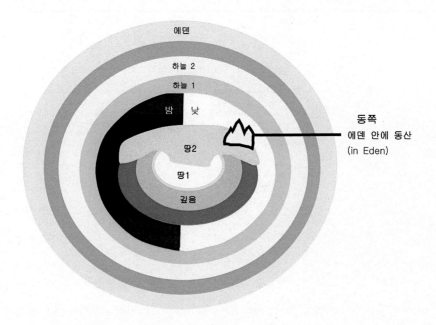

에덴

하늘 2

하늘 1

밤   낮

땅2

땅1

깊음

동쪽
에덴 안에 동산
(in Eden)

※ 그들이 주의 발밑에 앉았으니 각 사람이 주의 말씀들을 받으리라.(신 33:3)

2장 10절__강 하나가 에덴에서 나가 동산을 적시고

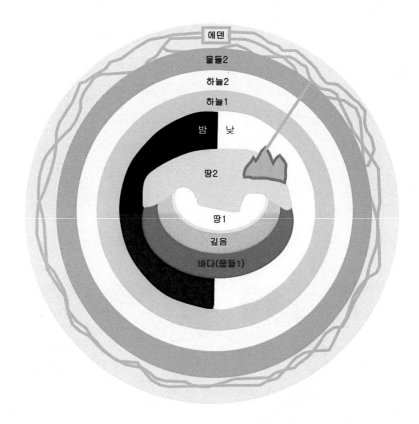

2장 10절~14절__거기서부터 갈라져 네 개의 근원이 되었는데 첫째 강의 이름은 비손이니라. 그것은 곧 금이 있는 하윌라의 온 땅을 두르는 강인데 그 땅의 금은 좋으며 거기에는 델리움과 줄마노가 있느니라. 둘째 강의 이름은 기혼이니라. 바로 그것은 곧 에티오피아 온 땅을 두르는 강이며 셋째 강의 이름은 힛데겔이니라. 그것은 곧 아시리아의 동쪽으로 가는 강이고 넷째 강은 유프라테스니라.

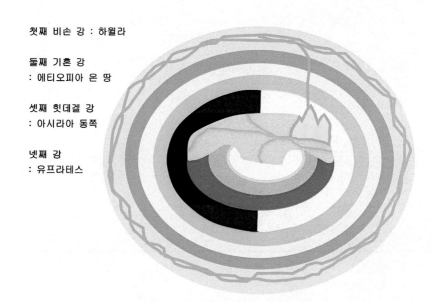

첫째 비손 강 : 하윌라

둘째 기혼 강
: 에티오피아 온 땅

셋째 힛데겔 강
: 아시리아 동쪽

넷째 강
: 유프라테스

__1장 28절~31절__하나님께서 그들에게 복을 주시고 하나님께서 그들에게 이르시되, 다산하고 번성하여 땅을 채우라. 땅을 정복하라. 또 바다의 물고기와 공중의 날짐승과 땅 위에서 움직이는 모든 생물을 지배하라, 하시니라. 하나님께서 이르시되, 보라, 내가 온 지면 위에 있는 씨 맺는 모든 채소와 속에 씨 맺는 나무의 열매를 가진 모든 나무를 너희에게 주었노니 그것이 너희에게 먹을 것이 되리라. 또 땅의 모든 짐승과 공중의 모든 날짐승과 속에 생명이 있어 땅에서 기는 모든 것에게는 내가 모든 푸른 채소를 먹을 것으로 주었노라, 하시니 그대로 되니라. 하나님께서 자신이 만든 모든 것을 보시니, 보라, 매우 좋았더라. 그 저녁과 아침이 **여섯째 날**이더라.

__2장 1절~3절__이같이 하늘들과 땅과 그것들의 모든 '군대'가 완성 되니라. **일곱째 날**에 하나님께서 친히 만든 자신의 일을 마치고 친히 만든 자신의 모든 일에서 떠나 일곱째 날에 안식(rested)하시니라. 하나님께서 일곱째 날을 복 주시고 거룩히 구별하셨으니 이는 그 날에 **하나님께서 친히 창조하며**

만든 자신의 모든 일에서 떠나 안식(rested)하셨기 때문이더라.

하나님께서 만드신 군대

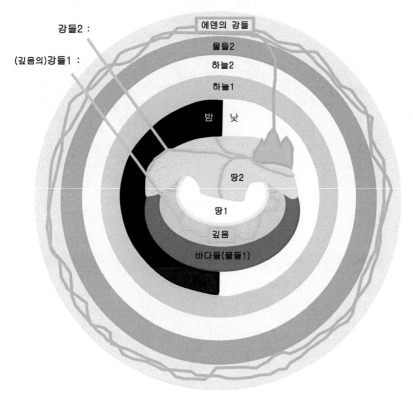

강들2 :

(깊음의)강들1 :

에덴의 강들
물들2
하늘2
하늘1
밤 낮
땅2
땅1
깊음
바다들(물들1)

1. '깊음'이 무엇인가? 지옥의 나라들이다

표면은 얼어 있고 차가운 기운이 있는 사탄의 왕국, 용들의 나라들, 쫓겨난 천사들이 거하는 곳입니다: 죽은 자들이 거기 있는 것과 그녀의 객들이 지옥의 깊음들 속에 있는 것을 알지 못하느니라.(잠 9:18) 노아의 생애에서 육백째 해 둘째 달 곧 그 달 십칠일 바로 그 날에 큰 깊음의 모든 샘들이 터지고 하늘의 창들이 열리며(창 7:11) 깊음의 샘들과 하늘의 창들도 닫혔으며 하늘에서 비가 그치매(창 8:2) 물들이 주를 보고 무서워하며 깊음들도 소동하였나이다.(시 77:16) 주께서 그들의 모든 죄를 바다의 깊음 속에 던지시리이다.(미 7:19) 하나님으로 말미암나니 그분께서 너를 도우실 것이요, 또 전능자로 말미암나니 그분께서 네게 복을 주시되 위로 하늘의 복과 아래 놓인 깊음의 복과 젖가슴의 복과 태의 복을 주시리로다.(창 49:25) 주께서 또 그들 앞에서 바다를 가르사 그들이 바다 가운데를 마른 땅 위로 지나가게 하시며 그들을 핍박하던 자들을 힘센 물에 돌을 던지듯 깊음들 속으로 던지시고(느 9:11) 물들은 돌로 숨긴 것 같이 숨겨져 있고 깊음의 표면은 얼어 있느니라.(욥 38:30) 깊음을 솥이 끓는 것 같이 끓게 하며 바다를 향유 단지같이 만드는도다.(욥 41:31) 주께서 말씀하시기를 ~ 내가 내 백성을 바다의 깊음들로부터 다시 데려오리니(시 68:22) 내게 크고 쓰라린 고난들을 보이신 주께서 나를 다시 살리시며 땅의 깊음으로부터 나를 다시 끌어올리시리이다.(시 71:20) 주께서 행하신 일들과 깊음 속에 있는 그분의 이적들을 보나니 그분께서 명령하사 폭풍을 일으키시매 그것이 자기의 파도들을 높이 일으키는도다. 그들이 하늘로 솟구쳤다가 다시 깊음들로 내려가니 고난으로 인하여 그들의 혼이 녹는도다.(시 107:24~26) 용들과 모든 깊음들아, 너희는 땅에서부터 주를 찬양하라.(시 148:7) 그분께서 하늘들을 예비하실 때에 내가 거기 있었으며 그분께서 깊음의 표면에 한계를 정하시고 위로 구름들을 굳게 세우시며 깊음의 샘들을 강하게 하시고 바다에게 자신의 칙령을 내리사 물들이 자신의 명령을 넘어가지 못하게 하시며 또 땅의 기초들을 지정하신 그때에 (잠 8:27~29) 주 하나님께서 이같이 내게 보이셨느니라. 보라, 주 하나님께서 불로 싸우려고 부르시니 그 불이 큰 깊음을 삼키고 일부분을 먹어 치웠느니라.(암 7:4) 예수님께서 그에게 물어 이르시되, 네 이름이 무엇이냐? 하시매 그가 이르되, 군단이니이다, 하니 이는 많은 마귀들이 그에게 들어갔기 때문이더라. 그들이 그분께 간청하여 그분께서 깊음 속으로 들어가라고 자기들에게 명령하지 마실 것을 구하더라.(눅 8:30~31) 믿음에서 난 의는 이같이 말하되, 네 마음속으로 이르기를, 누가 하늘로 올라가겠느냐? 하지 말라, 하나니 이것은 그리스도를 위에서부터 모셔 내리려는 것이요, (혹은, 누가 깊음 속으로 내려가겠느냐? 하지 말라, 하나니) 이것은 그리스도를 다시 죽은(dead) 자들로부터 모셔 올리려는 것이라.(롬 10:7)

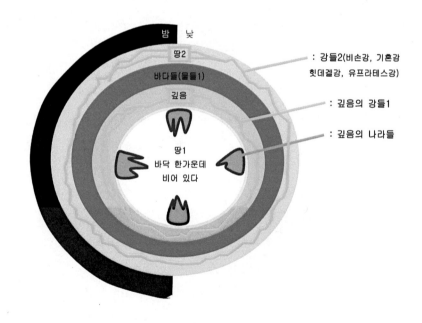

2. 바다에 거하는 뱀 리워야단 – 큰 용

이집트에 거하는 파라오, 쫓아내어 어둠의 사슬로 묶어 둔 천사, 바다를 오르내리는 큰 용, 깊음의 왕국을 다스리는 깊음의 통치자들입니다: 주 하나님이 이같이 말하노라. 보라, 이집트 왕 파라오야, 내가 너를 대적하노라. 너는 네 강들 한가운데 누워 있는 큰 용이라. 네가 말하기를, 내 강은 내 것이요, 내가 나를 위하여 그것을 만들었노라, 하였도다.(겔 29:3) 주께서 자신의 매섭고 크고 강한 칼로 꿰뚫는 뱀 리워야단 곧 저 구부러진 뱀 리워야단을 벌하시며 바다에 있는 용을 죽이시리라.(사 27:1) 참으로 소안의 통치자들은 어리석은 자들이며 파라오의 지혜로운 조언자들의 조언도 어리석게 되었는데 어찌 너희가 파라오에게 이르기를, 나는 지혜로운 자의 아들이라. 옛 왕들의 아들이라, 하느냐?(사 19:11) 이집트는 홍수같이 일어나고 그것의 물들은 강물같이 움직이는도다. 그가 이르되, 내가 올라가서 땅을 덮고 그 도시와 그것의 거주민들을 멸하리라, 하는도다.(렘 46:8)

천지의 평면도

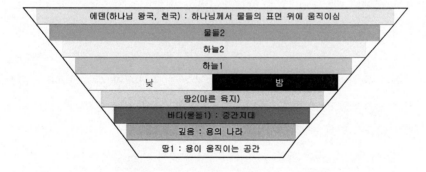

3. 바다 - 물들1

깊음과 마른 땅(땅2)의 중간 지대, 깊음으로 인해 더럽혀 질 수 있는 영역입니다: 누구든지 단순한 자는 이리로 돌이키라, 하고 또 명철이 부족한 자에 관하여는 이르기를, 도둑질한 물이 달고 은밀히 먹는 빵이 맛이 있다, 하느니라. 그러나 그는 죽은(dead) 바다 곧 큰 깊음의 물들을 마르게 하시고 바다의 깊은 곳들을 길로 만드사 속량 받은 자들이 건너게 하신 이가 주가 아니시니이까?(사 51:10) 주께서 나를 깊음 속으로, 바다들 한가운데로 던지셨으므로 넘치는 큰물이 나를 에워쌌고 주의 모든 큰 물결과 파도가 내 위에 넘쳤나이다.(욘 2:3) 사람의 아들아, 두로의 통치자에게 이르기를, 주 하나님이 이같이 말하노라. 네 마음이 높아졌으므로 네가 말하기를, 나는 하나님이니라. 내가 하나님의 자리 곧 바다들의 한가운데 앉아 있다, 하였도다. 네가 네 마음을 하나님의 마음같이 정할지라도 너는 사람이요, 하나님이 아니니라.(겔 28:2) 티끌을 자기 머리 위에 뿌리고 슬피 울며 통곡하고 외쳐 이르되, 가엾도다, 가엾도다, 저 큰 도시여! 바다에서 배들을 부리는 모든 자들이 그녀의 값비싼 물품으로 인하여 치부하였는데 그녀가 한 시간 내에 황폐하게 되었도다, 하리라.(계 18:19) 힘센 천사 하나가 큰 맷돌 같은 돌을 들어 바다에 던지며 이르되, 저 큰 도시 바빌론이 이같이 세차게 던져져서 다시는 보이지 아니하리로다.(계 18:21) 바다가 자기 속에 있던 죽은 자들을 내주고 또 사망과 지옥도 자기 속에 있던 죽은 자들을 넘겨주매 그들이 각각 자기 행위들에 따라 심판을 받았고(계 20:13) 바다 곧 큰 깊음의 물들을 마르게 하시고 바다의 깊은 곳들을 길로 만드사 속량받은 자들이 건너게 하신 이가 주가 아니시니이까?(사 51:10) 내가 바다나 고래이기에 주께서 나를 감시하시나이까?(욥 7:12) 주께서 주의 능력으로 바다를 나누시고 물들 가운데 있는 용들의 머리들을 깨뜨리시며(시 74:13) 주께서 바다의 맹렬함을 다스리시며 바다의 파도들이 일어날 때에 그것들을 잔잔하게 하시나이다.(시 89:9) 주께서 지혜로 그것들을 다 만드셨사오니 주의 부요하심이 땅에 가득하나이다. 이 크고 넓은 바다도 그러하오니 그 안에는 기어 다니는 것들 곧 작고 큰 짐승이 무수하나이다.(시 104:24~25) 그 날에 주께서 자신의 매섭고 크고 강한 칼로 꿰뚫는 뱀 리워야단 곧 저 구부러진 뱀 리워야단을 벌하시며 바다에 있는 용을 죽이시리라.(사 27:1) 그러므로 주가 이같이 말하노라. 보라, 내가 네 사정을 변호하고 너를 위해 원수를 갚으며 그녀의 바다를 마르게 하고 그녀의 샘들을 마르게 하리니(렘 51:36) 바다가 바빌론 위로 올라왔으므로 그녀가 바다의 많은 파도에 덮였도다.(렘 51:42) 서로 다른 큰 짐승 넷이 그 바다에서 올라왔더라.(단 7:3) 그분께서 다시 돌이키시고 우리를 불쌍히 여기시며 우리의 불법들을 누르시리니 주께서 그들의 모든 죄를 바다의 깊음 속에 던지시리이다.(미 7:19)

4. 용의 강 – 음녀의 강, 깊음의 강, 이집트의 강

깊음으로부터 흘러 들어오는 강(강1): 이집트 왕 파라오야, 내가 너를 대적하노라. 너는 네 강들 한가운데 누워 있는 큰 용이라. 네가 말하기를, 내 강은 내 것이요, 내가 나를 위하여 그것을 만들었노라, 하였도다.(겔 29:2~3) 이집트 땅이 황폐하고 피폐하게 되리니 내가 주인 줄을 그들이 알리라. 이는 그가 말하기를, 그 강은 내 것이요, 내가 그것을 만들었노라, 하였기 때문이라.(겔 29:9) 깊음에게는 이르기를, 마르라. 내가 네 강들을 마르게 하리라(사 44:27)

5. 하나님으로부터 흘러 들어오는 강

생명수 강(강2): 한 강이 있는데 그 강의 시내들이 하나님의 도시 곧 지극히 높으신 이의 장막들이 있는 거룩한 처소를 즐겁게 하리로다.(시 46:4) 그 뒤에 그가 천 큐빗을 측량하였는데 그것은 내가 건너지 못할 강이더라. 그 물들이 솟아올라 헤엄칠 물이 되고 건너지 못할 강이 되었더라.(겔 47:5) 그 강들이 이르는 곳마다 살아서 움직이는 모든 것이 살고 또 물고기가 심히 많으리니 이는 이 물들이 거기에 이르므로 그것들이 치유될 것이기 때문이라. 그 강이 이르는 곳에서는 모든 것이 살리라.(겔 47:9) 기손 강이 그들을 휩쓸었는데 그 기손 강은 옛적부터 있던 강이라. 오 내 혼아, 네가 힘 있는 자를 밟았도다.(삿 5:21) 나를 믿는 자는 성경 기록이 말한 것 같이 그의 배에서 생수의 강들이 흘러나오리라(요 7:38) 보라, 내가 새 일을 행하리니 이제 그것이 솟아오르리라. 너희가 그것을 알지 못하겠느냐? 심지어 내가 광야에 길을 내며 사막에 강들을 내리니 들의 짐승 곧 용들과 올빼미들도 나를 존경하리라. 이는 내가 광야에 물들을 내고 사막에 강들을 내어 내 백성, 내가 택한 자들에게 마시게 할 것이기 때문이라.(사 43:19~20) 그가 하나님과 어린양의 왕좌로부터 흘러나오는 수정같이 맑은 생명수의 정결한 강을 내게 보여 주니라. (계 22:1)

02 큰 형상의 환상

다니엘 2장

> 1) **느부갓네살의 통치 제이년**에 느부갓네살이 꿈들을 꾸매 그것들로 말미암아 그의 영이 근심하고 그의 잠이 깨서 달아나니라.

1절__느부갓네살의 통치 제이년 - BC602년, 느부갓네살 2세(BC604년~ BC562년).

> 30) 그러나 나로 말하건대 그분께서 이 은밀한 일을 내게 계시하신 것은 살아 있는 어떤 사람보다도 내게 더 많이 있는 어떤 지혜 때문이 아니니이다. 다만 이 일은 왕께 그 해석을 알리어 왕으로 하여금 왕의 마음의 생각들을 알게 할 자들을 위한 것이니이다. 31) 오 왕이여, 왕이 보셨사온대, 보소서, **큰 형상이** 니이다. 이 큰 형상이 왕 앞에 섰는데 그것의 광채가 뛰어나며 그것의 형태가 두려웠고 32) **이 형상의 머리는 정금이요, 그의 가슴과 두 팔은 은이요, 그의 배 와 두 넓적다리는 놋이요, 33) 그의 두 다리는 쇠요, 그의 두 발은 얼마는 쇠요, 얼마는 진흙이었나이다.** 34) 왕이 보셨는데 마침내 손을 **대지 아니하고 깎아 낸 돌이 그 형상을 치되** 쇠와 진흙으로 된 그의 두 발을 쳐서 그것들을 산산조각 내매 35) 그때에 쇠와 진흙과 놋과 은과 금이 다 산산조각 나서 여름 타작마당 의 겨같이 되어 바람에 쓸려감으로 그것들의 자리를 찾지 못하였고 그 형상을 **친 돌은 큰 산이 되어 온 땅을 채웠나이다.**

31절~32절__큰 형상 - 머리, 가슴, 두 팔, 배, 두 넓적다리, 두 다리, 두 발이 있는 형상은 사람의 형상입니다. 하나님께선 형상을 만들지 말라고 하셨습니다. 반드시 부수라고 하셨고 부수신다고 하셨습니다: 너희는 너희를 위해 우상들이나 새긴 형상을 만들지 말고 너희를 위해 서 있는 형상을 세우지 말며 너희 땅에 돌로 된 형상을 세우고 그것에게 절하지 말라. 나는 주 너희 하나님이니라.(레 26:1) 너희가 스스로 부패하여 너희를 위해 새긴 우상 곧 어떤 형상의 모습이든지, 남자나 여자의 모습이든지, 땅 위에 있는 어떤 짐승의 모습이든지, 공중에 나는 날개 달린 어떤 날짐승의 모습이든지, 땅에서 기는 어떤 것의 모습이든지, 땅 아래 물속에 있는 어떤 물고기의 모습이든지 만들까 염려하노라.(신 4:16~18) 너희는 그들의 신들을 새긴 형상들을 불로 태우고 너는 그것들에 입힌 은이나 금을 탐내지 말며 그것을 취하지 말라. 네가 그것으로 인하여 올무에 걸릴까 염려하나니 그것은 주 네 하나님께 가증한 것이니라.(신 7:25)

32절__쇠와 놋과 은과 금 - 하나님께서 싫어하시는 재료들입니다: 그는 쇠를 지푸라기같이, 놋을 썩은 나무같이 여기나니(욥 41:27) 은을 받지 말고 나의 훈계를 받으며 최상의 금보다 지식을 받으라.(잠 8:10) 내 열매는 금보다 나으니 참으로 정금보다 나으며 내 소득은 최상의 은보다 낫도다.(잠 8:19) 주의 입의 법이 내게는 천천의 금은보다 더 좋으니이다.(시 119:72)

33절__진흙 - 토기장이이신 하나님의 손 안에 있는 진정한 하나님의 선택 된 백성입니다. 하나님께선 자기의 택한 백성(자녀)은 진흙처럼 단련하셔서 하나님의 아들로 빚어내십니다: 너희의 기억들은 재와 같고 너희 몸은 진흙 몸과 같으니라.(욥 13:12) 내가 그대의 소원대로 하나님을 대신하노니 나 역시 진흙에서 빚어졌느니라.(욥 33:6) 그분께서 또한 무서운 구덩이와 진흙 수렁에서 나를 끌어올리시며 내 발을 반석에 두시고 나의 가는 걸음을 굳게 세우셨도다.(시 40:2) 주는 우리의 아버지시니이다. 우리는 진흙이요, 주는 우리

의 토기장이시오니 우리는 다 주의 손으로 지으신 것이니이다. (사 64:8)

32절~33절__이 형상의 머리는 정금이요, 그의 가슴과 두 팔은 은이요, 그의 배와 두 넓적다리는 놋이요, 그의 두 다리는 쇠요, 그의 두 발은 얼마는 쇠요, 얼마는 진흙이었나이다.

머리 (정금) BC602	팔1(은)							큰 산이 되어 온 땅을 채움
	가슴(은)	배(놋)	넓적다리1(놋)	다리1(쇠)	발	쇠 진흙		
			넓적다리2(놋)	다리2(쇠)	발	쇠 진흙		
	팔2(은)						발가락10개	

34절__손을 대지 아니하고 깎아 낸 돌이 그 형상을 치되 - 형상을 친 돌은 예수님입니다: 그들 중의 더러는 그분을 붙잡으려 하였으나 아무도 그분께 손을 대지 아니하더라. (요 7:44) 예수님께서 성전에서 가르치실 때에 성전 보고에서 이 말씀들을 하셨으나 아무도 그분께 손을 대지 아니하였으니 이는 그분의 때가 아직 이르지 아니하였기 때문이더라. (요 8:20) 너희 모두가 이스라엘 온 백성은 이것을 알라. 곧 너희가 십자가에 못 박았고 하나님께서 죽은 자들로부터 살리신 나사렛 예수 그리스도의 이름으로 말미암아 곧 그분으로 말미암아 이 사람이 온전하게 여기 너희 앞에 서 있느니라. 이분은 너희 건축자들이 없신여긴 돌(stone)로서 모퉁이의 머릿돌이 되셨느니라. (행 4:10~11) 또 사도들과 대언자들의 기초 위에 세워진 자들이니라. 예수 그리스도께서 친히 으뜸 모퉁잇돌(the chief corner stone)이 되시나니(엡 2:20) 참으로 사람들에게는 거부당하였으나 하나님께는 선정 받은 돌 곧 보배로운 산 돌(stone)이신 그분께 나아와(벧전 2:4) 성경 기록에도, 보라, 내가 선택한 보배로운 으뜸 모퉁잇돌(stone)을 시온에 두노니 그를 믿는 자는 당황하지 아니하리라, 하시는 말씀이 들어 있느니라. 그러므로 그분께서 믿는 너희에게는 보배로우시나 불순종하는 자들에게는 건축자들이 거부한 그 돌(stone)이 되셨느니라. 바로 그 돌이 모퉁이의 머릿돌이 되고(벧전 2:6~7)

35절_큰 산이 되어 온 땅을 채웠나이다 - 하나님의 의를 따르는 무리들입니다. 우리는 산 돌로서 예수 그리스도의 산을 이루어 갑니다. 세상을 가득 채웠다는 뜻입니다: 주의 의는 큰 산들과 같고 주의 심판들은 큰 깊음과 같으니이다.(시 36:6) 하나님의 산은 바산의 산 같으니 곧 바산의 산과 같이 높은 산이로다. 높은 산들아, 너희가 어찌하여 날뛰느냐? 이곳은 하나님께서 거하고자 하시는 산이니 참으로 주께서 영원히 그 안에 거하시리로다(시 68:15~16) 만군의 주 곧 이스라엘의 하나님이 이같이 말하노라. 내가 그들의 포로 된 자들을 다시 데려올 때에 그들이 유다의 땅과 그것의 도시들에서 이 말을 여전히 사용하리니 곧, 오 정의의 처소여, 거룩한 산이여, 주께서 네게 복 주시기를 원하노라, 하리로다.(렘 31:23) 너희도 살아 있는 돌들로서 영적 집으로 건축되고 예수 그리스도를 통해 하나님께서 받으실 만한 영적 희생물을 드리는 거룩한 제사장이 되었도다.(벧전 2:5)

---

36) 그 꿈은 이러한즉 우리가 왕 앞에서 그것의 해석을 고하리이다. 37) 오 왕이여, 왕은 왕들의 왕이시오니 하늘의 하나님께서 왕에게 왕국과 권능과 세력과 영광을 주셨나이다. 38) 사람들의 자녀들이 어느 곳에 거하든지 그분께서 **들의 짐승들과 하늘의 날짐승들** 곧 그것들을 왕의 손에 주시고 왕을 그 모든 것을 다스릴 치리자로 삼으셨나니 **왕은 이 금 머리**이니이다.

38절_들의 짐승들과 하늘의 날짐승들 - 하나님을 반역하는 자들입니다: 주가 말하노라. 내가 그들(유다의 백성)에게 네 종류를 정해 주리니 곧 죽이는 칼과 찢는 개들과 삼키고 멸하는 하늘의 날짐승들과 땅의 짐승들이라. 유다 왕 히스기야의 아들 므낫세와 그가 예루살렘에서 행한 일로 인하여 내가 그들을 땅의 모든 왕국으로 옮기리라. 오 예루살렘아, 누가 너를 불쌍히 여기겠느냐? 누가 너를 위해 탄식하겠느냐? 누가 돌이켜서 네가 어떻게 행하는지 묻겠느냐? 주가 말하노라. 네가 나를 버리고 뒤로 물러갔으므로 내가 너를 치려고 내 손을 내밀어 너를 멸하리니 내가 뜻을 돌이키는 일에 지쳤느니

라.(렘 15:3~6) 부정한 정욕에 빠져 육체를 따라 걸으며 행정권을 멸시하는 자들을 아시느니라.~ 이들은 잡혀서 죽게 만들어진 짐승들 곧 본래 이성이 없는 짐승들 같아서 자기들이 깨닫지 못하는 것들을 비방하므로 자기들의 부패 속에서 철저히 멸망을 당하며(벧후 2:10~12) 그 날에는 내가 그들(하나님의 백성)을 위하여 들의 짐승들과 하늘의 날짐승들과 땅의 기어 다니는 것들과 언약을 맺으며 또 그 땅에서 활과 칼을 꺾고 전쟁을 중단시켜 그들이 안전히 눕게 하리라.(호 2:18) 잇사갈은 두 짐 사이에 꿇어앉은 건장한 나귀로다.(창 49:14) 너는 이스라엘의 통치자들을 위해 애가를 지어 이르기를, 네 어머니는 무엇이냐? 암사자라.(겔 19:1)

38절__왕은 금 머리니이다 = 바빌론 왕

39) 왕 이후에 왕의 **왕국보다 못한 다른 왕국**이 일어날 것이요, **셋째로 또 다른 놋 왕국**이 온 땅을 다스릴 것이며 40) **넷째 왕국**은 쇠같이 강하리니 쇠는 모든 물건을 산산조각 내며 정복하나이다. 이 모든 것을 부수는 쇠같이 **그 왕국이 모든 것을 산산조각 내고 상하게 하리이다.** 41) 왕께서 그 두 발과 발가락들이 얼마는 토기장이의 진흙이요, 얼마는 쇠인 것을 보신 것 같이 그 왕국이 나뉠 것이로되 왕께서 쇠와 진흙이 섞인 것을 보신 것 같이 그 왕국에 쇠의 강함이 있으리이다.

40절__그 왕국이 모든 것을 산산조각 내고 상하게 하리이다 - 하나님께서 넷째 왕국을 통해서 셋째 왕국을 멸하신다는 뜻입니다. 창조주이신 하나님의 분노하심을 나타냅니다: 그가 토기장이의 그릇을 산산조각으로 부수는 것 같이 그것을 부수며 아끼지 아니하리니 이로써 사람이 그 부서진 것 중에서 화덕에서 불을 담거나 구덩이에서 물을 뜰 만한 조각 하나도 얻지 못하리라.(사 30:14) 내가 북쪽으로부터 한 사람을 일으켰은즉 그가 오리라. 그가 해 뜨는 곳에서부터 내 이름을 부르며 회반죽 위에 임하듯, 토기장이가 진흙을 밟는 것 같이 통치자들 위에 임하리라.(사 41:25) 그들에게 이르기를, 만군의 주가 이같이 말하노라. 사람이 토기장이의 그릇을 깨뜨리면 그것을 다시 온전하게 할 수 없음같이 내가 이 백성과 이 도시를 무너뜨리리니 그들이 그들을 묻을 자리가 없을 때까지 도벳에 묻으리라.(렘 19:11) 정금에 비할 만큼 보배로운 시온의 아들들이 어찌 토기장이의 손으로 만든 질항아리같이 여겨지게 되었는가.(애 4:2)

---

42) 그 두 발의 발가락들이 얼마는 쇠요, 얼마는 진흙인 것 같이 그 왕국도 얼마는 강하되 얼마는 부서질 것이며 43) 왕께서 쇠와 진흙이 섞인 것을 보신 것 같이 그들이 자신을 **사람들의 씨**와 섞을 터이나 쇠와 진흙이 섞이지 아니함같이 그들이 서로에게 **달라붙지 못하리이다.**

43절__사람의 씨 - 다윗의 자손, 하나님을 믿는 신실하게 따르는 믿음의 백성을 뜻합니다: 주가 말하노라. 보라, 날들이 이르니 내가 사람의 씨와 짐승의 씨를 가지고 이스라엘의 집과 유다의 집을 심으리라.(렘 31:27) 하나님께서 자신의 약속대로 이 사람의 씨에서 이스라엘에게 구원자 곧 예수님을 일으키셨느니라.(행 13:23) 내가 이새의 아들 다윗을 찾아내었는데 그는 내 마음에 맞는 사람이라. 그가 내 모든 뜻을 성취하리라, 하시고 하나님께서 자신의 약속대로 이 사람의 씨에서 이스라엘에게 구원자 곧 예수님을 일으키셨느니라.(행 13:22~23)

43절__달라붙지 못하리이다 - 종류가 다른 백성 즉 토기장이의 손에 있는 하나님의 백성과 쇠같이 잔혹한 백성들은 함께 할 수 없다는 뜻입니다. 함께 섞인 자들은 하나님의 백성이 아니라는 뜻도 됩니다: 우리뿐만 아니라 그들에게도 복음이 선포되었으나 선포된 그 말씀이 그것을 들은 자들 속에서 믿음과 섞이지 아니하였으므로 그들에게 유익을 끼치지 못하였느니라.(히 4:2) 이제 이 일들이 이루어진 뒤에 통치자들이 내게 나아와 이르되, 이스라엘 백성과 제사장들과 레위 사람들이 그 땅들의 백성들의 가증한 일들 곧 가나안 족속과 헷 족속과 브리스 족속과 여부스 족속과 암몬 족속과 모압 족속과 이집트 사람들과 아모리 족속의 가증한 일들에 따라 행하여 그들로부터 자신을 분리하지 아니하였으니 그들이 자기와 자기 아들들을 위해 그들의 딸들을 취함으로 거룩한 씨가 스스로를 그 땅들의 백성들과 섞이게 하였나이다. 참으로 이 범법에서 통치자들과 치리자들의 손이 으뜸이 되었나이다, 하므로 내가 이 일을 듣고 내 옷과 겉옷을 찢고 머리털과 수염을 뜯으며 놀란 채 앉았더니 그때에 이스라엘의 하나님의 말씀들로 말미암아 떤 모든 자가 사로잡혀 갔던 자들의 범법으로 인해 내게로 모였더라. (스 9:1~4)

> 44) 이 왕들의 시대에 하늘의 하나님께서 **한 왕국을 세우실 터인데** 그것은 결코 멸망하지 아니하리이다. 그 왕국은 다른 백성에게 남겨지지 아니하며 **이 모든 왕국들을 산산조각 내어 소멸시키고 영원히 서리이다.** 45) 손을 대지 아니하고 산에서 깎아 낸 돌이 **쇠와 놋과 진흙과 은과 금을 산산조각 낸 것을 왕께서 보셨 사온즉** 위대하신 하나님께서 이후에 있을 일을 왕에게 알리셨나이다. 그 꿈은 확실하며 그것의 해석은 분명하나이다, 하니라.

44절__한 왕국을 세우실 터인데 - 예수 그리스도를 통해 들어가는 영존하는 하나님의 왕국 즉 하나님의 하늘에 있는 의의 왕국입니다. 믿음으로 들어가는 하늘 왕국입니다: 너희는 내가 시험들을 당할 때에 항상 나와 함께한 자들인즉 내 아버지께서 내게 맡기신 것 같이 나도 너희에게 한 왕국을 맡기어 너희가 내 왕국에서 내 상에서 먹고 마시게 하며 또 왕좌에 앉아 이스라엘의 열두 지파를 재판하게 하리라, 하시니라. (눅 22:28~30) 예수님께서 대답하시되, 진실로 진실로 내가 네게 이르노니, 사람이 물에서 나고 성령에게서 나지 아니하면 하나님의 왕국에 들어갈 수 없느니라. (요 3:5) 예수님께서 대답하시되, 내 왕국은 이 세상에 속하지 아니하니라. 만일 내 왕국이 이 세상에 속하였더라면 내 종들이 싸워서 나를 유대인들에게 넘겨주지 아니하였으리

라. 그러나 지금은 내 왕국이 여기에서 나지 아니하느니라, 하시니라.(요 18:36) 제자들의 혼을 굳건하게 하며 그들을 권면하여 믿음 안에 거하게 하고 또 우리가 반드시 많은 환난을 거쳐 하나님의 왕국에 들어가야 하리라 하더라.(행 14:22) 주께서 나를 모든 악한 일에서 건져 내시고 또 자신의 하늘 왕국에 이르기까지 보존하시리니 그분께 영광이 영원무궁토록 있기를 원하노라. 아멘(딤후 4:18)

45절__쇠와 놋과 진흙과 은과 금을 산산조각 낸 것을 왕께서 보셨사온즉 - 예수 그리스도의 하늘 왕국이 형상의 왕국들을 멸하신다는 뜻입니다.

머리 (바빌론 왕) BC602	팔1(은)		넓적다리1(놋)	다리1(쇠)	발	쇠 진흙	하늘 왕국이 형상을 산산 조각 냄
	가슴(은)	배(놋)	넓적다리2(놋)	다리2(쇠)	발	쇠 진흙	
	팔2(은)					발가락10개	
바빌론 왕국	둘째: 다른 왕국		셋째: 놋 왕국	넷째: 쇠 왕국			

03 네 짐승의 환상

다니엘 7장

1) **바빌론 왕 벨사살의 제일년**에 다니엘이 자기 침상에서 꿈을 꾸며 머리 속의 환상들을 받고 그때에 그가 그 꿈을 기록하며 그 일들의 요점을 말하니라. 2) 다니엘이 말하여 이르되, 내가 밤의 환상 속에서 보는데, 보라, **하늘의 네 바람**이 대해 위에서 다투더라.

1절__바빌론 왕 벨사살의 제일년 - BC539년(벨사살 왕의 통치, BC540)

2절__하늘의 네 바람 - 하나님의 도구입니다. 네 바람은 하나님의 명령을 받으면 바람을 불게 해서 민족들을 흩어 쫓아 버리게 할 수도 있고 네 바람 안에 있는 숨으로 죽임 당한 자를 살리게도 할 수 있습니다: 또 하늘의 네 지역에서 네 바람을 가져다가 엘람에게 임하게 하고 그 모든 바람을 향하여 그들을 흩으리니 엘람의 쫓겨난 자들이 이르지 아니할 민족이 없으리라.(렘 49:36) 그가 일어날 때에 그의 왕국이 깨져서 하늘의 네 바람을 향하여 나뉠 터이나 그것이 그의 후손에게 돌아가지 아니하며 그가 다스리던 통치 권세대로 되지도 아니하리라. 그의 왕국은 뿌리째 뽑혀서 그들이 아닌 다른 사람들에게 돌아가리라.(단 11:4) 주가 말하노라. 호, 호, 나아오라. 북쪽 땅을 떠나 피할지어다. 내가 너희를 하늘의 네 바람같이 널리 흩어지게 하였느니라. 주가 말하노라.(슥 2:6) 이 일들 뒤에 내가 보니 네 천사가 땅의 네 모퉁이에 서서 땅의 네 바람을 붙잡아 바람이 땅에나 바다에나 어떤 나무에도 불지 못하게 하더라.(계 7:1) 그때에 그분께서 내게 이르시되, 사람의 아들아, 바람에게 대언하라. 바람에게 대언하여 이르기를, 주 하나님이 이같이 말하노라. 오 숨아, 네 바람으로부터 와서 이 죽임 당한 자들 위에 숨을 불어 그들이 살게 하라, 하라.(겔 37:9)

---

3) 또 서로 다른 큰 짐승 넷이 그 바다에서 올라왔더라. 4) 첫째 짐승은 사자와 같으며 **독수리의 날개들**을 가졌는데 내가 그것의 날개들이 뽑힐 때까지 바라보니라. 또 그 짐승이 땅에서 들려 사람과 같이 두 발로 서게 되었으며 또 **사람의 마음**이 그 짐승에게 주어졌더라. 5) 또, 보라, 다른 짐승 곧 **둘째 짐승은 곰과 같은데** 그 짐승이 한 쪽에서 몸을 **일으켜 세웠으며** 자기의 입에, 자기의 이빨 사이에 갈빗대 셋을 물었더라. 그들이 그 짐승에게 이같이 이르기를, 일어나서 많은 **고기를 먹어 치우라**, 하더라. 6) 이 일 뒤에 내가 보니, 보라, **다른 짐승 곧 표범과 같은 것**이 있는데 그것의 등에는 **날짐승의 날개 넷**이 있었고 또 그 짐승에게 머리 넷이 있었으며 통치 권세가 그 짐승에게 주어졌더라.

첫째 짐승		둘째 짐승	셋째 짐승
독수리 날개	사자 같음 (사람의 마음) BC539	독수리 날개	곰 같음 (갈빗대 3개) 고기를 먹다	표범 같음
발	발			

셋째 짐승: 표범 같음 / 머리 머리 머리 머리 / 날짐승의 날개 4개

3절__독수리의 날개 - 하나님의 보호하시는 강한 손길이 첫째 짐승(바빌론) 안에 있다는 뜻입니다: 내가 이집트 사람들에게 행한 것과 또 내가 독수리 날개에 너희를 실어 내게로 데려온 것을 너희가 보았느니라.(출 19:4) 보라, 그가 독수리같이 올라와서 날며 보스라 위에 자기 날개를 펴리니 그 날에 에돔의 용사들의 마음이 산통을 겪는 여인의 마음과 같으리라(렘 49:22) 그 여자

가 큰 독수리의 두 날개를 받았으니 이것은 그녀가 광야 곧 그녀의 처소로 날아가 거기서 그 뱀의 얼굴을 피하여 한 때와 두 때와 반 때 동안 양육 받게 하려 함이라.(계 12:14)

4절__사람의 마음 - 지혜가 있어 하나님의 하늘의 모형들을 만들 수 있으며 인간의 마음을 웅크리게도 하며 근심과 거만과 즐거움과 계략이 있다는 뜻입니다: 또, 보라, 내가 그와 함께 단 지파에 속한 아히사막의 아들 아홀리압을 주었고 지혜로운 마음을 지닌 모든 사람의 마음에 지혜를 주어 그들이 내가 네게 명령한 모든 것을 만들게 하였으니(출 31:6) 사람의 마음을 즐겁게 하는 포도즙과 사람의 얼굴을 빛나게 하는 기름과 사람의 심장을 강하게 하는 빵이 나게 하시는도다.(시 104:15) 사람의 마음속 근심은 마음을 웅크리게 하나 선한 말은 마음을 기쁘게 하느니라.(잠 12:25) 멸망에 앞서 사람의 마음의 거만이 있고 명예에 앞서 겸손이 있느니라.(잠 18:12) 사람의 마음에 많은 계획이 있을지라도 주의 뜻, 그것만 서리라.(잠 19:21) 사람의 마음에 있는 계략은 깊은 물 같거니와 명철한 자는 그것을 길어 내리로다.(잠 20:5) 참으로 칼이 네 혼도 찔러 꿰뚫으리라. 이것은 많은 사람의 마음의 생각이 드러나게 하려 함이니라, 하더라.(눅 2:35) 기록된바, 하나님께서 자신을 사랑하는 자들을 위하여 예비하신 것들은 눈이 보지 못하였고 귀가 듣지 못하였으며 사람의 마음속에 들어가지도 못하였도다, 함과 같으니라.(고전 2:9)

5절__둘째 짐승(메대와 페르시아)은 곰과 같은데 그 짐승이 한 쪽에서 몸을 일으켜 세웠으며 - 둘째 짐승 곰은 사납기가 심장을 찢어내듯 잔인하다는 뜻입니다. 그리고 곰에게는 하나님의 공의와 구원이 없다는 뜻이며 한 쪽에서 몸을 일으켜 세웠다는 것은 메대가 먼저 힘을 얻어 페르시아 제국이 되었다는 뜻입니다: 그분께서는 내게 마치 숨어 기다리는 곰과 은밀한 곳에 있는 사자 같으사 내 길들을 옆으로 돌리시며 나를 찢으시고 황폐하게 하셨도다. 그분께서 자신의 활을 당기시고 나를 화살의 과녁으로 삼으셨으며 자신의 화살 통의 화살들로 하여금 내 콩팥 속으로 들어가게 하셨도다.(애 3:10~13) 우리가 다 곰같이 부르짖고 비둘기같이 몹시 애곡하나니 우리가 판단의 공의를 바라나 공의가 없고 구원을 바라나 구원이 우리에게서 멀리 있도다.(사 59:11) 내가 새끼 잃은 곰같이 그들을 만나서 그들의 심장 꺼풀을 찢고 거기서 사자같이 그들을 삼키리니 들짐승이 그들을 찢으리라.(호 13:8)

5절__둘째 짐승이 갈빗대 3개를 물었다 - 갈빗대 셋은 페르시아가 멸망시켜 정복한 세 나라입니다. 바빌론(BC539), 이집트(BC525), 리디아(BC547): 그가 치우치기를 거절하므로 아브넬이 창 뒤끝으로 그의 다섯째 갈빗대 밑을 치니 창이 그의 등 뒤로 나가므로 그가 거기에 쓰러져 바로 그 자리에서 죽으니라. 아사헬이 쓰러져 죽은 곳에 이른 많은 자들이 가만히 섰더라.(삼하 2:23)

5절__고기를 먹어 치우라 - 악한 자들의 행동들입니다: 술을 많이 먹는 자들 가운데 있지 말고 떠들며 고기를 먹는 자들 가운데 있지 말라.(잠 23:20) 너희가 기뻐하며 즐거워하여 소를 잡고 양을 죽여 고기를 먹으며 포도주를 마시면서, 내일 우리가 죽으리니 먹고 마시자, 하는도다.(사 22:13) 자기를 거룩하게 구별하고 동산에서 한가운데 있는 나무 뒤에서 자기를 정결하게 하며 돼지고기를 먹고 가증한 것과 쥐를 먹는 자들이 함께 소멸되리라. 주가 말하노라.(사 66:17) 내가 한 목자를 그 땅에 일으키리니 그가 끊어진 자들을 돌아보지 아니하고 어린 자를 찾지 아니하며 상한 자를 고치지 아니하고 잠잠히 서 있는 자를 먹이지 아니하며 오히려 기름진 것들의 고기를 먹고 또 그것들의 발굽들을 갈기갈기 찢으리라.(슥 11:16)

6절__다른 짐승 곧 표범(그리스)에게 있는 날짐승의 날개 넷 - 날짐승은 부정한 종류입니다. 그러나 그리스 안에 있는 부정한 네 세력을 통하여 하나님의 택한 백성들을 하나님께로 돌아오게 하신다는 뜻입니다. 하나님의 백성들을

하나님의 안식(죽음)으로 인도하신다는 뜻입니다: 그때에 내가 너를 땅에 버려두고 빈 들판에 던져 하늘의 모든 날짐승이 네 위에 머무르게 하며 온 땅의 짐승들이 너를 먹어 배부르게 하리로다.(겔 32:4) 이 백성의 사체가 하늘의 날짐승들과 땅의 짐승들에게 먹이가 될 터이나 아무도 그것들을 두렵게 하여 쫓아내지 아니하리라.(렘 7:33) 바람이 이미 자기 날개로 그녀를 싸매었은즉 그들이 자기들의 희생물로 인하여 부끄러움을 당하리라.(호 4:19)

6절__머리 넷 = 왕 넷: 왕을 그 모든 것을 다스릴 치리자로 삼으셨나니 왕은 이 금 머리이니이다.(단 2:38)

---

7) 이 일 뒤에 내가 밤의 환상들 속에서 보는데, 보라, **넷째 짐승**은 두렵고 무서우며 심히 강하고 또 큰 쇠 이빨을 가지고 있어서 삼키며 산산조각 내고 그 나머지를 자기 발로 짓밟았더라. 그 짐승은 그것 전에 있던 모든 짐승과 다르고 또 **열 뿔을 가졌더라.**

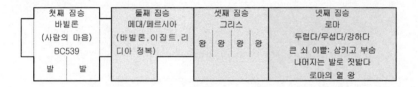

첫째 짐승 바빌론 (사람의 마음) BC539		둘째 짐승 메대/페르시아 (바빌론, 이집트, 리디아 정복)	셋째 짐승 그리스				넷째 짐승 로마 두렵다/무섭다/강하다 큰 쇠 이빨: 삼키고 부숨 나머지는 발로 짓밟다 로마의 열 왕
발	발		왕	왕	왕	왕	

7절__열 뿔 - 열 왕 = 발가락 10개: 네가 본 열 뿔은 열 왕인데 그들이 아직 아무 왕국도 받지 못하였으나 그 짐승과 더불어 한 시간 동안 왕으로서 권능을 받느니라.(계 17:12)

다니엘 2장 예언

머리 (바빌론 왕) BC602	팔1(은) 가슴(은) 팔2(은)	배(놋)	넓적다리1(놋) 넓적다리2(놋)	다리1(쇠) 다리2(쇠)	발 발	쇠 진흙 쇠 진흙	하늘 왕국이 형상을 산산 조각 냄
바빌론 왕국	둘째: 다른 왕국		셋째: 놋 왕국	넷째: 쇠 왕국 발가락10개			

▶ **로마의 열 왕 - 나누어진 유럽의 10나라 왕들(로마가 10개로 나뉘어짐):**
❶ ANGLOSAXONS(앵글로 색 슨), ❷ FRANKS(프랭크), ❸ SUEVI(수
에비), ❹ VISIGOTHS(비지고트, 서고트족), ❺ BURGUNDIANS(부르
군트족), ❼HERULI(헤룰리), ❽LOMBARDS(롬바르드), ❾VANDALS
(반달), ❿ OSTROGOTHS(오스트로고스, 동고트족)

---

8) 내가 그 뿔들을 깊이 살펴보는데, 보라, 다른 작은 뿔이 그것들 가운데서 나
오더니 처음의 뿔들 중의 셋이 그것 앞에서 뿌리째 뽑히더라. 또, 보라, 이 뿔에
는 사람의 눈 같은 눈들이 있고 또 큰일들을 말하는 한 입이 있더라.

**8절__뿔들 중의 셋이 그것 앞에서 뿌리째 뽑히더라 - 3개의 왕이 뽑히는 것을
지켜보는 작은 뿔, 성도들 가운데서 나온 베드로의 이름 위에 선 교황입니다.**
❶ AD 493년 헤룰리 멸망: 동로마 황제 제노는 다른 게르만족인 동고트족
    의 지도자 데오도릭을 충동하여 헤룰리를 침.
❷ AD 534년 반달족 멸망: 동로마 황제 유스티니아누스는 로마의 국교인
    가톨릭과는 적대적인 반달족을 치기위한 계략, 교회의 힘을 이용하기
    위해 **로마 교회의 감독을 전 세계 교회의 머리로 선언함.** 가톨릭교회와
    동로마의 합작으로 반달족(아리안주의자들)을 정복 함.
❸ AD 538년 동고트 멸망: 반달족에 승리한 베리사리우스 장군은 동고트
    족에게도 전쟁을 시작, 교황과 동로마 황제의 합작.

1) 삼위일체를 인정하는 파(아타나시우스파): 알마니, 프랭크, 앵글로 색
   슨, 수에비, 비지고트(서고트족), 부르군트족, 롬바르드.
2) 삼위일체를 인정하지 않는 파(아리안파): 반달, 헤룰리, 오스트로 고스
   (동고트족)

첫째 짐승 바빌론 (사람의 마음) BC539 발 발	둘째 짐승 메대/페르시아 (바빌론, 이집트, 리디아 정복함)	셋째 짐승 그리스	넷째 짐승 로마
		왕 | 왕 | 왕 | 왕 | 열 왕 →	→ 작은 뿔 눈 앞에서 세 왕이 뽑히고 → 일곱 왕

※ 현재: 영국(ANGLOSAXONS), 스위스(BURGUNDIANS), 아프리카북부(VANDALS), 프랑스(FRANKS), 포르투칼(SUEVI), 스페인(VISIGOTHS), 독일(ALAMANNI), 이탈리아(HERULI + LOMBARDS + OSTROGOTHS)

▶ 381년 콘스탄티노플 공의회로 교황의 자리는 높아지기 시작 - 니케아 신조(325년): 니케아 신조 승인, 데오도시우스 황제 기독교 국교 승인, 하나님으로부터 태어나신 하나님의 아들 예수 그리스도를 인정 하는 것, 교황 식스토 3세의 후임자인 레오 1세는 로마의 황제로부터 '대(大)교황'이라는 칭호를 받음.(440~461년)

8절__사람의 눈 같은 눈들 - 사람들을 살피며 다스리는 역할을 하는 것처럼 보인다는 것입니다. 하나님을 향하는 것 같아 보인다는 것입니다: 지옥과 멸망이 결코 가득 차지 아니하는 것 같이 사람의 눈도 결코 만족하지 아니하느니라.(잠 27:20) 아무에게도 악을 악으로 갚지 말고 모든 사람의 눈앞에서 정직한 일들을 예비하라.(롬 12:17) 긍휼과 진리가 네게서 떠나지 말게 하고 그것들을 네 목에 매며 네 마음 판에 기록하라. 그리하면 네가 하나님과 사람의 눈앞에서 호의와 선한 명철을 얻으리라.(잠 3:3~4) 주의 말씀의 엄중한 부담이 하드락 땅에 임하고 다마스쿠스에 머물 터인데 이때에는 사람의 눈이 이스라엘의 모든 지파의 눈같이 주를 향하리라.(슥 9:1) 네 짐승이 저마다 자기 둘레에 여섯 날개를 가졌고 그것들의 안쪽에는 눈들이 가득하더라. 그것들이 밤낮 쉬지 않고 이르기를, 거룩하다, 거룩하다, 거룩하다, 주 하나님 전능자여, 그분은 전에도 계셨고 지금도 계시고 앞으로 오실 이시로다, 하고(계 4:8)

▌사람이란? - 여성과 남성을 통틀어 말하며 온 땅에 있는 모든 생물들을 지배하고 다스릴 줄 아는 자들입니다: 하나님께서 이르시되, 우리가 우리의 형상으로 우리의 모양에 따라 사람을 만들고 그들이 바다의 물고기와 공중의 날짐승과 가축과 온 땅과 땅에서 기는 모든 기는 것을 지배하게 하자, 하시고 이처럼 하나님께서 자신의 형상으로 사람을 창조하시되 하나님의 형상으로 그를 창조하시고 그들을 남성과 여성으로 창조하시니라. (창 1:26~27)

8절__큰일들을 말하는 - 하나님의 행하시는 이적들을 말하며 선포한다는 뜻입니다: 하나님이 기이하게 음성을 울리시며 우리의 헤아릴 수 없는 큰 일을 행하시느니라. (욥 37:5) 주께서 우리를 위하여 큰일들을 행하셨으니 그것으로 인해 우리가 즐겁도다. (시 126:3) 주여, 내 마음이 거만하지 아니하고 내 눈이 오만하지 아니하오며 내가 큰일들이나 내가 감당하기에 너무 높은 일들을 행하지 아니하나이다. (시 131:1) 네가 너를 위하여 큰일들을 구하느냐? 그것들을 구하지 말라. 보라, 내가 모든 육체에게 재앙을 내리리라. 그러나 네가 가는 모든 곳에서 내가 네 생명을 네게 탈취물로 주리라. 주가 말하노라. (렘 45:5)

8절__한 입 - 부정한 영을 쏟아내는 자들과 불법을 말하며 하늘을 대적하는 자들을 말하는 것입니다: 지혜로운 자들은 지식을 쌓거니와 어리석은 자의 입은 멸망에 가까우니라. (잠 10:14) 의로운 자의 마음은 대답을 하려고 연구하거니와 사악한 자의 입은 악한 것들을 쏟아 내느니라. (잠 15:28) 경건치 아니한 증인은 판단의 공의를 비웃고 사악한 자의 입은 불법을 삼키느니라. (잠 19:28) 거짓말하는 혀는 그 혀로 인해 고난 받는 자들을 미워하고 아첨하는 입은 패망을 이루느니라. (잠 26:28) 또 내가 보매 개구리 같은 부정한 영 셋이 용의 입과 짐승의 입과 거짓 대언자의 입에서 나오더라. (계 16:13)

> 9) 그 왕좌들이 무너져 내릴 때까지 내가 보매 **옛적부터 계신 이**가 앉아 계시는데 그분의 옷은 눈같이 희고 그분의 머리털은 순결한 양털 같으며 그분의 왕좌는 맹렬한 불꽃 같고 그분의 바퀴들은 타오르는 불 같더라. 10) 불 같은 시내가 그분 앞에서 흘러나오고 천천이 그분을 섬기며 만만이 그분 앞에 서 있더라. 심판이 준비되고 **책들**이 펴져 있더라.

9절__옛적부터 계신 이 - 하나님을 말합니다: 하나님은 옛적부터 나의 왕이 되사 땅의 한가운데서 구원을 이루시나이다.(시 74:12) 하나님께서 들으시고 그들을 괴롭게 하시리니 그분은 곧 옛적부터 계시는 분이시로다. 셀라. (시 55:19)

10절__책들 - 심판 하실 때 펴시는 책이며 재앙을 내리실 때, 하늘 법을 집행하실 때 펼치시는 책입니다: 또 내가 보매 죽은 자들이 작은 자나 큰 자나 할 것 없이 하나님 앞에 서 있는데 책들이 펴져 있고 또 다른 책이 펴져 있었으니 곧 생명책이라. 죽은 자들이 자기 행위들에 따라 책들에 기록된 그것들에 근거하여 심판을 받았더라.(계 20:12)

> 11) 그때에 내가 그 **뿔이 낸 엄청난 말들의 소리**로 인하여 보았으니 곧 그 짐승이 죽임을 당하고 그의 몸이 파멸을 당하여 타오르는 불꽃에 넘겨질 때까지 내가 바라보니라. 12) 그 나머지 짐승들로 말하건대 그들이 자기들의 **통치 권세를 빼앗겼으나** 그들의 **생명은 한 시기와 때 동안 연장**되었더라.

11절__뿔들이 낸 엄청난 말들의 소리 - 왕들이 자기의 입으로 선포한 말들입니다: 오직 내가 너희에게 이르노니, 사람들이 무슨 쓸데없는 말을 하든지 심판 날에 그것에 대하여 회계 보고를 하리라. 네 말들로 네가 의롭게 되며 네 말들로 네가 정죄 받으리라(마12:36~37)

11절__그 짐승이 죽임을 당하고 그의 몸이 파멸을 당하여 타오르는 불꽃에 넘겨질 때까지 - 짐승의 몸은 로마의 국교 가톨릭을 말합니다: 1704년 중국이 가톨릭 신자를 박해, 1721년 러시아 정부가 정교회를 통제, 1720년~1750년 대각성 운동, 1738년 이신론 정죄, 프리메이슨 파문, 1767년 신대륙에서 예수회 선교사 추방.

12절__통치 권세를 빼앗겼으나 생명은 한 시기와 때 동안 연장 - 하나님께 허락받은 기간은 끝났지만 그들의 활동(행보)은 한 시기 한 때 연장 되었다는 뜻입니다: 주께서 왕의 생명을 연장하사 그의 연수가 여러 세대에 이르게 하시리이다.(시 61:6) 땅의 범법으로 인해 그곳의 통치자가 많거니와 명철과 지식이 있는 한 사람으로 말미암아 그곳의 상태가 연장되리라. 가난한 자를 학대하는 가난한 자는 아무 양식도 남기지 않고 휩쓸어가는 비 같으니라.(잠 28:2~3)

첫째 짐승		둘째 짐승	셋째 짐승				넷째 짐승				한 시기	때
바빌론 BC539		메대/페르시아 (바빌론, 이집트, 리디아 정복함)	그리스				로마					
			왕	왕	왕	왕						
발	발						열 왕→		교황 일곱 왕		연장	연장

> 15) 나 다니엘이 내 몸 한가운데서 내 영 안에서 괴로워하였으며 내 머리 속의 환상들이 나를 근심하게 하므로 16) 내가 곁에 서 있던 자들 중의 하나에게로 가까이 가서 이 모든 일의 진실을 그에게 물으매 이에 그가 내게 고하고 그 일들에 대한 해석을 알려 주며 이르되, 17) **이 네 큰 짐승은 땅에서 일어날 네 왕**이니라. 18) 그러나 지극히 높으신 이의 성도들이 그 왕국을 취하고 **영원히 곧 영원무궁토록 그 왕국을 소유하리라**, 하니라.

17절__네 큰 짐승은 땅에서 일어날 네 왕 - 바빌론의 왕, 메대/페르시아의 왕, 그리스의 왕, 로마의 왕입니다.

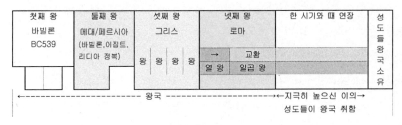

다니엘 2장 예언

머리 (바빌론 왕) BC602	팔1(은) 가슴(은) 팔2(은)	배(놋)	넓적다리1(놋)	다리1(쇠)	발 쇠진흙	하늘 왕국이 형상을 산산 조각 냄
			넓적다리2(놋)	다리2(쇠)	발 쇠진흙	
바빌론 왕국	둘째: 다른 왕국		셋째: 놋 왕국	넷째: 쇠 왕국 발가락10개		

19) 그때에 내가 넷째 짐승의 진실을 알고자 하였는데 그 짐승은 다른 모든 짐승과 달라서 심히 두렵고 그것의 이빨은 쇠요, 그것의 발톱은 놋이며 그가 삼키고 산산조각 내며 그 나머지를 자기 발로 짓밟았더라. 20) 또 내가 그의 머리에 있던 열 뿔과 또 솟아 난 다른 뿔에 대한 진실을 알고자 하였는데 그것 앞에서 세 개가 넘어졌더라. 그 뿔에는 눈들도 있고 심히 큰일들을 말하는 입도 있더라. 그것의 모습이 그의 동료들보다 더 견고하더라. 21) 내가 보니 바로 그 뿔이 성도들과 싸워 그들을 이겼으나 22) 마침내 옛적부터 계신 이가 오셔서 지극히 높으신 이의 성도들에게 심판을 주셨으므로 때가 이르매 성도들이 그 왕국을 소유하였더라. 23) 그가 이같이 이르되, 넷째 짐승은 땅 위에서 넷째 왕국이 될 터인데 이 왕국은 모든 왕국과 달라서 온 땅을 삼키고 짓밟아 산산조각 낼 것이요, 24) 또 이 왕국에서 나온 열 뿔은 앞으로 일어날 열 왕이요, 그들 뒤에 다른 왕이 일어날 터인데 그는 **먼저 있던 자들과 다르고** 또 세 왕을 정복하리라. 25) 또 그가 지극히 높으신 이를 대적하려고 엄청난 말들을 하며 지극히 높으신 이의 성도들을 지치게 하고 또 **때와 법을 바꾸려고** 생각할 것이며 그들은 **한 때와 두 때와 반 때**까지 그의 손에 주어지리라.

24절__ 먼저 있던 자들과는 다르고 - 교황은 왕과는 다른 존재였습니다. 하나님의 이름으로 말하고 백성들에게 인정을 받고 백성들에게 하나님같이 두려

움의 대상이기도 했습니다. 그리고 하나님의 이름으로 자신의 왕국을 이루어 갔습니다.(로마의 가톨릭 국교)

25절__때(times)를 바꾸다 - 하나님께서 허락하신 시간을 어기고 계속 활동한다는 것입니다. 그러나 하나님께서는 그들이 바꿀 것까지 다 알고 계셨고 일이 이루어지기 전에 성경에 기록해 놓으셨습니다: 너는 주 하나님께 대해 완전할지니라. 네가 소유할 이 민족들은 때를 관찰하는 자나 점을 치는 자들의 말에 귀를 기울였으나 너에 관하여는 주 네 하나님께서 네가 그렇게 하는 것을 허락하지 아니하셨느니라.(신 18:13~14) 사람의 아들아, 보라, 이스라엘의 집에 속한 자들이 말하기를, 그가 보는 환상 계시는 많은 날 뒤에 있을 일에 대한 것이니라. 그가 멀리 있는 때에 대하여 대언한다, 하느니라. 그러므로 그들에게 이르기를, 주 하나님이 이같이 말하노라. 내 말들 중에서 하나도 다시는 연기되지 아니하며 내가 이른 말이 이루어지리라. 주 하나님이 말하노라, 하라.(겔 12:27~28)

▌ **때(time):** 시간(과거로부터 현재와 미래로 이어지는 무한한 것), (특정 지역의)시간대.

25절__법(laws)을 바꾸려고(change) - 하나님의 명령을 하나님께서 성경에 정하여 놓으신 것을 변경한다는 뜻입니다: 주께서 모세에게 이르시되, 너희가 어느 때까지 내 명령들과 내 법들 지키기를 거부하느냐? 보라, 주가 너희에게 안식일을 주었으므로 여섯째 날에는 이틀 분의 빵을 너희에게 주노니 일곱째 날에는 너희 각 사람이 자기 처소에 머물며 아무도 자기 처소에서 나오지 말지니라, 하시니라.(출 16:28~29) 나는 주니라. 이것들은 주께서 시내 산에서 자신과 이스라엘 자손 사이에 모세의 손을 통하여 세우신 법규와 판단의 법도와 법들이니라.(레 26:46) 그가 이르되 주께서 시내에서 오시고 세일에서 일어나 그들에게 오시며 바란 산에서부터 빛을 내시고 수만 성도와 함께 오셨는데 그분의 오른손에서 그들을 위하여 불 같은 율법이 나왔도다.

(신 33:2)

1) **천주교(가톨릭 교회) 교황이 법을 바꾼 것**: 321년에 태양의 날을 섬기기 위해서 Sunday 휴업 법을 제정. 가톨릭(태양신 종교 = 일요일, 12월 25일 크리스마스)이 로마의 가장 중요한 종교가 됨. 태양신종교 현재 온 세계사용 즉 로마의 종교는 현제에도 많은 사람들이 숭배.

2) **천주교(가톨릭 교회) 교황이 법을 바꾼 것**: 하나님의 십계명을 고침 = 법을 바꿈

▶ 하나님의 십계명(출 20:3~16)	▶ 천주교의 십계명(천주교의 십계명)
1) 나 외에 다른 신들을 네게 있게 말지니라	1) 하나이신 천주를 만유 위에 공경하여 모시고
2) 우상을 만들지 말고 그것들을 섬기지 말라	2) 천주의 거룩하신 이름을 불러 헛맹세를 말하지 말고
3) 여호와의 이름을 망령되이 부르지 말라	3) 주일을 지키고
4) 안식일을 기억하여 거룩히 지키라	4) 부모를 효도하여 공경하고
5) 네 부모를 공경하라	5) 사람을 죽이지 말고
6) 살인하지 말라	6) 사음을 행치 말고
7) 간음하지 말라	7) 도적질을 말고
8) 도적질하지 말라	8) 망령된 증참을 말고
9) 거짓 증거 하지 말라	9) 남의 아내를 원치 말고
10) 네 이웃의 아내나 소유를 탐내지 말라	10) 남의 재물을 탐치 말라

25절__한 때와 두 때와 반 때까지 그의 손에 주어지리라

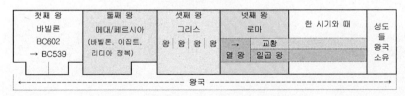

열 왕 →	로마 왕(넷째 짐승)		한 시기	때	성도들 왕국 소유
	교황	→ 연장 된 작은 뿔			
	일곱 왕	→ 연장된 나머지 짐승			
33 ~ 381년	381(가톨릭 국교) --→ 통치 권세 배앗김				
	한 때		두 때	반 때	

다니엘 7장 예언 1

첫째 왕 바빌론 BC602 → BC539	둘째 왕 메대/페르시아 (바빌론, 이집트, 리디아 정복)	셋째 왕 그리스 왕 왕 왕 왕	넷째 왕 로마 → 열 왕		한 시기와 때	성도들 왕국 소유
			교황			
			일곱 왕			

왕국 ←--→

다니엘 7장 예언 2

열 왕 →	로마(넷째 짐승)		한 시기	때	성도들 왕국 소유
	교황				
	일곱 왕				
33 ~ 381년	381(가톨릭 국교) -→ 통치 권세 빼앗김				
	한 때		두 때	반 때	끝

26) 그러나 심판이 진행된즉 그들이 그의 통치 권세를 빼앗아 그것을 끝까지 소멸시키고 파멸시킬 것이요, 27) 왕국과 통치와 온 하늘 아래 왕국의 위대함이 지극히 높으신 이의 성도들의 백성에게 주어지리라. 그분의 왕국은 영존하는 왕국이며 모든 통치 권세가 그분을 섬기며 순종하리라. 28) 여기까지가 그 일의 끝이니라.

숫양과 숫염소의 환상, 2300일

다니엘 8장

1) 처음에 나 다니엘에게 나타난 환상 이후에 **벨사살 왕의 통치 제삼년**에 한 환상이 내게 곧 내게 나타나매 2) 내가 환상 속에서 보았노라. 그것을 볼 때에 내가 엘람 지방의 수산 궁에 있었는데 내가 환상 속에서 보며 울래 강가에 있었노라. 3) 그때에 내가 눈을 들어 보니, 보라, 강 앞에 **두 뿔 가진 숫양 한 마리**가 서 있는데 그 두 뿔이 길더라. 그러나 **한 뿔이 다른 뿔보다 길었고** 그 긴 것은 나중에 났더라. 4) 내가 보니 그 숫양이 서쪽과 북쪽과 남쪽을 향하여 밀어붙이므로 어떤 짐승도 그 앞에 서지 못하였고 그의 손에서 능히 건져 낼 자가 없었으므로 그가 자기 뜻대로 행하며 크게 되었더라.

1절__ 벨사살 왕의 통치 제삼년 - BC537, BC540년 벨사살 왕이 바빌론을 통치.

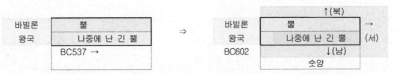

5) 내가 깊이 생각할 때에, 보라, ①**숫염소** 한 마리가 서쪽에서 나와 온 지면에 다니며 몸을 땅에 대지 아니하더라. 그 ②**염소의 두 눈 사이에는 두드러진 뿔이** 있더라. 6) 그가 두 뿔 달린 숫양 곧 내가 강 앞에 서 있는 것을 본 그 양에게로

가되 힘차게 격노하며 그에게로 달려가더라. 7) 내가 보니 그가 그 숫양에게 가까이 가서 그에게 성을 내며 흥분하고 그 숫양을 쳐서 그의 두 뿔을 꺾었으나 그 숫양에게는 그 앞에 설 힘이 없었으므로 그가 그 숫양을 땅바닥에 내던지고 짓밟았더라. 그 숫양을 그의 손에서 능히 건져 낼 자가 없었더라.

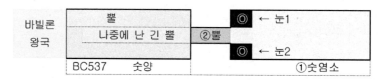

8) 그러므로 그 숫염소가 심히 크게 되더니 그가 강성할 때에 그 큰 뿔이 꺾이고 그것 대신 ①두드러진 뿔 넷이 하늘의 네 바람을 향하여 나서 올라오더라.

바빌론 왕국	뿔		
	나중에 난 뿔	뿔	① 뿔1
			① 뿔2
		꺾임	① 뿔3
			① 뿔4
	BC537 숫양		숫염소

8절__네 바람을 향하여 나서 올라오더라 - 하나님께서 숫염소 안에 있는 민족들에게 숨을 불어 넣어 살려서 온 나라로 흩으신다는 뜻입니다: 또한 강한 왕이 일어나서 큰 통치권세를 가지고 다스리며 자기 뜻대로 행하리라. 그가 일어날 때에 그의 왕국이 깨져서 하늘의 네 바람을 향하여 나뉠 터이나 그것이 그의 후손에게 돌아가지 아니하며 그가 다스리던 통치 권세대로 되지도 아니하리라. 그의 왕국은 뿌리째 뽑혀서 그들이 아닌 다른 사람들에게 돌아가리라.(단 11:3~4) 사람의 아들아, 바람에게 대언하라. 바람에게 대언하여 이르기를, 주 하나님이 이같이 말하노라. 오 숨아, 네 바람으로부터 와서 이 죽임 당한 자들 위에 숨을 불어 그들이 살게 하라, 하라. 이에 내가 그분께서 명령하신 대로 대언하였더니 숨이 그들에게 들어가매 그들이 살아서 자기 발로 서는데 심히 큰 군대더라. 그때에 그분께서 내게 이르시되, 사람의 아

들아, 이 뼈들은 이스라엘의 온 집이니라. 보라, 그들이 이르기를, 우리의 뼈들은 말랐고 우리의 소망은 없어졌으며 우리로 말하건대 우리 몸의 부분들은 끊어졌다, 하느니라. 그러므로 그들에게 대언하여 이르기를, 주 하나님이 이같이 말하노라. 보라, 오 내 백성아, 내가 너희 무덤들을 열고 너희로 하여금 너희 무덤들에서 나오게 하며 너희를 이스라엘 땅으로 데려가리라. (겔 37:9~12)

---

9) 그 뿔들 중의 하나에서 또 **작은 뿔 하나가 나서** 남쪽과 동쪽과 또 그 **기쁨의 땅**을 향하여 심히 커지더니 10) 그것이 **하늘의 군대**에 이르기까지 커져서 그 군대와 **별들** 중의 얼마를 땅에 내던지며 그것들을 짓밟더라.

9절__기쁨의 땅 - 아브라함에게 약속하신 땅, 가나안 땅을 말하는 것입니다: 내가 너희 조상들에게 **상속 재산으로 준 땅**에 함께 이르리라. 그러나 내가 말하기를, 내가 어떻게 너를 자녀들 가운데 두며 허다한 민족들의 **아름다운 유산인 이 기쁨의 땅**을 네게 주리요? 하였고 또 말하기를, 너는 나를 내 아버지라 부르고 나를 떠나지 말지니라, 하였노라. 오 이스라엘의 집아, 마치 아내가 분명히 자기 남편을 배신하고 떠나는 것 같이 너희가 나를 배신하였느니라, 주가 말하노라. (렘 3:18~20) 만군의 주가 말하노라. 오직 내가 그들을 회오리바람으로 흩되 그들이 알지 못하던 모든 민족들 가운데로 흩었으니 그러므로 그 땅이 그들을 따라 황폐하게 되어 아무도 지나가거나 돌아오지 아니하였느니라. 그들이 그 **기쁨의 땅**을 황폐하게 하였느니라, 하시니라. (슥 7:13~14)

10절__하늘의 군대 - 하나님의 손으로 창조하신 모든 천지만물들을 말씀하시는 것입니다: 하나님께서 자신이 만든 모든 것을 보시니, 보라, 매우 좋았더라. 그 저녁과 아침이 여섯째 날이더라. 이같이 **하늘들과 땅과 그것들의** 모든 군대가 완성되니라.(창 1:31~2:1) 또 네가 하늘을 향해 눈을 들어 **해와 달과 별들 곧 하늘의 온 군대**를 보고 끌려가 그것들에게 경배하며 그것들을 섬길까 염려하노니 그것들은 주 네 하나님께서 온 하늘 아래 모든 민족들을 위하여 나누어 놓으신 것이니라.(신 4:19)

10절__별들 - 교회의 천사들입니다. 천사들은 영이므로 신실한 천사와 쫓겨난 천사(자신의 처소를 떠난) 모두 믿음의 백성의 혼에서 활동합니다. 천사들의 타락으로 교회 믿음의 혼들도 진리이신 성령님으로부터 떨어져 나간다는 뜻입니다: 곧 네가 본, 내 오른손에 있는 일곱 별과 일곱 금 등잔대의 신비라. **일곱 별은 일곱 교회의 천사들이요 네가 본 일곱 등잔대는 일곱 교회니라.**(계 1:20) 알지 못하는 가운데 **기어 들어온 어떤 자들**~그들에게 화가 있을 지어다! 그들이 가인의 길로 갔으며 대가를 바라고 발람의 잘못을 따라 탐욕을 내며 달려갔고 고라의 반역 가운데서 멸망하였도다. 이들이 너희와 함께 잔치를 할 때에 두려움도 없이 먹으니 그들은 너희의 사랑의 잔치에 얼룩이라. 그들은 바람에 밀려다니는 물 없는 구름이요, 열매가 시들고 열매가 없으며 두 번 죽어 뿌리째 뽑힌 나무요, 자기 수치의 거품을 뿜어내는 바다의 성난 물결이요, **떠돌아다니는 별들이니** 그들을 위해 캄캄한 어둠이 영원토록 예비되어 있느니라.(유 1:3~13)

---

11) 참으로 그가 **그 군대의 통치자**에게 이르기까지 자신을 높였으며 그로 말미암아 날마다 드리는 희생물이 제거되고 그분의 성소가 있는 곳이 허물어졌더라.

11절__그 군대의 통치자 - 천지만물을 통치하시는 하나님을 말합니다.

11절__날마다 드리는 희생물이 제거 - 예수 그리스도께서 사람으로 오셔서 온전히 자신을 희생물로 드리신 것처럼 우리도 우리의 삶을 날마다 하나님께 올려 드려 산 희생물이 되어야 합니다. 희생물을 제거한다는 것은 하나님의 백성을 죽인(dead, die)다는 뜻입니다: 도대체 무슨 말이냐? 너희 몸이 너희가 하나님에게서 받은바 너희 안에 계신 성령님의 전인 줄을 너희가 알지 못하느냐? 너희는 너희 자신의 것이 아니니 주께서 값을 치르고 너희를 사셨느니라. 그런즉 하나님의 것인 너희 몸과 너희 영으로 하나님께 영광을 돌리라.(고전 6:19) 그러므로 형제들아, 내가 하나님의 긍휼을 힘입어 너희에게 간청하노니 너희는 너희 몸을 거룩하고 하나님께서 받으실 만한 살아 있는 희생물로 드리라. 그것이 너희의 합당한 섬김이니라.(롬 12:1) 그리스도께서 우리를 사랑하사 우리를 위해 자신을 향기로운 냄새의 헌물과 희생물로 하나님께 드리신 것 같이 사랑 안에서 걸으라.(엡 5:2) 다른 붉은 말이 나오더라. 그 위에 탄 자가 땅에서 화평을 제거하는 권능을 받았으니 이것은 그들이 서로 죽이게 하려 함이라. 또 그가 큰 칼을 받았더라.(계 6:4)

11절__그분의 성소가 있는 곳이 허물어졌더라 - 예수 그리스도의 터 위에 서 있는 모든 자들이 그분의 성소입니다. 그런데 이 성소 즉 그리스도의 백성들이 믿음에서 떨어져 나가고 잘못된 교리로 우상을 따르게 되어 버린다는 뜻입니다: 성소와 참 성막을 섬기시는 분이신데 이 성막은 주께서 치신 것이요 사람이 친 것이 아니니라. (히 8:2) 형제들아, 우리가 예수님의 피를 힘입어 새롭고 살아 있는 길로 지성소에 들어갈 담대함을 얻었는데 이 길은 그분께서 우리를 위하여 휘장 곧 자기의 육체를 통해 거룩히 구분하신 것이니라. (히 10:19~20)

> 12) 또 범법으로 인하여 한 군대가 그에게 주어져서 날마다 드리는 희생물을
> 반대하게 하매 그것이 **진리를 땅에 내던지고** 꾸준히 행하며 형통하였더라.

12절__땅에 던진 참 진리 - 성령님의 도우심으로 예수 그리스도의 터 위에서 하나님의 말씀에 순종하며 행하는 삶, 진리 = 예수 그리스도 = 성령님: 그러나 너희가 그분에게서 받은 기름 부음이 너희 속에 거하므로 아무도 너희를 가르칠 필요가 없고 바로 그 기름 부음이 너희에게 모든 것을 가르치며 또 그것이 진리요 거짓이 아닌즉 그것이 너희를 가르친 대로 너희는 그분 안에 거할지니라.(요일 2:27) 예수님께서 그에게 이르시되, 내가 곧 길이요 진리요 생명이니 나를 통하지 않고는 아무도 아버지께 오지 못하느니라.(요 14:6) 오 주여, 주는 가까이 계시오니 주의 모든 명령은 진리이니이다.(시 119:151) 너희도 진리의 말씀 곧 너희의 구원의 복음을 들은 뒤에 그분을 신뢰하였고 너희가 믿은 뒤에 또한 그분 안에서 약속의 저 거룩하신 영으로 봉인되었느니라.(엡 1:13) 너희가 성령을 통해 진리에 순종함으로 너희 혼을 깨끗하게 하여(벧전 1:22) 증언하시는 이는 성령이시니 이는 성령께서 진리이시기 때문이라.(요일 5:6)

▌**교회란 ? - 하나님 안에서 자녀들과 함께 거하며 하나님의 말씀으로 자기의 자녀를 키우는 모든 집:** 자기 집을 잘 다스려서 자기 자녀들을 모든 위엄으로 복종시키는 자라야 할 것이며 남자가 자기 집(his own house, 자신의 주택, 가옥, 건물)을 다스릴 줄 알지 못하면 어찌 하나님의 교회를 돌볼 수 있으리요?(딤전 3:4~5) 그러나 내가 오랫동안 지체하면 네가 하나님의 집(thyself in the house, 당신 자신이 거하는 활동하는 집안에, 가옥 안)에서 어떻게 처신해야 할지 네가 알게 하려 하노니 이 집은 살아 계신 하나님의 교회요 진리의 기둥과 터니라.(딤전 3:15)

13) 그때에 한 성도가 말하는 것을 내가 들었는데 다른 성도가 말하던 바로 그 성도에게 이르되, 날마다 드리는 희생물에 관한 그 환상과 황폐하게 하는 그 범법이 어느 때까지 지속되어 성소와 군대를 내주고 발밑에 짓밟히게 하겠느냐? 하더라. 14) 그가 내게 이르되, **이천삼백 일**까지니 그때에 성소가 정결하게 되리라, 하니라.

이천삼백일 동안 - 2,300년 동안, 성경은 하루를 1년으로 1년을 하루로 말씀하셨습니다. 그러므로 2,300일은 2,300년으로 해석하면 됩니다: 사십 일 동안 유다의 집의 불법을 담당하라. 내가 네게 각 날을 일 년으로 정하였느니라.(겔 4:6) 사십 일의 하루를 일 년으로 환산하여 사십 년 동안 너희가 너희 불법들을 담당할지니(민 14:34)

BC 537(벨사살 왕의 통치 제 삼년) + 2300년 동안 = AD 1763(년)

바빌론 왕국		뿔	염소	뿔1	= AD 1763
		나중에 난 뿔	뿔:	뿔2	작은 뿔
			꺾임	뿔3	
BC602	BC537	숫양		뿔4	자신을 높임, 희생물 제거
			숫염소		성소가 허물어짐
				가나안 땅	(황폐하게 하는 범법)
				(기쁨의 땅)	
BC 537 ←------------ (2300일 동안 = 2300년 동안) ------------→ AD1763					

15) 나 곧 나 다니엘이 그 환상을 보고 그 뜻을 알고자 할 때에, 보라, 내 앞에 사람의 모양 같은 것이 섰더라. 16) 또 내가 울래 강의 둑 사이에서 사람의 목소리를 들었는데 그것이 외쳐 이르되, 가브리엘아, 이 사람이 그 환상을 깨닫게 하라, 하더라. 17) 이에 그가 내가 서 있는 곳으로 가까이 나아오더라. 그가 나올 때에 내가 두려워서 얼굴을 대고 엎드렸으나 그가 내게 이르되, 오 **사람의 아들**아, 깨달으라. 그 환상은 끝이 임하는 때에 있을 일이니라. 18) 이제 그가 나와 말할 때에 내가 얼굴을 땅으로 향하고 엎드려서 깊이 잠들었으나 그가 내게 손을 대어 나를 똑바로 일으켜 세우고 19) 이르되, 보라, 내가 그 **격노**의 마지막 끝에 있을 일을 네게 알려 주리니 이는 정해진 때에 그 끝이 임할 것이기 때문이라.

17절__사람의 아들 - 주께서 찾아오시고 달련하셔서 강하게 하여주시고 중히 여겨주시고 바라봐 주시는 자이며 하나님의 판단의 정의를 지키며 공의를 행하는 자입니다. 에스겔에게 93번 '사람의 아들'이라 불러주셨습니다: 사람이 무엇이기에 주께서 그를 생각 속에 깊이 두시나이까? 사람의 아들이 무엇이기에 주께서 그를 찾아오시나이까?(시 8:4) 주의 오른쪽에 있는 사람 곧 주께서 주를 위하여 강하게 하신 사람의 아들 위에 주의 손을 얹으소서.(시 80:17) 주여, 사람이 무엇이기에 주께서 그를 알아주시나이까! 혹은 사람의 아들이 무엇이기에 주께서 그를 중히 여기시나이까!(시 144:3) 오 사람들아, 내가 너희를 부르나니 내 음성은 사람의 아들들을 향한 것이니라.(잠 8:4) 지혜를 써서 하늘 아래에서 이루어진 모든 일에 관하여 찾아보고 탐구하려고 내 마음을 쏟았는데 하나님께서는 사람의 아들들에게 이 쓰라린 해산의 고통을 주사 그것으로 단련 받게 하셨느니라.(전 1:13) 주가 이같이 말하노라. 너희는 판단의 공의를 지키며 정의를 행하라. 나의 구원이 가까이 이르렀고 나의 의가 곧 나타나리라. 이것을 행하는 사람은 복이 있으며 그것을 굳게 붙잡는 사람의 아들은 복이 있나니 곧 안식일을 지켜 그 날을 더럽히지 아니하며 자기 손을 지켜 악을 행하지 아니하는 자가 복이 있도다.(사 56:1~2)

19절__그 격노 - 하나님의 분노의 재앙입니다. 하늘 천지가 다 두려워하는 일들입니다: 그들이 먼 나라에서 하늘 끝에서 오나니 곧 온 땅을 멸하려 하시는 주와 그분의 격노의 무기들이라.(사 13:5) 주 이스라엘의 하나님께서 내게 이같이 이르시되, 내 손에서 이 격노의 포도즙 잔을 가져다가 내가 너를 보내어 경고하게 한 모든 민족들로 하여금 마시게 하라.(렘 25:15) 주가 자신의 무기고를 열고 자신의 격노의 무기들을 가져왔으니 이것은 갈대아 사람들의 땅에서 주 만군의 하나님이 행하는 일이니라.(렘 50:25) 사람의 아들아, 그녀에게 이르기를, 너는 깨끗하게 되지 않은 땅이요, 격노의 날에 비를 얻지 못한 땅이로다, 하라.(겔 22:24)

20) 네가 본 두 뿔 달린 **숫양**은 메대와 페르시아의 왕들이요, 21) 거친 **숫염소**는 그리스의 왕이며 그의 ①두 눈 사이의 큰 뿔은 첫째 왕이니라. 22) 이제 그것이 꺾이고 그것 대신에 네 개가 일어났은즉 네 왕국이 그 민족으로부터 일어나되 그의 권세만은 못하리라. 23) 그들의 왕국의 마지막 때 곧 **범법자들**이 가득할 즈음에 사나운 얼굴을 하고 **숨겨진 글의 뜻을 깨닫는 한 왕**이 일어나리라.

바빌론 왕국	메대 왕		뿔1	
	페르시아 왕	① 첫째 왕	뿔2	숨겨진 글의 뜻을 깨닫는 한 왕
			뿔3	
BC602	BC537		뿔4	1.왕국의 마지막 때
	숫양(메대와 페르시아 왕)		숫염소(그리스 왕)	2.범법자들이 가득할 즘
			가나안 땅 (기쁨의 땅)	

BC537 ←------------------ 2300년 동안(2300일) ------------→ AD1763

그들의 왕국의 마지막 때 = 3세기 말부터 로마 제국 쇠퇴하기 시작 ↵

23절__그들의 왕국의 마지막 때(latter time) - 숫염소의 마지막 때 즉 그리스의 끝은 역사적으로도 로마시대입니다. 사도 바울은 로마 시대에 있었습니다. 사도들은 다니엘서의 뜻을 알았던 것입니다: 내가 생각하건대 하나님께서 사도인 우리를 죽이기로 정하신 자같이 **마지막에 두셨나니** 우리가 세상과 천사들과 사람들에게 구경거리가 되었노라.(고전 4:9) 이제 성령께서 분명히 말씀하시기를 **마지막 때**(latter time)에 어떤 사람들이 믿음에서 떠나 유혹하는 영들과 마귀들의 교리들에 주의를 기울이리라 하시는데 이들은 위선으로 거짓말을 하며 자기 양심을 뜨거운 인두로 지진 자들이라. 이들이 혼인을 금하고 음식물을 삼가라고 명령할 터이나 음식물은 하나님께서 창조하사 진리를 믿고 아는 자들이 감사함으로 받게 하셨느니라.(딤전 4:1~3) 참으로 그분께서는 세상의 창건 이전에 미리 정하여졌으되 이 **마지막 때**(last time)에 너희를 위해 드러나셨으며(벧전 1:20) 어린 자녀들아, **지금은 마지막 때**(latter time)**니라.** 적그리스도가 오리라 함을 너희가 들은 것 같이 지금도 많은 적그리스도가 있나니 이로써 지금이 마지막 때인 줄 우리가 아느니라.(요일 2:18)

23절__범법자들 - 빼앗는 강도들과 율법을 통해 살고자 하는 자들과 사람의 외모를 중시하는 자들입니다. 즉 서기관들과 바리새인들 같은 자들입니다: 이는 그가 자기 혼을 쏟아 부어 죽기까지 하며 범법자들과 함께 계수되었기 때문이니라. 그는 많은 사람들의 죄를 담당하였으며 범법자들을 위해 중보하였느니라.(사 53:12) 그들이 그분과 함께 두 강도를 십자가에 못 박으니 하나는 그분의 오른편에 다른 하나는 그분의 왼편에 있더라. 이로써, 그가 범법자들과 함께 계수되었도다, 하시는 성경 기록이 성취되었더라.(막 15:27~28) 만일 내가 헐었던 것들을 다시 세우면 내가 내 자신을 범법자로 만드느니라. 내가 율법을 통해 율법에 대하여 죽었나니 이것은 내가 하나님께 대하여 살고자 함이라. 내가 그리스도와 함께 십자가에 못 박혀 있으나 그럼에도 불구하고 사노라. 그러나 내가 아니요 그리스도께서 내 안에 사시느니라. 나는 지금 내가 육체 안에서 사는 삶을, 나를 사랑하사 나를 위해 자신을 주신 하나님의 아들의 믿음으로 사노라.(갈 2:18~20) 너희가 사람들의 외모를 중시하면 죄를 범하고 율법에 의해 범법자로 확정되리라.(약 2:9)

23절__숨겨진 글 - 일이 이루어지기 전에 그것을 보이고 그 일을 이루시는 것을 말합니다: 내가 처음부터 그것을 네게 밝히 알렸고 일이 이루어지기 전에 네게 그것을 보였나니 이것은 네가 말하기를, 나의 우상이 그것들을 행하였으며 나의 새긴 형상과 부어 만든 형상이 그것들을 명령하였도다, 하지 못하게 하려 함이었노라. 네가 이미 들었으니 이 모든 것을 보라. 너희가 그것을 밝히 알리지 아니하겠느냐? 내가 이때로부터 새 일들 곧 숨겨진 일들을 네게 보였나니 네가 그것들을 알지 못하였느니라.(사 48:5~6) 또 하늘의 왕국은 마치 밭에 숨겨진 보물과 같으니라. 사람이 그것을 발견하면 숨겨 두고 그것의 기쁨으로 인해 가서 자기의 모든 소유를 팔아 그 밭을 사느니라.(마 13:44)

23절__숨겨진 글의 뜻을 깨닫는 한 왕 - 64년 로마의 화재로 시작된 기독교

박해는 305년까지 계속 됩니다. 313년 로마 제국의 황제 콘스탄틴(306
년~337년)의 밀라노 칙령으로 기독교가 로마의 국교로 공인 되었습니다.

▶ 일이 이루어지기 전에 보고 이루어짐을 경험한 로마의 콘스탄티 황제:
→ 콘스탄틴이 막센티우스와 전쟁을 벌이기 전 날 밤, '너는 승리할 것이
다'라는 상징의 표(계시)와 군기에 십자가를 새기라는 꿈을 꿈.
→ 다음날, 병사들과 자신의 방패와 군기에 상징의 글자와 십자가 새김.
→ 갑자기 일어난 다리 붕괴로 막센티우스의 많은 병사들 익사. 승리한
콘스탄틴, 십자가 상징을 새긴 군기를 들고 로마 입성. 십자가 표시가
인류 역사상 최초로 전쟁에 사용 됨.
→ 콘스탄틴에게 그리스도의 십자가가 권력을 보증하는 증표가 됨.
→ **콘스탄틴은 교회 지도자들을 전폭적으로 후원함.**
→ 기독교의 후원자 콘스탄틴 왕과 공동 황제 리키니우스는 밀라노 칙
령 반포.
(밀라노 칙령: 그리스도교 신앙의 자유와 빼앗은 교회 재산을 반환해
야 한다는 내용 포함)

▌BC333년에 페르시아 멸망 → 그리스의 첫 번째 왕 알렉산드로스 대왕
(BC336년 아버지 필리포스가 피살됨으로 인해 20세 왕위로 계승 됨)
→ BC323년 알렉산드로스 33세 사망 → 그리스 4개로 나누어 짐. 카산
더, 리시마커스, 셀루커스, 프톨레미 → BC31년 로마에 의해 그리스 멸
망 → BC27년 제정 로마 시작 → 진리이신 성령님을 따르지 않고 인성
이신 예수님께 감사하며 자신의 삶을 드리는 것 제거됨(율법으로 돌아
감) → 율법을 따르는 자들이 가득할 때 → 숨겨진 뜻을 깨닫는 한 왕: 콘
스탄틴 로마 황제

> 24) 그의 권세가 강할 터이나 자기의 권세로 말미암은 것은 아니니라. 그가 놀랍게 파괴하고 형통하며 꾸준히 행하고 강한 자들과 **거룩한 백성**을 멸하리라

거룩한 백성 - 오직 하나님만을 섬기는 자들입니다. 시온의 백성입니다: 보라, 주께서 세상 끝에까지 선포하시되, 너희는 시온의 딸에게 말하기를, 보라, 네 구원이 임하느니라. 보라, 그분의 보상이 그분께 있고 그분의 일이 그분 앞에 있느니라, 하라, 하셨느니라. 그들이 그들을 가리켜, 거룩한 백성이라. 주께서 구속한 자들이라, 하며 또 너를 가리켜, 찾아낸 자라. 버림받지 아니한 도시라, 하리라. (사 62:11~12) 주의 거룩한 백성이 단지 잠시 그 땅을 소유하였으며 우리의 대적들이 주의 성소를 짓밟았나이다. 우리는 주의 것이니이다. 주께서는 결코 그들을 다스리지 아니하였사오며 그들은 주의 이름으로 불리지 아니하였나이다. (사 63:18~19)

> 25) 그가 또 자기의 정책을 통하여 자기 손에서 **속임수**가 형통하게 하고 자기 마음속에서 자신을 높이며 평화를 빌미로 **많은 사람을 멸할 것이요, 또 그가 일어서서 통치자들의 통치자를 대적할 터이나 그가 손으로 말미암지 아니하고 무너지리라.** 26) 이미 말한 저녁과 아침의 환상이 참된즉 너는 그 환상을 닫아 두라. 그것은 많은 날 뒤에 있을 일에 대한 것이니라, 하더라. 27) 나 다니엘이 기진하여 며칠을 앓다가 그 뒤에 일어나서 왕의 일을 행하였느니라. 내가 그 환상으로 말미암아 놀랐으나 아무도 그것을 깨닫지 못하더라.

25절__속임수 - 사악한 자들의 계략들, 거짓 대언자, 교황의 입맞춤, 전통과 세상의 유치한 원리들: 사악한 자들의 계략들은 속임수이니라. (잠 12:5) 네 혀로는 속임수를 꾸미며 앉아서 네 형제를 비방하고 네 친어머니의 아들을 헐뜯는도다. (시 50:19~20) 원수의 입맞춤은 속임수가 가득하니라. (잠 27:6) 이 일이 어느 때까지 거짓들을 대언하는 대언자들의 마음속에 있겠느냐? 참으로 그들은 자기 마음의 속임수로 말하는 대언자들이로다. (렘 23:26) 가시

나무들 사이에 씨를 받은 자 또한 말씀을 듣되 이 세상의 염려와 재물의 속임수가 말씀을 숨 막히게 하므로 열매 맺지 못하는 자니라.(마 13:22) 어떤 사람이 철학과 헛된 속임수로 너희를 노략하지 못하도록 조심하라. 그것들은 사람들의 전통과 세상의 유치한 원리들을 따르는 것이요 그리스도를 따르는 것이 아니니라.(골 2:8)

바빌론 왕국	메대 왕들 / 페르시아 왕들	알렉산드로스	카산더(왕국) / 리시마커스(왕국) / 셀루커스(왕국) / 프톨레미(왕국) / 그리스	율법주의 가득 →	콘스탄틴 황제 ↓ 속임수 →	통치자들 대적 ↑ 사람을 멸함
	BC537 메대와 페르시아		가나안 땅 (기쁨의 땅)		로마 제국	

BC537 ←-------------- (2300일 동안 = 2300년 동안) --------------→ AD1763

25절 속임수가 형통하게 하고 자기 마음속에서 자신을 높이며 평화를 빌미로 많은 사람을 멸할 것 - 325년 니케아 공의회에서 니케아 신조를 채택하였습니다. 그 후 콘스탄틴은 사후에 '신(愼)'으로 선포 되었으며 많은 하나님의 백성들을 하나님으로부터 떠나게 하는 결과를 낳았습니다.

▶ **니케아 공의회**: 콘스탄틴 시대 알렉산드리아의 장로 아리우스는 예수가 하나님이 아니라 하나님이 창조한 첫 번째 피조물이라고 주장.
→ 381년 콘스탄티노플 공의회, 니케아 신조 승인, 데오도시우스 황제 기독교 국교 승인.
→ "아들인 하나님은 한 번도 존재한 적이 없다"라고 단언(단성론: 그리스도는 환언하면 신으로 생각, 그리스도는 육화 전에는 신성과 인성의 양성을 가짐, 육화 후에는 유일한 본성밖에 없다 하는 것).
→ 300명의 감독 중 2명만 신조에 서명 거부, 나머지 감독들은 모두 동의에 서명함.
→ 콘스탄틴은 신조에 서명하기를 거부한 두 감독을 추방.
→ 콘스탄틴의 사후에 로마 원로원이 콘스탄틴을 '신(愼)'으로 선포.

▌적그리스도란? - 예수님께서 그리스도이심을 부인하는 자가 아니면 누가 거짓말하는 자냐? 아버지와 아들을 부인하는 자는 적그리스도니라.(요일 2:22) 예수 그리스도께서 육체 안에 오신 것을 시인하지 아니하는 영마다 하나님께 속하지 아니하였나니 이것이 적그리스도의 그 영이니라. 그것에 관하여는 그것이 오리라는 말을 너희가 들었거니와 그것이 지금 이미 세상에 있느니라.(요일 4:3) 속이는 자들이 세상에 많이 들어왔는데 그들은 예수 그리스도께서 육체 안에 오신 것을 시인하지 아니하느니라. 이런 자가 속이는 자요 적그리스도니라.(요이 1:7)

1) 431년 에베소 공의회, 네스토리우스의 기독론 정죄 펠라기우스의 인간 자유의지 반대
2) 484년 동서교회의 분리
3) 553년 2차 콘스탄티노플 공의회, 단성론 신학 다시 득세
4) 600년 경 프랑크족, 중부 유럽 일대 통치
5) 681년 3차 콘스탄티노플 공의회, 그리스도의 양성(인성+신성) 확증
6) 725년 성상숭배자들과 성상파괴자(레오 3세)의 충돌
7) 754년 피핀, 이탈리아 일부를 교황에게 바침.
8) 800년 레오 3세, 샤를마뉴에 신성로마제국 황제 대관.
9) 862년 콘스탄티노플 주교 포티우스, 모라비아에 키릴과 에소디우스 파송
10) 1024년 십자군의 콘스탄티노플 약탈
11) 1054년 로마 교회와 동방교회 분열 촉발
12) 1215년 4차 라테란 공의회, 화체설 공식교리 인정.
13) 1414년 콘스탄스 공의회, 공의 회수위설 선언.
14) 1620년 경 신앙의 자유를 허용하지 않음. 신념에 근거한 사회 건설.
15) 1692년 마녀사냥
16) 1750년 후반 식민지 독립 투쟁 전개로 교회는 쇠퇴기로 들어가기 시작.

25절__그가 일어서서 통치자들의 통치자를 대적할 터 - 다스리는 자들간의 전쟁을 뜻합니다: 잘 다니는 것 세 가지가 있으며 참으로 멋있게 다니는 것 네 가지가 있나니 곧 짐승들 가운데 가장 강하여 어떤 것 앞에서도 물러서지 아니하는 사자와 그레이하운드와 또 숫염소와 일어나 대적할 수 없는 왕이니라. 만일 네가 어리석게 행하여 네 자신을 높였거나 혹은 악을 생각하였거든 네 손으로 입을 막으라. 참으로 우유를 저으면 버터가 나오고 코를 비틀면 피가 나는 것 같이 강제로 진노를 일으키면 다툼이 나느니라. (잠 30:29~33)

1) 1701~1714년 스페인 왕위 계승 전쟁(프랑스, 에스파냐, 영국, 오스트리아, 네덜란드)
2) 1740~1748년 오스트리아, 왕위계승 전쟁

25절__무너지리라 - 멸망한다는 뜻입니다, 통치 능력을 상실하게 될 것을 말씀하십니다: 이처럼 너희가 제대로 섞지 않은 회반죽으로 바른 그 벽을 내가 허물어서 땅에 무너져 내리게 하고 그것의 기초가 드러나게 하리니 그 벽이 무너지리라. 너희가 그것의 한가운데서 소멸되리니 내가 주인 줄을 너희가 알리라. (겔 13:14) 바다의 물고기와 하늘의 날짐승과 들의 짐승과 땅 위에서 기는 모든 기는 것과 지면에 있는 모든 사람이 내 앞에서 떨며 산들이 무너져 내리고 가파른 곳이 쓰러지며 모든 성벽이 땅에 무너지리라. (겔 38:20)

BC537 ◄——————(2300일=2300년)——————► AD1763

1) 1760년 영국 산업혁명 시작, 정치혁명
2) 1763년 왕과 교황의 분열, 예수회 추방.
3) 1772년~1795년 폴란드, 강대국에 의한 분할
4) 1776년 미국, 독립선언

다니엘 8장의 예언

바빌론 왕국	메대 왕			카산더(왕국)	율법	황제	성소 파괴
	페르시아 왕	알렉 산드 로스		리시마커스(왕국)	주의	+	→ 무너짐
				셀루커스(왕국)	가득	교황	
				프톨레미(왕국)			
	메대와 페르시아			그리스의	로마 → 로마제국(열 왕)		

BC537

기쁨의 땅

BC537 ←――――――― (2300일=2300년) ―――――――→ AD1763

다니엘 2장의 예언

머리(정금) BC602 → BC539	팔1(은)							하늘 왕국이 형상을 산산 조각 냄
	가슴(은)	배(놋)	넓적다리1(놋)	다리1(쇠)	발	쇠	
			넓적다리2(놋)	다리2(쇠)		진흙	
	팔2(은)					발가락10개	
바빌론 왕국	다른 왕국		셋째: 놋 왕국	넷째 왕국			

다니엘 7장과 8장의 결합

열 왕 →	로마(넷째 짐승)		한 시기	때	성도 들 왕국 소유
	교황				
	일곱 왕				
33~381년	381(가톨릭 국교) ―――――→ 1763년	한 때	두 때	반 때	끝

BC537 ←――― (2300일=2300년) ―――→ AD1763

하나님께서 말씀하시는
성경의 뜻을 알자

1. 붉게 물들인 숫양 가죽으로 장막(이스라엘 백성)의 덮개로 사용

너는 붉게 물들인 숫양의 가죽으로 장막의 덮개를 만들고 오소리 가죽으로 그 위에 덮개를 만들지니라.(출 26:14) 그가 붉게 물들인 숫양 가죽으로 장막의 덮개를 만들고 오소리 가죽으로 그 위에 덮개를 만드니라.(출 36:19)

2. 제단 위의 숫양 – 메대·페르시아

너는 숫양 한 마리를 취하고 아론과 그의 아들들은 그 숫양의 머리에 안수할 것이며 너는 그 숫양을 죽이고 그것의 피를 취하여 제단 위에 돌아가며 뿌리고 그 숫양을 여러 조각으로 자르며 그것의 내장과 다리는 씻어서 조각 낸 고기와 그것의 머리와 함께 두고 그 숫양 전부를 제단 위에서 태울지니라. 그것은 주께 드리는 번제 헌물이요, 향기로운 냄새니 곧 불로 예비하여 주께 드리는 헌물이니라.(출 29:15~18)

3. 제단 위의 숫염소 – 그리스

만일 치리자가 알지 못하여 마땅히 행하지 말아야 할 것들에 관한 주 자기 하나님의 명령들 중에서 하나라도 어겨 죄를 짓고 조금이라도 행하여 유죄가 된 경우에 자기가 지은 죄를 알게 되거든 그는 흠 없는 숫염소 새끼를 자기의 헌물로 가져다가 그 염소의 머리에 안수하고 주 앞에서 그들이 번제 헌물을 잡는 곳에서 그것을 잡을지니 그것은 죄 헌물이니라. 제사장은 자기 손가락으로 그 죄 헌물의 피를 찍어 번제 헌물 제단의 뿔들에 바르고 그것의 피는 번제 헌물 제단 밑에 쏟으며 그것의 모든 기름은 화평 헌물의 희생물의 기름같이 제단 위에서 태울지니 제사장이 그의 죄에 대해 그를 위하여 속죄할 터인즉 그가 용서받으리라. (창 30:34~43)

4. 숫양, 숫염소

주의 칼이 피로 충만하며 기름진 것과 어린양과 염소의 피와 숫양의 콩팥 기름으로 기름지게 되었나니 주께서 보스라에서 희생물을 취하시고 이두매아 땅에서 큰 살육을 행하시는도다. (사 34:6) 바빌론의 한가운데서 나와 이동하고 갈대아 사람들의 땅에서 나와 나아가며 양 떼 앞에 가는 숫염소들같이 될지어다. (렘 50:8) 내가 그들을 어린양들같이, 숫염소들과 함께하는 숫양들같이 도살장으로 데리고 내려가리라. (렘 51:40) 오 내 양 떼여, 너희에 관하여 주 하나님이 이같이 말하노라. 보라, 내가 가축과 가축 사이와 숫양과 숫염소 사이에서 심판하노라. (겔 34:17) 너희가 힘 센 자들의 살을 먹으며 땅의 통치자들의 피를 마시고 바산의 모든 살진 짐승 곧 숫양과 어린양과 염소와 수소의 살과 피도 먹고 마실지니라. (겔 39:18) 내 분노가 목자들을 향해 타오르므로 내가 염소들을 벌하였노라. 만군의 주가 자신의 양 떼 곧 유다의 집을 돌아보았으며 그들을 전쟁에 쓰는 자신의 훌륭한 말같이 되게 하였노라. (슥 10:3) 양들은 자기 오른편에 두되 염소들은 왼편에 두리라. (마 25:33) 돌로 맞기도 하고 톱으로 잘리기도 하며 시험을 받기도 하고 칼로 죽임을 당하기도 하며 양 가죽과 염소 가죽을 입고 떠돌아다니며 궁핍과 고난과 고통을 당하였으니 세상은 이런 사람들에게 합당치 아니하였느니라. 그들이 사막과 산과 동굴과 땅굴에서 떠돌아다녔느니라. 이들은 다 믿음을 통해 좋은 평판을 얻었으되 약속하신 것을 받지는 못하였으니 이것은 하나님께서 우리를 위해 더 좋은 것을 마련하사 우리가 없이는 그들이 완전하게 되지 못하게

하려 하심이니라. (히 11:37~40)

5. 숫양과 숫염소의 피와 기름은 어떤 것도 먹으면 안 된다!

주께서 모세에게 말씀하여 이르시되, 이스라엘 자손에게 말하여 이르라. 너희는 소나 양이나 염소의 기름 중 어떤 것도 먹지 말 것이요, 스스로 죽은 짐승의 기름이나 짐승에게 찢긴 것의 기름은 다른 용도로 쓰려니와 결코 먹지 말지니라. 사람들이 불로 예비하여 주께 헌물로 드리는 짐승의 기름(가르침과 능력과 영들)을 먹는 자가 누구든지 그것을 먹는 그 혼은 자기 백성에게서 끊어지리라. 또한 너희는 너희의 모든 거처에서 날짐승의 피나 짐승의 피나 무슨 피든지 먹지 말지니라. 어떤 혼이든지 무슨 피라도 먹으면 바로 그 혼은 자기 백성에게서 끊어지리라. (레 7:22~27) 그 짐승들의 피는 죄로 인하여 대제사장이 성소 안으로 가지고 들어가고 그것들의 몸은 진영 밖에서 불 사르나니 그러므로 예수님께서도 친히 자신의 피로 백성을 거룩히 구별하시려고 성문 밖에서 고난을 당하셨느니라. (히 13:11~12)

6. 짐승의 젖과 피를 먹고 짐승의 기름을 바르고 예수님의 피를 마신 유대인들

그러나 이스라엘의 집이 광야에서 내게 반역하여 사람이 행하면 그 가운데서 살게 될 내 법규 안에서 걷지 아니하며 내 판단의 법도를 멸시하고 내 안식일도 크게 더럽혔으므로 그때에 내가 말하기를, 내가 광야에서 그들에게 내 격노를 부어 그들을 소멸시키리라, 하였느니라. 그러나 내가 내 이름을 위하여 이 일을 행하였나니 곧 내가 이교도들의 눈앞에서 그들을 데리고 나올 때에 그것이 저들 앞에서 더럽혀지지 않게 하였느니라. 그럼에도 또한 내가 광야에서 그들을 향하여 내 손을 들어 올려 내가 그들에게 이미 준 땅 곧 젖과 꿀이 흐르는 땅이요, 모든 땅의 영광이 되는 곳으로 그들을 데려가려 하지 아니하였나니 이는 그들이 마음으로 자기들의 우상들을 따라가며 내 판단의 법도를 멸시하고 내 법규 안에서 걷지 아니하며 내 안식일을 더럽혔기 때문이라.(겔 20:13~16) 마른풀이 나타나고 연한 풀이 스스로 모습을 드러내며 산의 채소들이 거두어지나니 어린양들은 네 옷이 되며 염소들은 밭값이 되고 네게 염소의 젖이 넉넉하여 네 음식과 네 집안사람들의 음식과 네 여종들의 먹을 것이 되리라.(잠 27:25~27) 그 날에는 한 사람이 어린 암소 한 마리와 양 두 마리를 기를 것이요, 그것들이 내는 젖이 풍성하므로 그가 버터를 먹으리라. 그 땅에 남은 모든 자가 버터와 꿀을 먹으리라.(사 7:21~22)

7. 아브람과 언약하신 땅 – 로마 제국

바로 그 날에 주께서 아브람과 언약을 맺으며 이르시되, 내가 이 땅을 이집트의 강에서부터 저 큰 강 곧 유프라테스 강까지 네 씨에게 주었노니 곧 겐 족속과 그니스 족속과 갓몬 족속과 헷 족속과 브리스 족속과 르바 족속과 아모리 족속과 가나안 족속과 기르가스 족속과 여부스 족속의 땅이니라, 하시니라(창 15:18~21)

8. 율법의 규례대로 붉은 암송아지는 죽었다 – 암송아지 = 예수님

주가 명령한 율법의 규례가 이러하니라. 내가 이르노니, 이스라엘 자손에게 말하여 그들이 점도 없고 흠도 없고(히 9:14) 결코 멍에를 메지 아니한 붉은 암송아지를 네게로 끌어오게 하고 너희(모세를 따르는 자들)는 그것(예수님, 히 9:13~15)을 제사장(막 15:10~11) 엘르아살에게 줄 것이요, 그는 그것을 진영 밖(큰 도시, 골고다, 해골의 곳; 마 27:33, 계 11:8)으로 끌고 가서(마 27:31) 사람(군병들, 온 군대; 마27:27)을 시켜 자기 얼굴 앞(막 16:39~41)에서 그것을 잡게 할지니라.(마 27:50) 제사장 엘르아살은 자기 손가락에 그것의 피를 찍고 회중의 성막 앞에서 똑바로 그것의 피를 일곱 번 뿌리며 그 암송아지를 자기 눈앞에서 태우게 하되 그것의 가죽과 고기와 피와 똥을 태우게 하고(말(朶), 마 15:16~19) 제사장은 백향목과 우슬초와 주홍색

실을 취해 암송아지를 태우는 불 가운데 그것을 던질 것이며 그 뒤에 제사장은 자기 옷을 빨고 물로 자기 살을 씻은(마 27:24) 뒤에 진영에 들어갈지니 제사장은 저녁까지 부정하리라. 그것을 태우는 자는 자기 옷을 물로 빨고 물로 자기 살을 씻을 것이요, 저녁까지 부정하리라. 또 정결한 자(예수님의 제자 아리마대의 부자 요셉; 마 27:57)가 암송아지의 재(예수님의 몸; 마 27:58)를 거두어 진영 밖의 정결한 곳(바위 속에 판 요셉의 새 무덤; 마 27:60)에 둘 것이요, 또 이스라엘 자손 회중을 위해 그것을 간직하여 거룩히 구분하는 물(성령; 마 3:11, 막 1:8)에 쓰게 할지니 그것은 죄를 정결하게 하는 것이니라. 암송아지의 재를 거두는 자는 자기 옷을 빨 것이며 저녁까지 부정하리니 그것은 이스라엘 자손과 그들 가운데 머무는 타국인에게 영원한 법규가 되리라.(민 19:2~10)

06 칠십 이레, 마지막 이레 예언

다니엘 9장

1) 메대 사람들의 씨에 속한 아하수에로의 아들 다리오가 갈대아 사람들의 영토를 다스릴 왕으로 세워진 첫 해 2) 곧 **그의 통치 제일년**에 나 다니엘이 **책들을 통하여** 주의 말씀이 **대언자 예레미야에게 임하사 알려 주신 그 햇수**를 깨닫되 곧 그분께서 예루살렘이 황폐한 가운데 **칠십 년**을 채우시리라는 것을 깨달으니라. 3) 또 내가 금식하며 굵은 베옷을 입고 재를 덮어쓴 채 주 하나님을 향하여 내 얼굴을 고정하고 기도와 간구로 구하니라.

2절__그의 통치 제 일년(BC521년) - BC522년 11월에 다리오가 갈대아 사람들의 영토인 바벨론을 다스리는 왕으로 세워졌습니다. 그러므로 다니엘이 기도한 때는 BC521년 중의 어느 날이 되는 것입니다.

2절__책들을 통하여 - 하나님께서 예레미야를 통해 말씀하신 재앙을 기록한 책과 다니엘 시대 전에 선지자들을 통하여 예언하신 성경의 기록들입니다: 너는 두루마리 책을 가져다가 내가 네게 말하던 날로부터 곧 요시야 시대로부터 이 날까지 이스라엘과 유다와 모든 민족들을 향하여 내가 네게 이른 모든 말을 그 안에 기록하라.(렘 36:2) 그때에 바룩이 그들에게 대답하되, 그가 내게 자기 입으로 이 모든 말씀을 소리 내어 말하므로 내가 잉크로 이 책에

그것들을 기록하였노라, 하니(렘 36:17~18)

2절__대언자 예레미야에게 임하사 알려 주신 그 햇수 - 안식(sabbath)으로 들어가는 기간: 이로써 예레미야의 입으로 하신 주의 말씀이 성취되어 마침 내 그 땅이 자기의 안식을 누렸으니 칠십 년을 성취하기 위해 그 땅이 황폐한 동안 안식을 지켰더라.(대하 36:21)

2절__칠십 년(BC520년~450년) - 다니엘이 기도했던 해의 다음 해 부터 칠 십 년을 예루살렘 사람들이 돌이킬 수 있는 기회, 기간을 주셨습니다. 그러나 예루살렘은 돌이키지 않았습니다: 그때에 주의 천사가 응답하여 이르되, 오 만군의 주여, 주께서 예루살렘과 유다의 도시들에게 긍휼을 베풀지 아니하 시기를 어느 때까지 하시리이까? **주께서 그들에게 격노하신** 지 이렇게 **칠십 년**이 되었나이다, 하매 주께서 나와 말하던 천사에게 좋은 말씀과 위로하는 말씀으로 대답하시더라. 그러므로 나와 대화하던 천사가 내게 말하되, 너는 외쳐 이르기를, 만군의 주가 이같이 말하노라. 내가 예루살렘과 시온을 위하 여 큰 질투로 질투하며 또 안락하게 지내는 이교도들을 아주 심히 기뻐하지 아니하노니 내가 내 백성을 조금 기뻐하지 아니하였거늘 그들이 협력하여 고통을 더하였느니라.(슥 1:12~15) 그 땅의 온 백성과 제사장들에게 말하여 이르라. 너희가 그 **칠십 년 동안 오월과 칠월에 금식하고 애곡할 때에 조금이 라도 나를 위하여 곧 나를 위하여 금식하였느냐? 너희가 먹고 마실 때에 너희 자신을 위하여 먹고 너희 자신을 위하여 마시지 아니하였느냐?** 예루살렘과 그것의 사방의 도시들에 사람들이 거주하며 형통하게 지낼 때에 또 남쪽과 평야에도 사람들이 거주할 때에 주가 이전의 대언자들을 통해 외친 그 말씀 들을 너희가 들어야 하지 아니하겠느냐? 하시니라.(슥 7:5~8)

---

12) 그분께서 큰 재앙을 우리 위에 내리사 우리와 우리를 재판하던 우리의 재 판관들을 치시면서 하신 자신의 말씀들을 확증하셨사오니 온 하늘 아래에서

예루살렘에서 일어난 일 같은 것은 일어난 적이 없었나이다. 13) **모세의 율법에 기록된 대로** 이 모든 재앙이 우리에게 임하였음에도 불구하고 우리는 우리의 불법들에서 돌이키고 주의 진리를 깨닫기 위해 주 우리 하나님 앞에서 기도하지 아니하였나이다. 14) 그러므로 주께서 그 재앙을 지켜보시다가 그것을 가져와 우리에게 임하게 하셨사오니 주 우리 하나님께서는 친히 행하시는 모든 일에서 의로우시나이다. 우리가 그분의 음성에 순종하지 아니하였나이다. 15) 오 강한 손으로 주의 백성을 이집트 땅에서 데리고 나오시고 이 날과 같이 스스로 명성을 얻으신 주 우리 하나님이여, 이제 우리는 죄를 지었고 사악하게 행하였나이다. 16) 오 주여, 간청하옵나니 주의 모든 의에 따라 주의 분노와 주의 격노를 돌이키사 주의 도시 예루살렘 곧 주의 거룩한 산에서 떠나게 하옵소서. 우리의 죄들과 우리 조상들의 불법들로 인하여 예루살렘과 주의 백성이 우리의 사방에 있는 모든 자들에게 치욕거리가 되었나이다.

13절__모세의 율법에 기록된 대로 - 모세의 율법에 기록된 재앙을 말씀하시는 것입니다: 주께서 모세에게 말씀하여 이르시되, **이스라엘 자손에게 말하고 그들에게 이르라.** 만일 어떤 사람의 아내가 탈선하고 그에게 범법을 행하며 어떤 남자가 그녀와 육체적으로 함께 누웠는데 그 일이 그녀의 남편의 눈에 드러나지 아니하고 숨겨져서 **그녀가 더러워졌으나 그녀를 대적하는 증인도 없고** 그녀가 그런 종류의 일로 붙잡히지 아니하였어도 그에게 질투의 영이 임하여 그가 자기 아내를 질투하는데 그녀가 더러워졌거나 혹은 그에게 **질투의 영이 임하여 그가 자기 아내를 질투하는데** 그녀가 더러워지지 아니한 경우 그때에 그 사람은 자기 아내를 데리고 제사장에게로 가서 그녀를 위해 보리 음식 일 에바의 십분의 일을 그녀의 헌물로 드리되 그것에 기름도 붓지 말고 그 위에 유향도 두지 말지니라. 그것은 질투의 헌물이요, 기억나게 하는 헌물 곧 불법을 기억나게 하는 헌물이니라. 제사장은 그녀를 가까이 오게 하여 주 앞에 세우고 질그릇에 거룩한 물을 담고 성막 바닥의 티끌을 취하여 물속에 넣고 여인을 주 앞에 세우고 그 여인의 머리를 드러나게 하고 기억나게 하는 헌물 곧 질투의 헌물을 그녀의 두 손에 두고 **저주를 일으키는 쓴 물을**

자기 손에 들고 그녀에게 명하여 맹세하게 하고 그 여인에게 이르기를, 어떤 남자도 너와 함께 누운 적이 없고 또 네가 네 남편이 아닌 다른 자와 더불어 부정한 데로 탈선하지 아니하였으면 저주를 일으키는 이 쓴 물에서 네가 자유로운 몸이 되리라. 그러나 네가 네 남편이 아닌 다른 자에게로 탈선하여 네 남편이 아닌 다른 어떤 자와 함께 누워 네 몸을 더럽혔으면 제사장이 그 여인에게 명하여 **저주의 맹세를 하게 하고** 그 여인에게 말할지니라. 주께서 네 넓적다리를 썩게 하고 네 배를 붓게 하사 너를 네 백성 가운데서 저주거리와 맹세거리가 되게 하시기를 원하노라. 저주를 일으키는 이 물이 네 창자에 들어가서 네 배를 붓게 하고 네 넓적다리를 썩게 하리라, 할 것이요, 그 여인은, 아멘 아멘, 할지니라. 제사장은 **이 저주의 말들을 책에 쓰고** 그 쓴 물로 그것들을 지우고 여인으로 하여금 저주를 일으키는 그 **쓴 물을 마시게 할지니** 저주를 일으키는 그 물이 그녀에게 들어가서 쓰게 되리라. 그 뒤에 제사장은 그 여인의 손에서 질투 헌물을 취하여 그 헌물을 주 앞에서 흔들고 제단 위에 드리되 그 헌물 중에서 그것의 기념물로 한 움큼을 취하여 제단 위에서 태우고 그 뒤에 그 여인으로 하여금 그 물을 마시게 할지니라. 그가 그녀로 하여금 그 물을 마시게 했을 때에 만일 그녀가 몸을 더럽히고 자기 남편에게 범법한 적이 있으면 **저주를 일으키는 그 물이 그녀에게 들어가서** 쓰게 되어 그녀의 배가 부으며 그녀의 넓적다리가 썩으리니 그 여인이 자기 백성 가운데서 저주거리가 될 것이니라. 만일 그 여인이 몸을 더럽히지 아니하고 정결하면 해를 받지 않고 씨를 수태하리라. 이것은 질투에 관한 법이니 아내가 자기 남편이 아닌 다른 자에게로 탈선하여 몸을 더럽힌 때나 혹은 **남편에게 질투의 영이 임하여** 그가 자기 아내를 향해 질투하고 그 여인을 주 앞에 세울 때에 제사장은 그녀에게 이 모든 법을 집행할지니라. 그러면 그 사람은 불법에서 무죄가 될 것이요, 이 여인은 **자기 불법을 담당하리라.** (민 5:11~31)

▶ **남편과 아내(하나님과 예루살렘):** 주의 말씀이 다시 내게 임하니라, 이르시되 사람의 아들아, **예루살렘으로 하여금 자기의 가증한 일들을 알게**

하고 이르기를, 주 하나님이 예루살렘에게 이같이 말하노라. 네 태생과 출생의 땅은 가나안이요, 네 아버지는 아모리 족속이며 네 어머니는 헷 족속이었노라.(겔 16:1~3) 내가 네 곁으로 지나가며 너를 보니, 보라, 네 때가 사랑을 할 때더라. 내가 내 옷자락을 네 위에 펴서 너의 벌거벗은 것을 덮어 주며 참으로 내가 네게 맹세하고 너와 함께 언약 속으로 들어가매 네가 내 것이 되었느니라. 주 하나님이 말하노라.(겔 16:8) 네가 네 아름다움을 신뢰하고 네 명성으로 인하여 창녀짓을 행하되 지나가는 모든 자에게 네 음행을 쏟아 부었으므로 네 아름다움이 그의 것이 되었도다. 네가 네 의복 중에서 취하여 여러 색깔로 네 산당들을 단장하고 그 위에서 **창녀 짓을 행하였는데** 그와 같은 일들은 생겨서도 아니 되고 또 그리되어서도 아니 되리라. 네가 또 내가 네게 준 내 금과 은의 아름다운 보석들을 위하여 너를 위해 **남자들의 형상을 만들고 그것들과 행음하였으며** 또 네 수놓은 옷들을 취하여 그것들을 덮었고 내 기름과 내 향을 그것들 앞에 두었으며 또 내가 네게 준 내 음식물 곧 내가 너를 먹일 때 쓴 고운 밀가루와 기름과 꿀을 네가 심지어 그것들 앞에 두어 향기로운 냄새가 되게 하였나니 그 일이 그러하였느니라. 주 하나님이 말하노라.(겔 16:15~19) 오히려 **너는 자기 남편대신 낯선 자들을 취하여 간음을 행하는 아내와 같도다!**(겔 16:32) **오 창녀야, 주의 말을 들을지어다.** 주 하나님이 이같이 말하노라. 네 더러움이 쏟아져 나왔고 네 사랑하는 자들과 네 가증한 것들의 모든 우상과 벌인 네 행음을 통해 또 네가 그들에게 준 네 자녀들의 피로 말미암아 네 벌거벗은 것이 드러났으니(겔 16:35~36) 그들의 어머니는 창녀 짓을 행하였고 그들을 수태한 여인은 수치스럽게 행하였느니라. 그녀가 이르기를, 내게 내 빵과 내 물과 내 양털과 내 아마와 내 기름과 내 마실 것을 주는 나의 사랑하는 자들을 내가 따라가리라, 하였도다. 그러므로, 보라. 내가 가시로 네 길에 울타리를 치며 벽을 쌓아 그녀가 행로들을 찾지 못하게 하리니 그녀가 자기의 사랑하는 자들을 쫓아갈지라도 따라잡지 못하며 그들을 찾을지라도 만나지 못하리

라. 그때에야 그녀가 이르기를, 내가 가서 내 첫 남편에게 돌아가리니 그 때가 지금보다 내게 더 나았도다, 하리라. **내가 그녀에게 곡식과 포도즙과 기름을 주었고 또 그녀의 은과 금 곧 그들이 바알을 위하여 예비한 그 것들도 내가 많이 더해 주었음을 그녀가 알지 못하였도다.**(호 2:4~8) 영안에서 나를 광야고 데리고 가니라. 내가 보니 한 여자가 신성모독하는 이름들로 가득하고 일곱 머리와 열 뿔을 가진 주홍색 짐승 위에 앉아 있더라. 그 여자는 자주색 옷과 주홍색 옷을 차려입었고 금과 보석들과 진주들로 꾸몄으며 가증한 것들과 자기의 음행으로 인한 더러운 것으로 가득한 금잔을 손에 가졌더라. **그녀의 이마에 한 이름이 기록되어 있었는데, 신비라, 큰 바빌론이라.** 땅의 창녀들과 가증한 것들의 어미라, 하였더라.(계 17:3~5)

---

17) 오 우리 하나님이여, 그러하온즉 이제 주의 종의 기도와 그의 간구를 들으시고 주를 위하여 주의 얼굴이 황폐한 주의 성소에 빛을 비추게 하옵소서. 18) 오 나의 하나님이여, 주의 귀를 기울여 들으시며 주의 눈을 여사 우리의 황폐함과 주의 이름으로 불리는 도시를 보시옵소서. 우리가 우리의 의로 인하여 주 앞에서 우리의 간구를 드리지 아니하고 주의 크신 긍휼로 인하여 간구를 드리나이다. 19) 오 주여, 들으소서. 오 주여, 용서하소서. 오 주여, 귀를 기울이시고 행하소서. 오 내 하나님이여, 주를 위하여 지체하지 마옵소서. 주의 도시와 주의 백성은 주의 이름으로 불리나이다.

성경을 늘 묵상하던 다니엘은 행음한 에루살렘과 이스라엘의 죄로 하나님께서 분노하고 계신지를 깨달았습니다: 주께서 그에게 이르시되, 그의 이름을 예스르엘이라 하라. 잠시 뒤에 내가 예스르엘의 피에 대한 원수를 예후의 집에 갚고 이스라엘의 집의 왕국을 그치게 하리라. 그 날에 내가 예스르엘 골짜기에서 이스라엘의 활을 꺾으리라, 하시니라.(호 1:4~5) 이제 그녀가 로루하마를 젖 뗀 뒤에 수태하여 아들을 낳으니라. 이에 하나님께서 이르시되, 그의 이름을 로암미라 하라. 너희는 내 백성이 아니요, **나는 너희 하나님이**

되지 아니하리라. 그러할지라도 이스라엘 자손의 수가 바다의 모래 같아서 헤아릴 수도 없고 셀 수도 없으리니 전에 그들에게 이르기를, 너희는 내 백성이 아니라, 한 그곳에서 곧 거기에서 그들에게 이르기를, 너희는 살아 계신 하나님의 아들들이라, 하리라. 그때에 유다 자손과 이스라엘 자손이 함께 모여 자기들을 위해 한 머리를 정하고 그 땅에서부터 올라오리니 이는 예스르엘의 날이 클 것이기 때문이라.(호 1:8~11) 주가 말하노라. 보라, 날들이 이르리니 내가 이스라엘의 집과 유다의 집과 새 언약을 맺으리라. 이 언약은 내가 그들의 조상들의 손을 잡고 그들을 이집트 땅에서 데리고 나오던 날에 그들과 맺은 언약에 따른 것이 아니니라. 내가 그들에게 남편이었을지라도 그들이 내 언약을 깨뜨렸느니라(렘 31:31~32)

---

20) 내가 이같이 말하여 기도하며 내 죄와 내 백성 이스라엘의 죄를 자백하고 내 하나님의 거룩한 산을 위하여 주 내 하나님 앞에서 간구를 드릴 때에 21) 곧 참으로 내가 기도를 드리며 말할 때에 내가 처음에 환상 속에서 본 그 사람 가브리엘이 신속히 날아가도록 명령을 받고 저녁 봉헌물을 드릴 즈음에 내게 손을 대더라. 22) 그가 내게 알리며 내게 말하여 이르되, 오 다니엘아, 내가 이제 네게 능숙함과 깨달음을 주려고 나아왔느니라, 하니라. 23) ❶네 간구가 시작될 때에 명령이 나왔으므로 내가 네게 알리려고 왔노라. 너는 크게 사랑받는 자니 그런즉 그 일을 깨닫고 그 환상을 깊이 생각할지니라. 24) 주께서 네 백성과 네 거룩한 도시에게 칠십 이레를 정하셨나니 이것은 범법을 그치고 죄들을 끝내며 불법에 대하여 화해를 이루고 영존하는 의를 가져오며 환상과 대언을 봉인하고 또 지극히 거룩하신 이에게 기름을 붓고자 함이라

23절__네 간구가 시작될 때에 명령이 나왔으므로 - BC521년 하늘나라에서 가브리엘 천사장에게 하늘의 명령이 먼저 내려졌었습니다. 이 땅은 하늘의 모형들의 그림자들입니다. 우리의 눈에는 잘 확인 되지 않지만 하늘에서 먼저 일들이 일어나고 그 다음에 땅에서 일어나는 것입니다. 하나님의 나라는

믿음이 없이는 알 수도 깨달을 수도 들어 갈 수도 없는 나라입니다: 우리는 겨우 어제부터 있었을 뿐이며 또 땅 위에 있는 우리의 날들은 그림자이므로 우리가 아무것도 알지 못하느니라.(욥 8:9) 내 날들은 기울어지는 그림자 같고 나는 풀 같이 시들었나이다.(시 102:11) 사람은 헛된 것과 같고 그의 날들은 지나가는 그림자와 같으니이다.(시 144:4) 이 삶 곧 사람이 헛된 삶의 모든 날을 그림자처럼 보내는 삶 속에서 사람에게 무엇이 좋은지 누가 알리요? 해 아래에서 사람의 뒤를 따라 무슨 일이 있을지 누가 능히 그에게 고하리요?(전 6:12) 그러나 사악한 자는 잘되지 못하며 자기의 날들을 길게 하지 못하고 그 날들이 그림자와 같으리니 이는 그가 하나님 앞에서 두려워하지 아니하기 때문이라.(전 8:13) 모든 좋은 선물과 모든 완전한 선물은 위에서 오며 빛들의 아버지로부터 내려오거니와 그분께는 변함도 없고 회전하는 그림자도 없느니라.(약 1:17)

24절__ 칠십 이레 - 칠십(seventy) 이레(weeks, 7일 간의 기간)
$$70 \times \text{이레} = 70 \times 7 = 490\text{년 동안(하루} = 1\text{년)}$$

24절__ 지극히 거룩하신 이 - 성경에서 지극히 거룩하신 분으로 불리는 분은 하나님과 예수님 두 분이십니다: 우리의 구속자로 말하건대 만군의 주 곧 이스라엘의 거룩하신 이가 그분의 이름이니라.(사 47:4) 이르되, 나사렛 예수님이여, 우리를 홀로 두소서. 우리가 당신과 무슨 상관이 있나이까? 우리를 멸하러 오셨나이까? 나는 당신이 누구신 줄 아노니 하나님의 거룩하신 이시니이다, 하매(막 1:24)

24절__ 거룩하신 이에게 기름을 붓고자 함이라 - 예수님께서 기름부음을 받은 해는 AD 33년입니다. 예수님 돌아가시기 바로 며칠 전에 마리아가 예수님께 기름을 부었습니다: 예수님께서 이르시되, 그녀를 가만 두어라. 어찌하여 그녀를 괴롭게 하느냐? 그 여자는 내게 선한 일을 하였느니라. 가난한 자들은 항상 너희와 함께 있으니 언제라도 너희가 원하는 대로 그들에게 선을 행할 수 있거니와 나는 항상 너희와 함께 있지는 아니하니라. 그 여자는 자기가 할 수 있는 일을 하였으니 곧 **장사지내는 일을 위하여 미리 와서 내 몸에 기름을 부었느니라.** 진실로 내가 너희에게 이르노니, 온 세상 어디든지 이 복음이 선포되는 곳에서는 사람들이 그녀가 행한 이 일도 말하여 그녀를 기념하리라, 하시니라.(막 14:6~9)

---

25) 그러므로 알고 깨달을지니라. ①에루살렘을 회복하고 건축하라는 명령이 나가는 때로부터 통치자 메시아에 이르기까지 ②일곱 이레와 ③육십이 이레가 있으리니 심지어 ④곤란한 때에 거리와 성벽이 다시 건축될 것이며 26) ⑤육십이 이레 후에 메시아가 끊어질 터이나 자기를 위한 것은 아니니라. ⑥장차 임할 통치자의 백성이 그 도시와 그 성소를 파괴하려니와 그것의 ⑦끝에는 홍수가 있을 것이며 또 그 ⑧전쟁이 끝날 때까지 황폐하게 하는 것이 작정되었느니라. 27) 그가 많은 사람과 ⑨한 이레 동안 언약을 확정하리니 그가 ⑩그 이레의 한 중간에 희생물과 봉헌물을 그치게 하며 또 가증한 것들로 뒤덮기 위하여 심지어 완전히 끝날 때까지 그것을 황폐하게 할 것이요, ⑪작정된 그것이 그 황폐한 곳에 쏟아지리라, 하니라.

다니엘 9장 예언

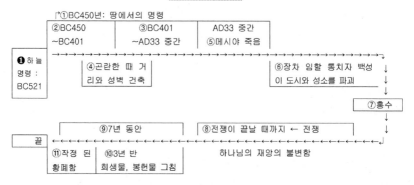

※ 하루 = 1년: 사십 일의 하루를 일 년으로 환산하여 사십 년 동안 너희가 너희 불법들을 담당할지니 이로써 내가 약속을 깨뜨린 것을 너희가 알리라(민 14:34) 사십 일 동안 유다의 집의 불법을 담당하라. 내가 네게 각 날을 일 년으로 정하였느니라.(겔 4:6)

① **예루살렘을 회복하고 건축하라는 명령이 나가는 때로부터 통치자 메시아에 이르기까지 - 예수님께서 AD33년 반에 죽으시고 부활하셔서 하늘나라를 통치하신다는 뜻입니다. 그러므로 AD33년에서 거슬러 올라가면 BC450년이 되는 것입니다** : 너희가 나무 위에 매달아 죽인 예수님을 우리 조상들의 하나님께서 일으키시고 이스라엘에게 회개와 죄들의 용서를 주시려고 하나님께서 자신의 오른손으로 그분을 높이사 통치자와 구원자가 되게 하셨느니라.(행 5:30~32)

BC450년 중간 ← 49년 거슬러 ← BC401년 중간 ← 434년 거슬러 ← AD33년 중간
          올라가면   올라가면   메시야 끊어짐

▌에스라(BC450년경): 하나님께서 대언자 예레미야를 통해 유대인들이 70년간의 바빌론 포로 생활 후에 자신들의 고국으로 돌아올 것이라고 예언하신 약속의 성취를 기록한 책.

② **일곱 이레**: 49년(7×7) 동안 = BC450년 중간 ~ BC401년 중간
③ **육십이 이레**: 434년(62×7) 동안 = BC401년 중간 ~ AD33년 중간
④ **곤란한 때에 거리와 성벽이 다시 건축될 것 - 에스라의 기록 시기 BC450년경입니다**: 우리가 노예가 되었을지라도 우리 하나님께서 우리를 우리의 속박 가운데 버리지 아니하시고 오히려 페르시아 왕들의 눈앞에서 우리에게 긍휼을 베푸사 우리를 소생시키시며 우리 하나님의 집을 세우게 하시고 또 그것의 황폐함을 보수하게 하시며 유다와 예루살렘에서 **우리에게 성벽을 주셨나이다.**(스 9:9) ※ **성전 건축**: BC515년 스룹바벨에 의해 건축한 성전, BC18년~AD28년 헤롯대왕이 스룹바벨 성전을 증축(모리아 산)
⑤ **육십이 이레 후에 메시아가 끊어질 터 - AD33년 반**: 우리가 메시아를 만났다, 하니 메시아는 번역하면 그리스도라.(요 1:41) 야곱은 마리아의 남편 요셉을 낳았는데 마리아에게서 그리스도라 하는 예수님이 태

어나시니라.(마 1:16) 예수님께서 다시 큰 소리로 외치시고 숨을 거두시니라.(마 27:50)

⑥ **장차 임할 통치자** - 이스마엘로 말하건대 내가 네 말을 들었나니, 보라, 내가 그에게 복을 주었으며 또 그를 다산하게 하고 심히 번성하게 하리라. 그가 열두 통치자를 낳으리니 내가 그를 큰 민족으로 만들리라(창 17:20) 이들은 이스마엘의 아들들이요, 이것들은 그들의 고을들과 성채들에 따른 그들의 이름들이며 그들의 민족에 따른 열두 통치자더라.(창 25:16) 왕의 자손들(고라의 아들들)이 왕의 조상들을 대신하리니 왕이 그들(고라의 아들들)을 온 땅에서 통치자로 삼으시리로다.(시 45:16) 이제부터는 내가 너희와 많이 말하지 아니하리니 이는 이 세상의 통치자가 오기 때문이니라. 그는 내 안에서 아무것도 취하지 못하느니라.(요 14:30) 심판에 대하여라 함은 이 세상의 통치자가 심판을 받았기 때문이라.(요 16:11)

⑥ **장차 임할 통치자의 백성 - 땅에 있는 왕국을 다스리는 자를 섬기는 백성들을 말합니다:** 네 처음 조상이 죄를 지었고 네 선생들이 내게 범법하였나니 그러므로 내가 **성소의 통치자들을 욕되게 하며** 야곱을 내주어 저주를 받게 하고 이스라엘을 내주어 모욕을 받게 하였노라.(사 43:27~28) 그녀의 **대언자들은 경솔하고 배신하는 자들**이요, 그녀의 제사장들은 성소를 더럽히고 율법을 침해한 자들이로다.(습 3:4)

⑥ **그 도시 - 더럽혀진 약속의 땅이며 영적으로는 하나님의 성소가 있는 백성들의 모든 혼이 되는 것입니다:** 불결하고 더러워진 여자 곧 학대하는 그 도시(예루살렘)에 화가 있을지어다!(습 3:1) 그분께서 또 큰 소리로 내 귀에 외치며 이르시되, 그 도시의 책무를 맡은 자들로 하여금 각각 파괴하는 무기를 손에 들고 가까이 나아오게 하라, 하시니라.(겔 9:1) 주께서 그에게 이르시되, **그 도시의 한가운데 곧 예루살렘의 한가운데**를 지나가며 그것의 한가운데서 이루어지는 모든 가증한 일로 인하여 탄식하고 부르짖는 사람들의 이마에 표를 찍으라, 하시니라.(겔

9:4) 누구든지 너희를 받아들이지 아니하고 너희 말을 듣지 아니하거든 너희가 그 집이나 도시에서 떠날 때에 너희 발의 먼지를 떨어 버리라. 진실로 내가 너희에게 이르노니, 심판 날에 소돔과 고모라 땅이 그 도시보다 더 견디기 쉬우리라.(마 10:14~15) 그때에 그분께서 능력 있는 일들을 가장 많이 행하신 도시들이 회개하지 아니하므로 그 도시들을 꾸짖기 시작하시니라.(마 11:20)

⑥ **그 성소 - 더럽혀져서 하나님을 분노케 만든 예루살렘 백성과 예루살렘 성전, 교회 건물들을 뜻합니다:** 오 하나님이여, 그들이 주께서 가심(even the going, 떠나버리심)을 보았사오니 곧 나의 하나님, 나의 왕께서 성소 안에서 가심을 보았나이다.(시 68:24) 주의 발을 영구히 황폐한 것 즉 원수가 성소에서 악하게 행한 모든 것 쪽으로 드소서.(시 74:3) 이 외에도 그들이 내게 이 일을 행하였나니 곧 그들이 같은 날에 내 성소를 더럽히고 내 안식일을 더럽혔도다. 그들이 자기들의 자녀들을 죽여 자기들의 우상들에게 바치고는 바로 그 날에 내 성소로 들어와 그것을 더럽혔나니, 보라, 그들이 내 집의 한가운데서 이와 같이 행하였도다.(겔 23:38~39) 이스라엘의 집에게 이르기를, 주 하나님이 이같이 말하노라. 보라, 내가 내 성소 곧 너희 기력의 뛰어남이요, 너희 눈이 바라는 것이며 너희 혼이 딱하게 여기는 곳을 더럽히리니 너희가 남겨 둔 너희 아들딸들이 칼에 쓰러지리라.(겔 24:21) 네가 네 많은 불법 곧 네 무역의 불법으로 네 성소들을 더럽혔나니 그러므로 내가 네 한가운데서 불이 나오게 하여 너를 삼키게 하고 너를 바라보는 모든 자들의 눈앞에서 너를 데려다가 땅 위의 재가 되게 하리라.(겔 28:18)

⑦ **끝에는 홍수(a flood) - 사악한 무리들:** 주가 이같이 말하노라. 보라, 물들이 북쪽에서 일어나 넘치는 홍수가 되어 그 땅과 그 안에 있는 모든 것 즉 그 도시와 그 안에 거하는 자들 위에 넘치리니 그때에 사람들이 부르짖으며 그 땅의 모든 거주민이 울부짖으리라.(렘 47:2) 사망의 물결이 나를 에워싸고 **경건치 아니한 자들의 홍수(the floods)**가 나를 무

섭게 하였으며(삼하 22:5) 네가 사악한 자들이 밟던 옛 길을 주목해 보았느냐? 그들은 때가 되기도 전에 끊어졌고 그들의 기초는 홍수(a flood)로 뒤덮였느니라.(욥 22:15~16) 홍수 이전 시대에 노아가 방주로 들어간 날까지 그들이 먹고 마시고 장가가고 시집가고 하면서 홍수가 나서 그들을 다 쓸어버릴 때까지 알지 못하였나니 사람의 아들이 오는 것도 그러하리라.(마 24:38~39)

⑧ **전쟁(war): 사람의 몸(body)을 죽이는(die) 전쟁이 끝날 때까지**

1914년 ~ 1918년 제1차 세계대전.

1939년~1945년 제2차 세계대전.

1948년 5월15일 1차 중동전쟁.

1956년 10월 - 2차 중동전쟁.

1967년 3차 중동전쟁(6일 전쟁).

1973년 10월 16일 4차 중동전쟁(키프러스 전쟁)

1982년 레바논 침공

1995년 이스라엘 라빈총리 암살.

2003년 ~ 2010년 이라크 전쟁

2004년 와지르스탄 전쟁, 프랑스 전쟁

2004년 ~ 2007년 중앙아프리카 공화국 오지 전쟁, 2005년 차드 전쟁

2006년 멕시코 마약 전쟁, 이스라엘과 레바논 전쟁, 소말리아 전쟁

2007년 러시아 그루지아 전쟁, 이스라엘 하마스 전쟁

다니엘 9장 예언

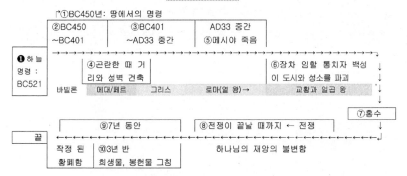

다니엘 9장 예언 도표:
- ❶ 하늘 명령 : BC521
- ①BC450년: 땅에서의 명령
- ②BC450 ~BC401
- ③BC401 ~AD33 중간
- AD33 중간 ⑤메시야 죽음
- ④곤란한 때 거리와 성벽 건축
- ⑥장차 임할 통치자 백성 이 도시와 성소를 파괴
- ⑦홍수
- 바빌론 / 메대/페르 / 그리스 / 로마(열 왕)→ / 교황과 일곱 왕
- 끝
- ⑨7년 동안
- ⑧전쟁이 끝날 때까지 ← 전쟁
- 작정 된 황폐함
- ⑩3년 반 희생물, 봉헌물 그침
- 하나님의 재앙의 불변함

다니엘 7장, 8장, 9장 예언 종합

로마(넷째 짐승)		한 시기		때	성도들 왕국 소유
열 왕 →	교황	홍수	전쟁	7/2	
	일곱 왕			7년	
33~381년	381(가톨릭 국교) -----→ 1763년				
	한 때	두 때	반 때	끝	
	BC537 ←---- (2300일=2300년) ----→ AD1763				

바빌론 왕 → 메대 왕과 페르시아 왕 → 그리스 왕 → 로마 왕(열 왕) → 교황과 일곱 왕

07 다니엘 9장 단어 의미

1. 노아의 홍수

물들의 홍수(the flood of waters): 땅 위에 물들의 홍수(the flood of waters)가 임할 때에 노아가 육백세더라.(창 7:6) 이레가 지나서 땅 위에 홍수의 물들(the waters of the flood)이 임하니라.(창 7:10) 내가 너희와 더불어 내 언약을 세우리니 다시는 내가 모든 **육체를 홍수의 물들**(the waters of a flood)**로 멸하지 아니할 것**이요, 또 **땅을 멸할 홍수**(a flood)가 다시는 있지 아니하리라.(창 9:11) 내가 나와 너희와 또 모든 육체의 모든 살아 있는 창조물 사이에 맺은 내 언약을 기억하리니 다시는 물들(the waters)이 모든 육체를 멸하는 홍수(a flood)가 되지 아니하리라.(창 9:15) 옛 세상을 아끼지 아니하시고 오직 의의 선포자인 여덟째 사람 노아를 구원하시며 경건치 아니한 자들의 세상에 홍수(the flood)를 내리셨고(벧후 2:5)

2. 예언서의 홍수 – a flood, the floods

물들의 홍수(the waterflood)에서 물들(the waters)을 분리해서 말씀하신 **홍수**(a flood) **입니다, 경건치 아니한 많은 무리들이 사람들의 몸뿐만 아니라 혼까지도 멸하는 싸움의 홍수**(a flood)**를 말씀하시는 것입니다**: 사망의 고통이 나를 에워싸고 **경건치 아니한 자들의 홍수**(the floods)가 나를 무섭게 하였으며(시 18:4) 주께서 그들을 홍수(a flood)로 하듯 쓸어 가시매 그들이 잠 같으며 아침에 자라는 풀 같으니이다.(시 90:5) 주 하나님이 이같이 말하노

라. 그가 무덤에 내려간 날에 내가 애곡하게 하였으니 내가 그를 위하여 깊음을 덮어 주고 그곳의 홍수(the flood)를 막으며 큰물들(the great waters)을 멈추게 하고 또 레바논으로 하여금 그를 위하여 애곡하게 하며 들의 모든 나무가 그로 인해 기운을 잃게 하였느니라.(겔 31:15) 홍수(a flood)같이 밀려오는 군사들로 말미암아 그들이 그 앞에서 휩쓸려 파멸될 것이요, 참으로 그 언약의 통치자도 그러하리라.(단 11:22) 뱀이 자기 입에서 여자의 뒤로 물을 홍수(waters a flood)같이 내뿜어 그녀를 홍수(the flood)에 떠내려가게 하려 하되 땅이 여자를 도와 자기 입을 벌려 용이 그의 입에서 내뿜은 홍수(the flood)를 삼키니(계 12:15~16)

▌노아의 홍수(the waterflood) - 땅에 악한 무리들의 전쟁이 40일 동안 있었으므로 하나님께서 물들을 불어나게 하신 것입니다. 만약 그들이 전쟁을 하지 않고 회개 하였더라면 노아의 홍수와 같은 대 참사는 없었을 수도 있지 않았을까요? 하나님은 심판하실 때 참으로 공의로우신 분이십니다. 그러나 그 순간에도 사랑을 놓지 않으시는 분이십니다: 홍수(the flood)가 땅 위에 사십 일 동안 있었으므로 물들(the waters)이 불어나 방주를 띄우니 방주가 땅 위로 들리더라.(창 7:17) 나를 수렁에서 건지사 거기 빠지지 말게 하시며 나를 미워하는 자들에게서와 깊은 물들(the deep waters)에서 나를 건지소서 홍수(the waterflood)가 내 위에 넘치거나 깊음(the deep)이 나를 삼키지 못하게 하시고 구덩이(땅1)가 내 위에 임하여 자기 입을 다물지 못하게 하소서(시 69:14~15)

3. 전쟁 – war : 무력을 동반한 전쟁들

세상의 몸(body)을 죽이는(die) 전쟁, 무력을 동반한 사람의 육체를 죽이는 전쟁입니다: 사만 명가량이 전쟁(war)을 하려고 예비한 채 주 앞에서 건너가 싸우려고 여리고 평야에 이르니라.(수 4:13) 또 파라오가 많은 사람을 멸하기 위해 자기의 강한 군대와 큰 무리를 동원하여 작은 산들을 쌓아 올리고 보루들을 세워도 그 전쟁(war)에서 그를 위해 아무것도 이루지 못하리라.(겔 17:17) 네 성벽을 치려고 전쟁(war)에 쓸 기계들을 세우며 자기 도끼로 네 망대들을 헐리라.(겔 26:9) 그들이 할례 받지 않은 자들 중에서 쓰러진 그 힘센 자들과 함께 눕지 못할 터인데 이 힘센 자들은 자기들의 전쟁(war) 무기를 가지고 지옥에 내려가서 자기들의 칼을 자기들의 머리 밑에 놓은 자들이라. 그러나 그들이 비록 산 자들의 땅에서 힘이 세어 두려움이 되었을지라도 그들의 불법들이 그들의 뼈들 위에 있으리로다.(겔 32:27) 너희는 이방인들 가운데서 이것을 선포할지어다. 전쟁(war)을 예비하고 용사들을 깨우며 모든 군사가 가까이 나아와 올라오게 할지어다.(욜 3:9) 내 백성으로 하여금 잘못하게 하는 대언자들은 자기들의 이로 물면서도 외치기는, 평안하다, 하며 또 자기들의 입에 넣어 주지 아니하는 자를 향하여는 전쟁(war)을 예비하거니와 이런 대언자들에 관하여 주가 이같이 말하노라.(미 3:5) 그들이 자기들의 증언을 마칠 때에 바닥없는 구덩이로부터 올라오는 짐승이 그들을 대적하며 전쟁(war)을 일으켜 그들을 이기고 그들을 죽이리니(계 11:7) 용이 여자에게 진노하여 그녀의 씨 중에서 남은 자들 곧 하나님의 명령들을 지키고 예수 그리스도의 증언을 가진 자들과 전쟁(war)을 하려고 가니라.(계 12:17) 또 그가 성도들과 전쟁(war)하여 그들을 이기는 것을 허락받고 모든 족속과 언어와 민족들을 다스리는 권능을 받았으므로(계 13:7) 이들이 어린양과 전쟁(war)을 하려니와 어린양께서 그들을 이기시리니 그분은 주들의 주시요 왕들의 왕이시며 또 그분과 함께 있는 자들은 부르심을 받고 선정된 신실한 자들이니라, 하더라.(계 17:14) 또 내가 보매 그 짐승과 땅의 왕들과 그들의 군대들이 함께 모여 말 타신 분과 그분의 군대를 대적하여 전쟁(war)을 하더라.(계 19:19)

4. 전쟁 – battle : 전투, 경쟁자들 간의 투쟁, 문제 등에 맞선 싸움

혼(soul)을 죽이는(dead) 전쟁(battle) 입니다, 죄를 범하게 하는 영적 전쟁

(전투, 경쟁자들 간의 투쟁, 문제 등에 맞선 싸움)을 뜻합니다: 오 이스라엘아, 네가 기브아의 시대로부터 죄를 지었도다. 그들이 거기에 서 있었는데 불법의 자손들을 치려고 일어난 기브아에서의 전쟁(battle)이 그들을 따라잡지 못하였느니라.(호 10:9) 그러나 내가 랍바의 성벽에 불을 놓으리니 그것이 전쟁(battle)하는 날에 외치는 소리와 회오리바람이 부는 날에 폭풍과 더불어 거기의 궁궐들을 삼키리라.(암 1:14) 그러나 내가 유다의 집에는 긍휼을 베풀고 주 그들의 하나님으로 말미암아 그들을 구원하며 활이나 칼이나 전쟁(battle)이나 말이나 기병으로 그들을 구원하지 아니하리라, 하시니라.(호 1:7) 만일 나팔이 분명하지 못한 소리를 내면 누가 전쟁(battle)을 준비하리요?(고전 14:8) 그들이 나팔을 불어 모든 것을 준비하였으나 아무도 전쟁(battle)에 나가지 아니하나니 이는 내 진노가 그들의 온 무리 위에 임하였기 때문이라.(겔 7:14) 그 날에는 내가 그들을 위하여 들의 짐승들과 하늘의 날 짐승들과 땅의 기어 다니는 것들과 언약을 맺으며 또 그 땅에서 활과 칼을 꺾고 전쟁(battle)을 중단시켜 그들이 안전히 눕게 하리라.(호 2:18) 내가 에브라임에서 병거를 끊고 예루살렘에서 말을 끊으며 전쟁(battle)하는 활도 끊으리니 **그가 이교도들에게 화평을 말할 것이요**, 그의 통치는 바다에서 바다까지 이르고 그 강에서 땅 끝까지 이르리라.(슥 9:10) 그들은 마귀들의 영들로서 기적들을 행하며 땅과 온 세상의 왕들에게 나아가 하나님 곧 전능자의 저 큰 날에 있을 전쟁(battle)을 위하여 그들을 모으더라.(계 16:14) 나가서 땅의 사방에 있는 민족들 곧 곡과 마곡을 속이며 그들을 함께 모아 전쟁(battle)을 하게 할 터인데 그들의 수는 바다의 모래 같으리라.(계 20:8)

5. 희생물과 봉헌물(단 9:27)

진정한 하나님의 사랑과 하나님의 말씀의 순종하는 삶에서 나오지 않고 자기의 생각과 사람들의 잘못된 교리적 습관으로 하는 예배와 기도 즉 모든 종교 행위들. 하나님의 말씀대로 살지 않으면서 하는 모든 기도와 헌금과 예배

를 말씀하시는 것입니다: 율법은 다가 올 좋은 일들의 그림자는 가지고 있으나 그 일들의 형상 그 자체는 아니므로 그들이 해마다 계속해서 드린 그런 희생물들로는 거기로 나아오는 자들을 결코 완전하게 할 수 없느니라.(히 10:1) 그러나 그 희생물에는 해마다 죄들을 다시 생각나게 하는 것이 있나니(히 10:3) 그러므로 그분께서 세상에 들어오실 때에 이르시되, 희생물과 헌물은 주께서 원치 아니하시고 오직 나를 위하여 한 몸을 예비하셨나이다. 죄로 인한 번제 헌물과 희생물들은 주께서 기뻐하지 아니하시나이다.(히 10:5~6) 위에서 그분께서 이르시기를, 희생물과 헌물과 번제 헌물과 죄로 인한 헌물은 주께서 원치도 아니하시고 기뻐하지도 아니하시나이다, 하셨는데 그것들은 율법에 따라 드리는 것이라. 그 뒤에 그분께서 이르시기를, 오 하나님이여, 보시옵소서, 내가 주의 뜻을 행하러 오나이다, 하셨으니 그분께서 첫째 것을 제거하심은 둘째 것을 세우려 하심이라. 바로 이 뜻으로 말미암아 예수그리스도의 몸이 단 한 번 영원히 드려짐을 통해 우리가 거룩히 구별되었노라.(히 10:8~10) 다시는 헛된 봉헌물을 가져오지 말라. 월삭과 안식일과 집회로 모이는 것을 내가 견디지 못하겠노니 곧 엄숙한 모임 그 자체가 불법이니라.(사 1:~13) 이는 율법을 듣는 자들이 하나님 앞에서 의롭지 아니하고 오직 율법을 행하는 자들이 의롭게 될 것이기 때문이라.(롬 2:13) 형제들아, 서로 비방하지 말라. 자기 형제를 비방하는 자나 자기 형제를 판단하는 자는 율법을 비방하며 율법을 판단하는 자니라. 그러나 만일 네가 율법을 판단하면 율법을 행하는 자가 아니요 판단하는 자로다.(약 4:11) 그러므로 우리가 결론을 내리노니 사람은 율법의 행위와 상관없이 믿음으로 의롭게 되느니라.(롬 3:28) 사랑은 자기 이웃에게 해를 끼치지 아니하나니 그러므로 사랑은 율법의 완성이니라.(롬 13:10)

6. 하나님의 눈에 가증한 것들

하물며 불법을 물 마시듯 하는 사람이야 얼마나 더 가증하고 더럽겠느냐?(욥 15:16) 사악한 자를 의롭다 하는 자와 의인을 정죄하는 자는 둘 다 주께 가증한 자니라.(잠 17:15) 서로 다른 추와 서로 다른 되는 둘 다 주께 똑같이 가증한 것이니라.(잠 20:10) 사악한 자의 희생물은 가증한 것이거늘 하물며 그가 사악한 생각으로 그것을 가져오면 얼마나 더 가증하겠느냐?(잠 21:27) 어리석은 생각은 죄요, 비웃는 자는 사람들에게 가증한 자니라.(잠 24:9) 미워하는 자는 자기 입술로 시치미를 떼고 자기 속에 속임수를 쌓아 두나니 그가 좋게 말할지라도 그의 말을 믿지 말라. 그의 마음속에 일곱 가지 가증한 것이 있느니라.(잠 26:24~25) 사람이 자기 귀를 돌려 율법을 듣지 아니하면 그의 기도조차 가증한 것이 되리로다.(잠 28:9) 비뚤어진 마음을 가진 자들은 주께 가증한 자들(잠 11:20) 거짓말하는 입술은 주께 가증한 것(잠 12:22) 사악한 자의 생각들은 주께 가증한 것(잠 15:26) 마음이 교만한 자는 다 주께 가증한 자니 손에 손을 잡을지라도 그는 벌을 면하지 못하리라.(잠 16:5) 다시는 헛된 봉헌물을 가져오지 말라. 분향하는 것은 내게 가증한 것이요, 월삭과 안식일과 집회로 모이는 것을 내가 견디지 못하겠노니 곧 엄숙한 모임 그 자체가 불법이니라.(사 1:13) 어떤 자는 자기 이웃의 아내와 더불어 가증한 짓을 행하고 다른 자는 음탕하게 자기 며느리를 더럽히며 다른 자는 네 안에서 자기 누이 곧 자기 아버지의 딸을 비천하게 하였느니라.(겔 22:11) 그들이 하나님을 안다고 고백하나 행위로는 그분을 부인하니 그들은 가증하고 불순종하는 자들이요 모든 선한 일에 대해 버림받은 자들이니라.(딛 1:16)

7. 이스라엘의 가증함

그들이 자기들의 문지방을 내 문지방들 곁에 두고 자기들의 기둥을 내 기둥들 곁에 두며 나와 자기들 사이에 벽을 두어 자기들이 범한 가증한 일들로 내 거룩한 이름을 더럽혔으므로 내가 친히 분노하여 그들을 소멸시켰은즉(겔 43:8) 너는 반역하는 자들 곧 이스라엘의 집에게 이르기를, 주 하나님이 이같이 말하노라. 오 너희 이스라엘의 집아, 너희의 모든 가증한 일이 너희에게 족하니라. 너희가 내 빵과 기름과 피를 드릴 때에 타국인들 곧 마음에 할례를 받지 않고 육체에 할례를 받지 않은 자들을 내 성소 안으로 데려다가 내 성소 안에 있게 하여 그곳 즉 내 집을 더럽혔나니 그들이 너희의 모든 가증한 일로 인하여 내 언약을 어겼느니라.(겔 44:6~7) 유다는 배신하였고 이스라엘과 예루살렘 안에서는 가증한 일이 저질러졌나니 유다가 주께서 사랑하시는 것 즉 그분의 거룩함을 더럽히고 이방 신의 딸과 결혼하였느니라.(말 2:11) 내가 그들이 행한 그들의 모든 가증한 일로 인하여 그 땅을 심히 황폐하게 할 때에 그때에 내가 주인 줄을 그들이 알리라, 하라.(겔 33:29) 내가 나무의 열매와 들의 소출이 많이 늘어나게 하여 너희가 다시는 이교도들 가운데서 기근의 치욕을 받지 아니하게 하리니 그때에 너희가 너희의 악한 길들과 너희의 선하지 않은 행위들을 기억하고 너희의 불법들과 가증한 일들로 인하여 너희 눈앞에서 너희 자신을 심히 싫어하리라. 주 하나님이 말하노라, 내가 너희를 위해 이것을 행하지 아니하는 줄을 너희는 알지어다. 오 이스라엘의 집아, 너희 길들로 인하여 부끄러워하고 당황할지어다.(겔 36:30~32) 너희가 너희 칼을 의지하여 서고 가증한 일을 행하며 각 사람이 자기 이웃의 아내를 더럽히니 너희가 그 땅을 소유하겠느냐?(겔 33:26) 우리가 색욕과 정욕과 과음과 환락과 연회와 가증한 우상 숭배 속에서 걸어 이방인들이 하고자 하는 바를 행한 것이 우리 삶의 지나간 때로 우리에게 족하도다.(벧전 4:3)

8. 하나님의 기뻐하시는 성소 – 하나님의 산

예수 그리스도의 터 위에 세워진 모든 혼들을 말씀하시는 것입니다. 하나님께서 거하시는 모든 장소와 사람들입니다: 성소와 참 성막을 섬기시는 분이신데 이 성막은 주께서 치신 것이요 사람이 친 것이 아니니라(히 8:2) 이로써 성령님께서 표적으로 보여 주신 것은 첫째 성막이 아직 서 있는 동안에는 지성소로 들어가는 길이 아직 드러나지 아니하였다는 것이라.(히 9:8) 그러므로 형제들아, 우리가 예수님의 피를 힘입어 새롭고 살아 있는 길로 지성소에 들어갈 담대함을 얻었는데 이 길은 그분께서 우리를 위하여 휘장 곧 자기의 육체를 통해 거룩히 구분하신 것이니라. 또 하나님의 집을 다스리는 대제사장께서 우리에게 계시므로 우리 마음이 뿌림을 받아 악한 양심으로부터 벗어났고 우리 몸은 순수한 물로 씻겼으니 우리가 믿음의 충만한 확신 속에서 진실한 마음으로 가까이 다가가자. 약속하신 분께서 신실하시니 우리의 믿음의 고백을 흔들림 없이 굳게 잡고 서로를 살펴보아 사랑과 선한 행위에 이르도록 격려하며 어떤 사람들의 습관과 같이 우리의 함께 모이는 일을 폐하지 말고 서로 권면하되 그 날이 다가옴을 너희가 볼수록 더욱 그리하자. (히 10:19~25) 그 짐승들의 피는 죄로 인하여 대제사장이 성소 안으로 가지고 들어가고 그것들의 몸은 진영 밖에서 불사르나니 그러므로 예수님께서도 친히 자신의 피로 백성을 거룩히 구별하시려고 성문 밖에서 고난을 당하셨느니라. 그런즉 우리가 그분의 치욕을 짊어지고 진영 밖에 계신 그분께로 나아가자. 여기에서는 우리에게 영구한 도시가 없고 우리가 다가오는 도시를 찾나니 그러므로 우리가 그분으로 말미암아 계속해서 찬양의 희생을 하나님께 드리자. 그것은 곧 그분의 이름에 감사를 드리는 우리 입술의 열매니라. 오직 선을 행하는 것과 나누어 주는 것을 잊지 말라. 하나님께서는 이 같은 희생을 매우 기뻐하시느니라.(히 13:11~16)

하나님께서 하신 약속, 참 이스라엘

1. 아브람에게 하신 약속

롯이 아브람을 떠나 갈라선 뒤에 주께서 아브람에게 이르시되, 이제 네 눈을 들어 네가 있는 곳에서부터 북쪽과 남쪽과 동쪽과 서쪽을 바라보라. 네가 **보는 온 땅을 내가 너와 네 씨에게 영원히 주리라.** 내가 네 씨를 땅의 티끌 같게 하리니 사람이 땅의 티끌을 능히 셀 수 있거든 네 씨도 세리라. 일어나 그 땅을 그것의 길이로도 걸어 보고 그것의 너비로도 걸어 보라. 내가 그 땅을 네게 주리라.(창 13:14~17) 너는 평안히 네 조상들에게로 가겠고 또 충분히 나이 들어 묻힐 터이나 그들은 네 세대 만에 여기로 다시 오리니 이는 아모리 족속의 불법이 아직 충만하지 아니하기 때문이라, 하시니라. 해가 져서 어두울 때에 연기 나는 화로가 보이며 타오르는 등불이 그 조각들 사이로 지나가니라. 바로 그 날에 주께서 아브람과 언약을 맺으며 이르시되, 내가 이 땅을 이집트의 강에서부터 저 큰 강 곧 유프라테스 강까지 네 씨에게 주었노니 곧 겐 족속과 그니스 족속과 갓몬 족속과 헷 족속과 브리스 족속과 르바 족속과 아모리 족속과 가나안 족속과 기르가스 족속과 여부스 족속의 **땅이니라.**(창 15:15~21)

2. 아브라함에게 하신 약속

내가 보건대 **아브라함은 분명히 크고 강력한 민족이 되며 땅의 모든 민족들이 그 안에서 복을 받으리니** 이는 내가 그를 알기 때문이라. 그가 자기 자녀들과 자기 뒤에 있을 자기 집안사람들에게 명령할 터인즉 그들이 주의 길을 지켜 정의와 판단의 공의를 행하리니 이로써 주가 아브라함에 관하여 말한 것을 친히 그에게 이루리라.(창 18:18~19) 주의 천사가 하늘에서부터 두 번째 아브라함을 불러 이르되, 주가 말하노라. 내가 나를 두고 맹세하였노라. 곧 네가 이 일을 행하여 네 아들 즉 네 유일한 아들을 아끼지 아니하였으므로 내가 네게 복을 주고 복을 주며 또 **네 씨를 하늘의 별들같이 바닷가의 모래같이 번성하게 하고 번성하게 하리니 네 씨가 자기 원수들의 문을 소유하리라. 또 네 씨 안에서 땅의 모든 민족들이 복을 받으리니** 이는 네가 내 음성에 순종하였기 때문이니라.(창 22:15~18)

3. 아브람에게 하신 약속, 아브라함(많은 민족들의 조상)에게 하신 약속

아브람은 두 가지의 복을 받았습니다: 아브람과 아브람의 씨들에게 겐 족속과 그니스 족속과 갓몬 족속과 헷 족속과 브리스 족속과 르바 족속과 아모리 족속과 가나안 족속과 기르가스 족속과 여부스 족속의 **땅을 주신다는 것입니다.**

아브라함은 세 가지의 복을 받았습니다: 첫째는 아브라함에게 복에 복을 주신다는 것, 둘째는 아브라함의 씨가 별들같이 셀 수 없이 많게 하시고 그 씨들이 원수들의 문을 소유하게 하신다는 것, 셋째는 아브라함의 씨가 아니라 아브라함의 씨 안에 있는 땅의 모든 민족들이 복을 받게 하신다는 것입니다.

4. 이삭에게 하신 약속

이 땅에 머무르라, 내가 너와 함께하고 네게 복을 주리라. 내가 **이 모든 지역을 너와 네 씨에게 주고** 내가 네 아버지 아브라함에게 맹세한 그 맹세를 이행하며 또 **네 씨를 하늘의 별들같이 번성하게 하고 이 모든 지역을 네 씨에게 주리니 네 씨 안에서 땅의 모든 민족들이 복을 받으리라.**(창 26:3~4) 바로 그 밤에 주께서 그에게 나타나 이르시되, 나는 네 아버지 아브라함의 하나님이니 두려워하지 말라. 내 종 아브라함으로 인하여 내가 너와 함께하고 **네게 복을 주어 네 씨를 번성하게 하리라.**(창 26:24) 또, 보라, 주께서 그 위에 서서 이르시되, 나는 주니 곧 네 조상 아브라함의 하나님이요, 이삭의 하나님이니라. 네가 누운 **땅을 내가 너와 네 씨에게 주리니** 네 씨가 땅의 티끌같이 되어 네가 서쪽과 동쪽과 북쪽과 남쪽으로 널리 퍼지며 너와 네 씨 **안에서 땅의 모든 가족들이 복을 받으리라.**(창 28:13~14)

5. 야곱에게 하신 약속

또, 보라, 주께서 그 위에 서서 이르시되, 나는 주니 곧 네 조상 아브라함의 하나님이요, 이삭의 하나님이니라. **네가 누운 땅을 내가 너와 네 씨에게 주리니 네 씨가 땅의 티끌 같이 되어 네가 서쪽과 동쪽과 북쪽과 남쪽으로 널리 퍼지며 너와 네 씨 안에서 땅의 모든 가족들이 복을 받으리라.** 또, 보라, 내가 너와 함께 있어 네가 가는 모든 곳에서 너를 지키며 너를 이 땅으로 다시 데려오리라. **내가 네게 말한 것을 행할 때까지 너를 떠나지 아니하리라**, 하시니라.(창 28:13~15) 이삭에게는 야곱과 에서를 주었으며 에서에게는 세일 산을 소유로 주었노라. 그러나 야곱과 그의 자손은 이집트로 내려갔으므로 내가 또한 모세와 아론을 보내었고 또 이집트에 재앙을 내렸나니 그것은 곧 내가 그들 가운데서 행한 것과 같았으며 그 뒤에 내가 너희를 데리고 나왔노라.(수 24:4~5)

6. 이스라엘에게 하신 약속

하나님께서 그에게 이르시되, 나는 하나님 곧 전능자니라. **다산하고 번성하라. 민족과 민족들의 무리가 네게서 나고 왕들이 네 허리에서 나오리라.** 내가 아브라함과 이삭에게 준 땅 곧 그 땅을 네게 주고 네 뒤를 이을 **네 씨에게 그 땅을 주리라**, 하시고 하나님께서 그와 말씀하시던 곳에서 그를 떠나 올라가시니라.(창 35:11~13)

▶ 하나님께서 또 모세에게 이르시되, 너는 이스라엘 자손에게 이같이 말하기를, 주 너희 조상들의 하나님 곧 아브라함의 하나님, 이삭의 하나님, 야곱의 하나님이 나를 너희에게 보내셨느니라, 하라. 이것은 영원토록 나의 이름이요, **이것은 모든 세대에 이르는 나의 기념물이니라.**(출 3:15)

7. 아브라함의 씨 중에서 하나님의 부름을 받은 자. 이삭의 씨 중에서도 하나님의 부름을 받은 자가 믿음의 이스라엘이 되었습니다.

아브람이 구십구 세였을 때에 주께서 아브람에게 나타나 그에게 이르시되, 나는 전능자 하나님이니라. **너는 내 앞에서 걸으며 완전할지니라.**(창 17:1) 네 이름을 다시는 아브람이라 하지 아니하고 **네 이름을 아브라함이라 하리니** 이는 내가 너를 많은 민족들의 조상으로 삼았기 때문이니라.(창 17:5) 하나님께서 이르시되, 참으로 네 아내 사라가 네게 아들을 낳으리니 너는 **그의 이름을 이삭이라 하라.** 내가 그와 또 그의 뒤를 이을 그의 씨와 더불어 내 언약을 세워 영존하는 언약이 되게 하리라.(창 17:19) 하나님께서 아브라함에게 이르시되, 그 아이나 네 노예 여자로 인하여 그 일을 네 눈앞에 근심거리로 두지 말고 사라가 네게 말한 모든 것에서 그녀의 목소리에 귀를 기울이라. 이는 이삭 안에서 네 씨가 **부름을 받을 것이기 때문**이라.(창 21:12) 하나님께서 그에게 이르시되, 네 이름이 야곱이지만 다시는 네 이름을 야곱이라 하지 아니할 것이요, **이스라엘이 네 이름이 되리라,** 하시고 그분께서 그의 이름을 이스라엘이라 하시며(창 35:10) 믿음으로 아브라함은 시험을 받을 때에 이삭을 바쳤으니 곧 약속들을 받은 그가 자기의 독생자를 바쳤느니라. 이 아들에 관하여는 그분께서 전에 이르시되, 이삭 안에서 네 씨가 부름을 받으리라, 하셨느니라. 하나님께서 심지어 죽은 자들로부터 능히 그를 일으키실 줄로 생각하였으므로 또한 그는 죽은 자들로부터 그를 모형으로 받았느니라. 믿음으로 이삭은 다가올 일들에 관하여 야곱과 에서를 축복하였으며 믿음으로 야곱은 죽을 때에 요셉의 아들들을 축복하고 자기 지팡이 머리에 의지하여 경배하였으며 믿음으로 요셉은 죽으면서 이스라엘 자손들이 떠날 것에 대하여 말하고 자기 뼈들에 관해 명령을 주었느니라.(히 11:17~22)

8. 이스라엘로 변화되기를 간절히 바라시는 야곱들

하나님께서 야곱에게 다시는 야곱이라 부르지 아니하신다 하셨는데 또 야곱이라 하실 리 없으십니다. 야곱과 이스라엘은 다른 것입니다. 이집트 안에 노예의 삶을 사는 자들은 야곱이 되는 것입니다. 죄의 굴레에서 아직 나오지 못하여서 자신의 의지와 자신의 생각과 자신의 계획을 내려놓지 못한 자가 야곱이 되는 것입니다. 율법 아래 있는 자들, 하나님의 이름을 부르기는 하지만 하나님의 계획하심에 동참 하지 못한 자, 성령님과 함께 영으로서의 믿음의 삶이 아니라 자신 속에 있는 본성(자아)에 의해 살아가는 모든 자들은 야곱이 되는 것입니다. 십자가를 바라만 볼 뿐 십자가를 짊어지지는 않는 것과 같습니다. 그러나 하나님께선 자신의 삶 속에서 처절하게 싸웠던 야곱, 자신의 계략으로 노력하지만 하나님이 없이는 사기를 당하기만 하는 야곱, 수고하고도 소득이 없는 야곱, 하나님의 복을 받기를 간절히 원했던 야곱을 불쌍히 여기시며 사랑하셨습니다. 십자가를 바라보는 자 바로 그 자를 선택하시는 분이십니다. 그를 사랑하심으로 십자가를 질 수 있도록 한량없는 사랑으로 도우시는 분이십니다: 주께서 야곱에게 이르시되, 네 조상들의 땅으로, 네 친족에게로 돌아가라. 내가 너와 함께 하리라.(창 31:3) 야곱이 자기 길로 가는데 하나님의 천사들이 그를 만나니라.(창 32:1) 너는 이르기를 그것들은 주(에서)의 종 야곱의 것이요, 내 주 에서에게로 보내는 예물이오며, 보소서, 야곱도 우리 뒤에 있나이다, 하라, 하고(창 32:18) 야곱이 홀로 남았는데 어떤 남자가 날이 새도록 그와 씨름하다가 자기가 그를 이기지 못함을 보고 야곱의 넓적다리의 우묵한 곳에 손을 대매 야곱의 넓적다리의 우묵한 곳이 그와 씨름할 때에 위골되었더라. 그가 이르되 날이 새려 하니 나를 가게 하라, 하매 야곱이 이르되, 당신이 나를 축복하지 아니하면 내가 당신을 가게 하지 아니하겠나이다, 하니 그가 그에게 이르되, 네 이름이 무엇이냐? 하거늘 그가 이르되, 야곱이니이다, 하매 그가 이르되, 네 이름을 다시는 야곱이라 하지 아니하고 이스라엘이라 하리니 이는 네가 통치자로서 하나님과 견주며 사람들과 견줄 능력이 있어 이겼기 때문이니라, 하니라.(창 32:24~28) 야곱이 밧단아람에서 올 때에 하나님께서 다시 그에게 나타나사 그에게 복을 주시고 하나님께서 그에게 이르시되, 네 이름이 야곱이지만 다시는 네 이름을 야곱이라 하지 아니할 것이요, 이스라엘이 네 이름이 되리라, 하시고 그분께서 그의 이름을 이스라엘이라 하시며(창 35:9~10) 그들의 분노가 맹렬하므로 그것이 저주를 받고 그들의 진노가 잔인하므로 그것이 저주를 받으리라. 내가 그들을 야곱 안에서 나누며 이스라엘 안에서 흩으리라.(창 49:7) 요셉은 열매가 많은 가지 곧 샘 옆의 열매가 많은 가지인데 그것의 작은 가지들이 담을 넘는도다. 활 쏘는 자들이 그를 심히 괴롭게 하고 그를 쏘며 그를 미워하였으나 그의 활이 강하고 그의 손의 팔이 야곱의 능하신 하나님의 손으로 말미암아 강하게 되었나니 거기서부터 목자 곧 이스라엘의 돌이 나오는도다.(창 49:21~24) **야곱이 이집트 땅에서 십칠 년 동안 살았으므로** 이처럼 야곱의 전체 나이가 백사십칠 세더라.(창 47:28) **이스라엘이 이집트에서 나오며** 야곱의 낯선 말을 하는 백성에게서 나올 때에(시 114:1) 그분께서 자신의 말씀을 야곱에게 보이시며 자신의 법규들과 판단들을 이스라엘에게 보이시는도다.(시 147:19) 오 야곱의 집이여, 너희는 오라. 우리가 주의 빛 안에서 걷자. 그러므로 주께서 주의 백성 곧 야곱의 집을 버리셨나이다. 그들에게는 동쪽에서 온 것들이 가득하며 그들은 블레셋 사람들같이 점쟁이가 되고 낯선 자들의 자손들 가운데서 자신을 기쁘게 하나이다. 그들의 땅에는 또한 은과 금이 가득하여 그들의 보물은 끝이 없고 그들의 땅에는 또한 말이 가득하여 그들의 병거가 끝이 없으며 그들의 땅에는 또한 우상이 가득하므로 그들이 자기 손으로 만든 것 즉 자기 손가락으로 만든 것에게 경배하고 천한 자도 절하며 큰 자도 굴복하니 그러므로 그들을 용서하지 마옵소서.(사 2:5~9) 나는 자신의 얼굴을 야곱의 집에서 숨기시는 주를 바라며 그분을 기다리리라.(사 8:17) 남은 자들 곧 야곱의 남은 자들이 강하신 하나님에게로 돌아오리라.(사 10:21) 야곱의 영광이 쇠하게 되고 그의 살의 기름진 것이 야위게 되리니(사 17:4) 그것이 싹을 낼 때에 주께서 그것을 적당히 논박하시리이다. 그분께서 동풍이 부는 날에 자신의 거친 바람을 멈추게 하시느니라. 그러므로 이것으로 말미암아 야곱의 불법이 깨끗하게 되며 이것이 그의 죄를 제거하는 모든 열매가 되나니 그분께서 제단의 모든 돌을 쳐서 산산조각 난 석회암 같게 하실 때에 작은 숲과 형상들이 서지 못하리라.(사 27:8~9)

9. 하나님께 부름을 받은 믿음의 삶을 사는 이스라엘들

하나님께서 이름을 불러 주신 자 즉 하나님의 언약을 지키며 사는 자, 성령님과 동행하는 삶을 사는 자들입니다: 보라, 주의 말씀이 그에게 임하여 이르시되, 이 사람은 네 상속자가 아니요. 오직 네 배 속에서 나올 자가 네 상속자가 되리라, 하시더라. 그분께서 그를 데리고 밖으로 나아가 이르시되, 이제 하늘을 쳐다보고 별들을 셀 수 있거든 세어 보라, 하시며 또 그에게 이르시되, 네 씨가 그와 같으리라, 하시니라. **아브람이 주를 믿으니 그분께서 그것을 그에게 의로 여기시고**(창 15:4~6) 야곱이 이르되, 당신이 나를 축복하지 아니하면 내가 당신을 가게 하지 아니하겠나이다, 하니 그가 그에게 이르되, 네 이름이 무엇이냐? 하거늘 그가 이르되, 야곱이니이다, 하매 그가 이르되, 네 이름을 다시는 야곱이라 하지 아니하고 이스라엘이라 하리니 이는 네가 통치자로서 **하나님과 견주며 사람들과 견줄 능력이 있어 이겼기 때문**이니라, 하니라.(창 32:26~28) 그가 거기서 제단을 쌓고 그곳을 엘벧엘(하나님의 집에 하나님)이라 불렀으니 이는 그가 자기 형의 얼굴를 피하여 도망할 때에 하나님께서 거기서 그에게 나타나셨기 때문이더라. 그러나 리브가의 유모 드보라가 죽으매 그녀를 벧엘(하나님의 집) 아래에 있는 상수리나무 밑에 묻고 그것의 이름을 알론바굿(통곡의 상수리나무)이라 하였더라. 야곱이 밧단아람(아람의 길)에서 올 때에 하나님께서 다시 그에게 나타나사 그에게 복을 주시고 하나님께서 그에게 이르시되, 네 이름이 야곱이지만 다시는 네 이름을 야곱이라 하지 아니할 것이요, 이스라엘이 네 이름이 되리라, 하시고 그분께서 그의 이름을 이스라엘이라 하시며 하나님께서 그에게 이르시되, 나는 하나님 곧 전능자니라. 다산하고 번성하라. 민족과 민족들의 무리가 네게서 나고 왕들이 네 허리에서 나오리라.(창 35:7~11) 그가 요셉을 축복하며 이르되, 내 조상 **아브라함과 이삭이 걷는 것을 보신 하나님**, 이 날까지 나의 전생애 동안 나를 먹이신 하나님 곧 **나를 모든 악에서 구속하신** 천사께서 이 아이들에게 복을 주시고 그들이 **내 이름과 내 조상 아브라함과 이삭의 이름으로 불리게 하시오며 또 그들이 땅의 한가운데서 자라나 한 무리가 되게 하시기를 원하나이다.**(창 48:15~16)

※ 아람의 뜻, 밤이나 상수리 따위가 충분히 익어 저절로 떨어질 정도가 된 상태.

10. 허리에서 나온 자가 이스라엘 민족

누구에게도 속하지 않은 오직 믿음으로 사는 믿음의 백성들입니다: 야곱의 허리에서 나와 그와 함께 이집트에 이른 모든 혼 즉 야곱의 아들들의 아내들 외의 모든 혼이 예순여섯이더라.(창 46:26) 이제 야곱과 함께 각각 자기 집안사람들을 데리고 이집트로 들어간 이스라엘의 자손들의 이름은 이러하니라. 르우벤과 시므온과 레위와 유다와 잇사갈과 스불론과 베냐민과 단과 납달리와 갓과 아셀이라. 이미 요셉이 이집트에 있었으므로 야곱의 허리에서 나온 모든 혼이 일흔 혼이더라.(출 1:1~5) 멜기세덱이 아브라함을 만났을 때에 레위는 이미 자기 조상의 허리에 있었느니라.(히 7:10) 내가 야곱에게서 씨를 내며 유다에게서 내 산들을 상속받을 자를 내리니 **나의 선택한 자가 그것을 상속받고 나의 종들이 거기 거하리라.**(사 65:9) 너희는 내가 내 손으로 너희에게 얼마나 큰 글자로 썼는지 보는도다. 육신으로 잘 보이고자 하는 자들이 너희로 하여금 억지로 할례를 받게 함은 단지 그리스도의 십자가로 인한 핍박을 받지 아니하려 함이니라. 할례 받은 자들은 스스로 율법을 지키지 아니하며 다만 너희의 육신을 자랑하려고 너희가 할례 받기를 원하느니라. 그러나 나는 우리 주 예수 그리스도의 십자가 외에 결코 어떤 것도 자랑할 수 없나니 그분으로 말미암아 세상이 나에 대하여 십자가에 못 박혀 있고 나 또한 세상에 대하여 그러하니라. 그리스도 예수님 안에서는 **할례나 무할례가 아무 효력이 없고 새로운 창조물만 있느니라.** 이 규칙에 따라 걷는 자들에게 또 하나님의 이스라엘에게 평강과 긍휼이 있기를 원하노라.(갈 6:11~16) 그러므로 기억하라. 너희는 지나간 때에 육체로는 이방인이요, 손으로 육체에 행하는 할례를 받아 할례자라 불리는 자에 의해 무할례자들이라 불리던 자들이라. 그때에 너희는 그리스도 밖에 있었고 이스라엘 **연방 국가** 밖에 있던 외인들이며 약속의 언약들에서 분리된 낯선 자요 세상에서 소망도 없고 하나님 밖에 있던 자들이었으나 한 때 멀리 떨어져 있던 너희가 이제는 그리스도 예수님 안에서 그리스도의 피로 가까워졌느니라. 그분 안에서 모든 건물이 꼭 맞게 함께 뼈대를 이루어 주 안에서 한 거룩한 전으로 자라가고 그분 안에서 너희도 성령을 통해 하나님의 처소로 함께 세워져 있느니라.(엡 2:11~22) 이스라엘에게서 난 자들이 다 이스라엘이 아니요 또한 그들이 아브라함의 씨라고 해서 다 아이들은 아니기 때문이라 오직, 이삭 안에서 네 씨가 부름을 받으리라, 하셨으니 곧 육체의 아이들인 자들 즉 이들이 하나님의 아이들이 아니요 **오직 약속의 아이들이 그 씨로 여겨지느니라.**(롬 9:6~8) 그런즉 어떠하냐? **이스라엘은 자기가 구하는 그것을 얻지 못하였으나 선택 받은 자는 얻었고 그 나머지는 이 날까지 눈멀게 되었으니** (이것은 기록된바, 하나님께서 그들에게 **잠들게 하는 영과 보지 못할 눈과 듣지 못할 귀를 주셨도다,** 함과 같으니라.)(롬 11:8) 그리스도 예수님 안에서는 할례나 무할례가 아무 효력이 없고 새로운 창조물만 있느니라. 이 규칙에 따라 걷는 자들에게 또 하나님의 이스라엘에게 평강과 긍휼이 있기를 원하노라.(갈

6:15~16) 만일 그 첫 언약(율법)이 흠이 없었더라면 둘째 것을 구할 여지가 없었으려니와 그들에게 흠을 발견하시고 그분께서 이르시되, 주가 말하노라. 보라, 날들이 이르리니 그때에 내가 이스라엘의 집과 유다의 집과 새 언약을 맺으리라. 그것은 **내가 그들의 조상들의 손을 잡고 그들을 이집트 땅에서 이끌고 나오던 날에** 그들과 맺은 언약에 따른 것이 아니니라. 그들이 내 언약 안에 머물지 아니하였으므로 내가 그들을 중히 여기지 아니하였노라. 주가 말하노라. 그 날들 이후에 내가 이스라엘의 집과 맺을 언약은 이것이니 곧 **내가 내 법들을 그들의 생각 속에 두고 그들의 마음속에 그것들을 기록하여** 나는 그들에게 하나님이 되고 그들은 내게 한 백성이 되리라. 주가 말하노라.(히 8:7~10)

11. 예수님께선 단지 육체로 오시기 위해서 아브라함의 씨만 취하셨습니다

진실로 그분께서는 자기 위에 천사들의 본성을 취하지 아니하시고 자기 위에 아브라함의 씨를 취하셨도다.(히 2:16)

천이백구십 일, 기다려서 천삼백삼십오 일

다니엘 12장

1) 그때(at that time)에 네 백성의 자손들을 위하여 일어서는 큰 통치자 미가엘이 일어날 것이요, 또 고난의 때가 있으리니 그것은 민족이 있은 이래로 그때까지 결코 없었던 고난일 것이며 그때에 네 백성이 구출을 받되 책에서 발견된바 기록된 모든 자가 구출을 받으리라. 2) 땅의 티끌 속에서 잠자는 자들 중의 많은 사람이 깨어나 얼마는 영존하는 생명에 이르고 얼마는 수치와 영존하는 치욕에 이르며 3) 지혜로운 자들은 궁창의 광채같이 빛나고 많은 사람을 의로 돌아서게 하는 자들은 별들과 같이 영원무궁토록 빛나리라.

다니엘 9장

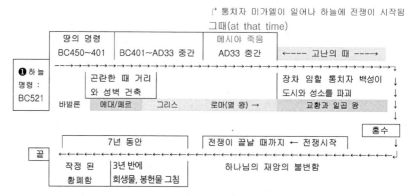

1절__그때(at that time) - 예수님께서 이 땅에 오셔서 십자가를 지신 때입니다: 그 날들과 그때(at that time)에 내가 다윗을 위하여 의의 가지가 자라나게 하리니 그가 그 땅에서 판단의 공의와 의를 집행하리라.(렘 33:15) 사울이 그의 죽음에 동의하더라. 그때(And at that time)에 예루살렘에 있던 교회에 대한 큰 핍박이 있어서 사도들 외에는 그들이 다 유대와 사마리아의 지역들로 두루 널리 흩어지니라. 독실한 사람들이 스데반을 옮겨 장사지내고 그를 위하여 크게 애도하니라. 사울로 말하건대 그가 교회를 크게 파괴하고 집집마다 들어가 남자와 여자를 끌어다가 감옥에 넘겨주더라. 그러므로 널리 흩어진 사람들이 각처로 다니며 말씀을 선포하니라.(행 8:1~4) 다윗의 씨에서 나신 예수 그리스도께서 나의 복음대로 죽은 자들로부터 일으켜지신 것을 기억하라.(딤후 2:8) 장로들 중의 한 사람이 내게 이르되, 울지 말라. 보라, 유다 지파의 사자 곧 다윗의 뿌리가 이기셨으므로 그 책을 펴며 그것의 일곱 봉인을 떼시리라, 하더라.(계 5:5)

1절__큰 통치자 미가엘이 이어날 것 - 전쟁을 준비하는 미가엘 천사장을 말합니다, 페르시아의 통치자→그리스의 통치자→로마의 통치자: 그때에 그가 이르되, 내가 어찌하여 네게 왔는지 네가 아느냐? 내가 이제 돌아가서 페르시아의 통치자와 싸우려니와 내가 나아가면, 보라, 그리스의 통치자가 이르리로다. 그러나 내가 진리의 성경 기록에 적힌 것을 네게 보여 주리니 이 일들에서 나와 함께 버티는 자는 너희의 통치자 미가엘 외에 아무도 없느니라.(단 10:20~21)

1절__고난의 때가 있으리니 그것은 민족이 있은 이래로 그때까지 결코 없었던 고난일 것 - 작은 뿔, 교황과 왕들이 하나님의 백성을 다스리는 핍박하는 시기입니다: 그때에 유다의 도시들과 예루살렘 거주민들이 자기들이 향을 드리는 신들에게 가서 부르짖을지라도 그 신들이 그들의 고난의 때에 결코 그들을 구원하지 못하리라.(렘 11:12) 오 이스라엘의 소망이시요, 고난의 때에 그를 구원하시는 이시여, 어찌하여 주께서 그 땅에서 나그네같이 계시며 하룻밤을 묵으려고 돌이키는 여행자같이 계시나이까?(렘 14:8) 아아, 슬프도다! 그 날이 커서 그것과 비길 날이 없나니 그 날은 곧 야곱의 고난의 때로다. 그러나 그가 그 고난에서 구원을 받으리로다.(렘 30:7) 그때에 요한의 제자들이 그분께 나아와 이르되, 우리와 바리새인들은 자주 금식하는데 어찌하여 당신의 제자들은 금식하지 아니하나이까? 하매 예수님께서 그들에게 이르시되, 신랑이 혼인 방 아이들과 함께 있을 동안에 그들이 애곡할 수 있겠느냐? 그러나 날들이 이르러 그들이 신랑을 빼앗기리니 그때에는 그들이 금식할 것이니라.(마 9:14~15) 그분께서 제자들에게 이르시되, 날들이 이르리니 그때에는 너희가 사람의 아들의 날들 중 하루를 보고자 하되 그것을 보지 못하리라. 그들이 너희에게 이르되, 여기를 보라, 혹은 저기를 보라, 해도 그들을 따라가지 말며 그들을 따르지도 말라.(눅 17:22~23) 그때에는 그분의 음성이 땅을 흔들었거니와 이제는 그분께서 약속하여 이르시되, 내가 또 **땅뿐만 아니라 하늘도 아직 한 번 더 흔드노라**, 하셨느니라. 또, 아직 한 번 더, 라는 이 말씀은 흔들릴 수 없는 그것들을 남아 있게 하시려고 만드신 것들 중에서 흔들리는 그것들을 제거하심을 표적으로 보여 주나니 그러므로 우리가 움직일 수 없는 왕국을 받을진대 은혜를 소유하자, 이 은혜를 힘입어 우리가 공경하는 마음과 하나님께 속한 두려움을 가지고 받으실 만하게 하나님을 섬길지니 우리 하나님은 소멸하시는 불이시니라.(히 12:26~29)

---

2) **땅의 티끌 속에서 잠자는 자들 중의 많은 사람이 깨어나** 얼마는 영존하는 생명에 이르고 얼마는 수치와 영존하는 치욕에 이르며 3) 지혜로운 자들은 궁창의 광채같이 빛나고 많은 사람을 의로 돌아서게 하는 자들은 별들과 같이 영원무궁토록 빛나리라.

2절__땅의 티끌 속에서 잠자는 자들 중의 많은 사람이 깨어나 ⇒ 예수님께서 다시 큰 소리로 외치시고 숨을 거두시나라. 이에, 보라, 성전의 휘장이 위에

서 아래까지 둘로 찢어지고 땅이 진동하며 바위들이 터지고 무덤들이 열리니 **잠든 성도들의 많은 몸이 일어나** 그분의 부활 뒤에 무덤 밖으로 나와서 거룩한 도시로 들어가 많은 사람에게 보이니라. (마 27:50~53)

> 4) 그러나, 오 다니엘아, 너는 끝이 임하는 때까지 그 말씀들을 닫아 두고 그 책을 **봉인하라.** 많은 사람이 이리저리 **달음질하고 지식이 증가하리라.**

4절__봉인하라 - 무엇으로 어떻게 봉인하는 가? 악한 자들, 교만한 자들을 멀리 떠나게 하면 그것이 봉인의 끈이 되어 저주의 두루마리를 닫아 놓을 수 있습니다. 그러나 악한 것들이 늘어나고 교만한 자들이 늘어나 죄가 많아지면 봉인의 줄이 느슨해져서 저주의 두루마리가 펼쳐지는 것입니다. 그렇게 되면 두루마리에 적힌 글대로 저주의 법을 하늘에서 집행하는 것입니다: 네 날이 시작된 이래로 네가 아침에게 명령한 적이 있으며 동트는 때로 하여금 제 처소를 알게 하여 땅의 끝들을 굳게 붙들게 하고 그곳에서 사악한 자를 흔들어 떠나게 한 적이 있느냐? 그것이 변하여 봉인하는 데 쓰는 진흙이 되었으며 그것들이 옷같이 서 있느니라. 사악한 자들에게는 그들을 비추던 빛이 차단되고 높이 든 팔이 꺾이리로다. (욥 38:12~15) 사람의 아들아, 두로의 왕에게 애가를 지어 그에게 이르기를, 주 하나님이 이같이 말하노라. 너는 지혜가 충만하며 아름다움이 완전하여 모든 것을 봉인하는 자로다.~ 네가 네 많은 불법 곧 네 무역의 불법으로 네 성소들을 더럽혔나니 그러므로 내가 네 한가운데서 불이 나오게 하여 너를 삼키게 하고 너를 바라보는 모든 자들의 눈앞에서 너를 데려다가 땅 위의 재가 되게 하리라. (겔 28:12,~18)

▌**무게:** 아 내 고통을 철저히 달아 보고 내 재앙을 저울 위에 모두 놓을 수 있으면 좋겠도다! 이제 그것이 바다의 모래보다 무거울 터인즉 내 말들을 삼키리로다. (욥 6:2~3) 참으로 지위가 낮은 자들은 헛되며 지위가 높

은 자들은 거짓되니 저울에 달면 그들을 다 더해도 허무보다 가볍도 다.(시 62:9) 보라, 민족들은 물통의 한 방울 물 같고 저울의 작은 먼지 같이 여겨지느니라. 보라, 그분께서는 매우 작은 것을 드시듯 섬들을 드 시나니 레바논은 불태우기에도 부족하며 그것의 짐승들은 하나의 번제 헌물로 쓰기에도 부족하니라.(사 40:15) 참으로 너희가 마음속에서 악 을 꾸미고 땅에서 너희 손의 폭력을 저울에 다는도다. 사악한 자들은 태 에서부터 떨어져 나갔으니 그들은 태어나자마자 길을 잃고 거짓을 말 하는도다.(시 58:2~3)

4절__달음질하고 - 하나님의 말씀을 전하는 것, 선포하는 것입니다: 주께서 내게 응답하여 이르시되, 그 환상 계시를 기록하고 판들 위에 분명하게 그것 을 새겨서 그것을 읽는 자가 달음질치게 하라.(합 2:2) 내가 계시로 말미암아 올라가 내가 이방인들 가운데서 선포하는 그 복음을 그들에게 전달하되 명 성 있는 자들에게는 개인적으로 하였으니 이것은 어찌하든지 내가 달음질하 는 것이나 달음질한 것이 헛되지 아니하게 하려 함이라.(갈 2:2) 생명의 말씀 을 제시하나니 이로써 나는 내가 헛되이 달음질하지 아니하고 헛되이 수고 하지 아니한 것에 대해 그리스도의 날에 기뻐하리라.(빌 2:16)

4절__지식이 증가 - 예수님께서 이 땅에 오셔서 하늘의 비밀을 가르쳐 주심 으로 하나님을 아는 지식이 증가 하였습니다. 많은 자들이 하나님을 알고 두 려워하며 구원을 받았다는 말씀입니다: 주를 두려워하는 것이 지식의 시작 이거늘 어리석은 자들은 지혜와 훈계를 멸시하느니라.(잠 1:7) 내 형제들아, 나 스스로 또한 너희에 대하여 확신하거니와 너희 역시 선함이 가득하고 모 든 지식이 충만하여 능히 서로를 훈계할 수 있느니라.(롬 15:14) 너희가 모든 일 곧 모든 말과 모든 지식에서 그분으로 말미암아 풍성하게 되었으니 이것 은 곧 그리스도의 증언이 너희 안에서 굳게 세워진 바와 같도다.(고전 1:5~6)

> 5) 그때에 나 다니엘이 보니, 보라, 다른 두 사람이 서 있는데 **하나는 강둑의 이쪽에, 다른 하나는 강둑의 저쪽에** 있더라.

5절__하나는 강둑의 이쪽에, 다른 하나는 강둑의 저쪽 - 한쪽은 성령의 물로 치유가 되지만 다른 한 쪽은 치유되지 못하고 소금에 넘겨짐(거제 헌물로 쓰임, 민18:19)을 당하게 됩니다: 이제 내가 돌아왔는데, 보라, 그 강둑의 이쪽과 저쪽에 나무가 심히 많더라. 그가 내게 이르되, 사람의 아들아, 네가 이것을 보았느냐? 하고 그 뒤에 나를 데려다가 그 강가로 돌아가게 하기에 이제 내가 돌아왔는데, 보라, 그 강둑의 이쪽과 저쪽에 나무(사람)가 심히 많더라. 그때에 그가 내게 이르되, 이 물들이 동쪽 지역을 향해 흘러나와 사막으로 내려가서 바다로 들어가리니 그것들이 바다로 들어갈 때에 그 물들이 치유되리라. 그 강들이 이르는 곳마다 살아서 움직이는 모든 것이 살고 또 물고기가 심히 많으리니 이는 이 물들이 거기에 이르므로 그것들이 치유될 것이기 때문이라. 그 강이 이르는 곳에서는 모든 것이 살리라. 또 어부들이 엔게디에서부터 에네글라임에 이르기까지 그 강 위에 서리니 그 지역들이 그물을 치는 곳이 되리라. 그 지역들의 물고기가 그것들의 종류대로 대해의 물고기같이 심히 많으리라. 그러나 그 지역들의 수렁과 늪지대들은 치유되지 아니하고 소금에게 넘겨지리라.(겔 47:6~11)

▍그 강가의 둑 위에 있는 이쪽 나무와 저쪽 나무: 또 그 강가의 둑 위에는 이쪽과 저쪽에 먹을 것을 맺는 모든 나무가 자라되 그것들의 잎사귀가 시들지 아니하며 열매가 없어지지 아니하리라. 그것이 자기의 달들에 따라 새 열매를 맺으리니 이는 그것들이 **자기들의 물들을 성소에서 내었기 때문**이라. 그것들의 열매는 먹을 것이 되며 잎사귀는 약이 되리라.(겔 47:12)

6) 하나가 **아마포 옷을 입고** 강물 위에 있던 사람에게 이르되, 얼마나 있어야 이 이적들의 끝이 이르겠느냐? 하매

6절__아마포 옷을 입고 - 성도들의 믿음의 삶을 나타내는 것입니다: 어떤 부자가 있었는데 그는 자주색 옷과 고운 아마포 옷을 입고 날마다 호화롭게 지내더라. 또 나사로라 하는 어떤 거지가 있었는데 그는 헌데 투성이로 부자의 대문에 누워 부자의 상에서 떨어지는 부스러기로 배를 채우려 하더라. 또한 개들이 와서 그의 헌데를 핥더라. 그 거지가 죽어 천사들에 의해 아브라함의 품으로 옮겨지고 그 부자도 죽어 묻히게 되었더라. 그가 지옥에서 고통 중에 눈을 들어 멀리 아브라함과 그의 품에 있는 나사로를 보고 소리를 지르며 이르되, 아버지 아브라함이여, 내게 긍휼을 베푸사 나사로를 보내어 그가 그의 손가락 끝에 물을 찍어 내 혀를 서늘하게 하도록 하소서. 내가 이 불꽃 가운데서 고통을 받나이다. 하거늘 아브라함이 이르되, 아들아, 너는 네 생전에 너의 좋은 것들을 받았고 그와 같이 나사로는 나쁜 것들을 받았음을 기억하라. 그러나 이제 그는 위로를 받고 너는 고통을 받느니라. 이 모든 것 외에도 우리와 너희 사이에는 큰 구렁텅이가 놓여 있어 여기서 너희에게 건너가려 하는 자들이 갈 수 없고 거기서 오려 하는 자들도 우리에게 건너올 수 없느니라, 하니(눅 16:19~26)

▌**희고 고운 아마포 옷 = 성도들의 의:** 우리가 즐거워하고 기뻐하며 그분께 존귀를 돌릴지니 어린양의 혼인잔치가 이르렀고 그분의 아내가 자신을 예비하였도다. 또 그녀가 깨끗하고 **희고 고운 아마포 옷**을 차려입도록 허락하셨는데 그 **고운 아마포는 성도들의 의**니라, 하더라.(계 19:7~8) 하늘에 있던 군대들이 **희고 깨끗한** 고운 아마포 옷을 입고 흰말을 타고 그분을 따르더라.(계 19:14)

> 7) 내가 들었는데 아마포 옷을 입고 강물 위에 있던 사람이 자기의 오른손과 왼손을 하늘을 향해 올리고 영원토록 사시는 이를 두고 맹세하여 이르되, 그것은 **한 때와 두 때와 반 때**에 관한 것이니 그가 거룩한 백성의 권세를 흩어 놓는 일을 이루게 될 때에 이 모든 일이 끝나리라 하더라. 8) 내가 듣고도 **깨닫지 못하였으므로** 그때에 이르되, 오 내 주여, 이 일들의 끝이 어떠하겠나이까? 하매 9) 그가 이르되, 다니엘아, 네 길로 가라. 주께서 끝이 임하는 때까지 그 말씀들을 닫아 두고 봉인하셨느니라. 10) **많은 사람이 정결하게 되고 희게 되며 단련을 받을 터이나 사악한 자들은 사악하게 행하리니** 사악한 자들 중에서는 아무도 깨닫지 못하되 지혜로운 자들은 깨달으리라.

8절 **듣고도 깨닫지 못하였으므로** - 그들이 알지도 못하고 깨닫지도 못하였나니 그분께서 그들의 눈을 닫으사 그들이 보지 못하게 하시며 그들의 마음을 닫으사 그들이 깨닫지 못하게 하셨느니라.(사 44:18) 예수님께서 이 비유를 그들에게 말씀하셨으나 그들은 그분께서 자기들에게 말씀하신 것들이 무엇인지 깨닫지 못하더라. 그때에 예수님께서 다시 그들에게 이르시되, 진실로 진실로 내가 너희에게 이르노니, 나는 양들의 문이니라.(요 10:6) 이르시되, 이 백성에게 가서 말하기를, 너희가 듣기는 들어도 깨닫지 못하며 보기는 보아도 알지 못하리라. 이 백성의 마음은 무디어지고 그들의 귀는 듣기에 둔하며 그들은 눈을 감았나니 이것은 그들이 눈으로 보고 귀로 듣고 마음으로 깨달아 회심하여 내게 고침을 받지 못하게 하려 함이라, 하라, 하셨느니라. 그런즉 하나님의 구원이 이방인들에게로 보내어진 것과 그들이 그것을 들을 줄을 너희가 알라, 하였더라.(행 28:26~28)

한 때와 두 때와 반 때, 다니엘 7장과 8장과 9장 예언

열 왕 →	로마(넷째 짐승)		한 시기		때	성도들 왕국 소유
	교황		홍수	전쟁		
	일곱 왕					
33~381년	381(가톨릭 국교) --------→ 1763년					
	한 때		두 때		반 때	끝
BC537 ←------(2300일=2300년)------→ AD1763						

많은 사람이 정결하게 되고 희게 되며 단련을 받을 터이나 사악한 자들은 사악하게 행하리니 사악한 자들 중에서는 아무도 깨닫지 못하되 지혜로운 자들은 깨달으리라.

11) 날마다 드리는 희생물을 제거하며 **황폐하게 하는 가증한 것을 세우는 때로부터 천이백구십 일이 있으리라.** 12) 기다려서 **천삼백삼십오 일까지** 이르는 자는 복이 있도다. 13) 그러나 너는 끝이 이를 때까지 네 길로 가라. 네가 안식하다가 그 날들의 끝에 네 몫으로 정한 곳에 서리라.

다니엘서 예언

열 왕 →	로마(넷째 짐승)		한 시기		때	성도들 왕국 소유
	교황		홍수	전쟁		
	일곱 왕					
33~381년	381(가톨릭 국교) ---------→ 1763년					
	한 때		두 때		반 때	끝
BC537 ←------(2300일=2300년)------→ AD1763						
428년 ←----- (1290년) -----→ 1717년						
428년 ←----- (1335년) -------→ 1763년						

9절__황폐하게 하는 가증한 것 - 하나님의 기준에서 가증한 것을 말씀하시는 것입니다: 주께서 이 여섯 가지를 미워하시며 참으로 **일곱 가지가 그분께 가증한 것이니** 곧 교만한 눈빛과 거짓된 혀와 무죄한 피를 흘리는 손과 사악한 상상의 꾀를 꾸미는 마음과 신속히 해악으로 치닫는 발과 거짓들을 말하는 거짓 증언과 형제들 가운데 불화를 뿌리는 자니라.(잠 6:16~19)

▶ **하나님께 가증한 것 - 안디옥의 네스토리우스(Nestorianism, 콘스탄티노플의 대주교):** 네스토리우스는 그리스도가 신성과 인성을 동시에 가

지고 있다고 주장, 인성(꿀 한 방울)은 신성(바다) 안에 포함. 428년 네스토리우스는 감독이 되기 위해 콘스탄티노플로 이사. 당대에 뛰어난 신학자였던 네스토리우스는 감독이 되자마자 아리우스파를 콘스탄티노플에서 몰아내기 위해 **아리우스파**(예수 그리스도는 신의 은총을 입어 하나님의 양자로 선택받았다) **교회에 불을 지름**, 이 방화로 '선동자'라는 별명을 얻게 되고 콘스탄티노플을 이끄는 목회자가 됨.(431년 네스토리우스는 이단으로 단정되어 추방 그러나 그의 단성설은 신봉자들에 의해 계속 전승 되었고 553년 2차 콘스탄티노플 공의회에서 단성론 신학 다시 득세)

▌**적그리스도란?**: 예수 그리스도께서 육체 안에 오신 것을 시인하지 아니하는 영마다 하나님께 속하지 아니하였나니 이것이 적그리스도의 그 영이니라. 그것에 관하여는 그것이 오리라는 말을 너희가 들었거니와 그것이 지금 이미 세상에 있느니라.(요일 4:3) 속이는 자들이 세상에 많이 들어왔는데 그들은 예수 그리스도께서 육체 안에 오신 것을 시인하지 아니하느니라. 이런 자가 속이는 자요 적그리스도니라.(요이 1:7) 이르시되, 아버지여, 만일 아버지의 뜻이거든 이 잔을 내게서 옮기시옵소서. 그러나 내 뜻이 아니옵고 오직 아버지의 뜻이 이루어지기를 원하나이다, 하시니 하늘로부터 한 천사가 그분께 나타나 그분을 강건하게 하더라. 그분께서 고뇌에 차서 더욱 간절히 기도하시니 그분의 땀이 큰 핏방울같이 되어 땅에 떨어지더라.(눅 22:42~44) 그분께서 다시 두 번째 나가사 기도하여 이르시되, 오 내 아버지여, 만일 내가 마시지 않고서는 이 잔이 내게서 지나갈 수 없거든 아버지의 뜻이 이루어지기를 원하나이다, 하시고 또 그분께서 그들을 떠나 다시 나가사 세 번째 같은 말씀들로 기도하시고(마 26:42~43) 그분께서는 친히 육체로 거하던 때에 자기를 사망으로부터 능히 구원하실 분에게 강렬한 부르짖음과 눈물로 기도와 간구를 드리셨고 또 친히 두려워하셨으므로 하나님께서 들으셨

느니라.(히 5:7) 이에 예수님께서 그들에게 이르시되, 너희가 사람의 아들을 들어 올린 뒤에야 내가 그인 줄을 알며 또 내가 스스로 아무것도 하지 아니하고 오직 내 아버지께서 내게 가르쳐 주신 대로 내가 이것들을 말하는 줄도 알리라. 나를 보내신 분께서 나와 함께 계시는도다. 내가 항상 아버지를 기쁘게 하는 그것들을 행하므로 그분께서 나를 혼자 버려두지 아니하셨느니라.(요 8:28~29) 내게, 주여, 주여, 하는 자가 다 하늘의 왕국에 들어가지는 아니하고 오직 하늘에 계신 내 아버지의 뜻을 행하는 자라야 들어가리라.(마 7:21) 진실로 그분께서는 자기 위에 천사들의 본성을 취하지 아니하시고 자기 위에 아브라함의 씨를 취하셨도다.(히 2:16)

▶ 1290일 ~ 1335일 = 1290년 ~ 1335년 = 1718년 ~ 1763년(하루=1년; 민 14:34, 겔4:6)

428년: 황폐하게 하는 가증한 것을 세우는 때

1290년: 428년 + 1290년 = 1718년 / 1335년: 428년 + 1335년 = 1763년

1) 1718년 가톨릭 교회의 몇몇 지도자들 파문, 교황의 정치적 위상 현저히 약화.
2) 1720년 메사추세츠와 뉴저지, 대각성 운동.(1720~1750)
3) 1721년 러시아, 정교회를 정부의 통제하에 둠.
4) 1725년 교황의 평판 실추.
5) 1727년 거부(巨富) 독일 백작 진첸도르프 모라비아교도의 후원자가 됨.(모라비아교도: 기독교 경건파 부흥운동 신앙 단체. 소박, 겸손, 비폭력의 삶 추구)
6) 1734년 노댐턴의 교회와 뉴잉글랜드 지방 교회들에 부흥운동 시작.(조나단 에드워즈)
7) 1738년 존 웨슬리(다섯 살 때 아버지의 목사관에 화재 발생 겨우 목숨

을 건짐)는 구원을 위해서는 오직 그리스도만을 믿어야 한다, 그리스도가 자신의 죄까지도 담당, 죄와 죽음의 법에서 구원하셨다 확신, 웨슬리와 찰스(웨슬리 동생), 조지 휘트필드 설교 시작. 영국과 미국의 영적 부흥 운동의 주역.

8) 1738년 클레멘스 12세 이신론 정죄, 프리메이슨 파문.(이신론: 신이 세계를 창조한 뒤에는 직접 세계에 간섭하지 않는다는 이론, 1694년 퍼지기 시작한 유럽의 그리스도교 사상)

9) 1760년 영국, 산업혁명 시작

10) 1763년 로마제국의 황제 같았던 교황권이 무너짐

11) 프랑스 1764년에 예수회를 추방, 스페인 예수회를 추방, 나폴리와 파르마 예수회를 추방, 추방당한 예수회 수사들 코르시카에서도 쫓겨남, 유럽 군주들은 오스트리아 왕을 설득시켜 교황에게 예수회를 해산하라고 압박, 교황은 굴복하고 추기경단 회의를 소집하기로 함. 그런데 회의 전날 교황이 심장마비로 사망.

12) 1764년 존 뉴턴의 회심, **'어메이징 그레이스'**(찬송가)

'나 같은 죄인 살리신'(Amazing Grace): 나 같은 죄인 살리신 주 은혜 놀라워 잃었던 생명 찾았고 광명을 얻었네.(1절) 큰 죄악에서 건지신 주 은혜 고마워 나 처음 믿은 그 시간 귀하고 귀하다.(2절) 이제껏 내가 산 것도 주님의 은혜라 또 나를 장차 본향에 인도해 주시리.(3절) 거기서 우리 영원히 주님의 은혜로 해처럼 밝게 살면서 주 찬양 하리라.(4절)   아멘

12절_기다려서 천삼백삼십오 일까지 이르는 자는 복이 있도다 - 1763년
(428년 + 1335년)

1) 1763년 로마제국의 교황권 무너짐

2) 1764년 나 같은 죄인 살리신

3) 1767년 신대륙에서 예수회 선교사 추방

4) 1772년 폴란드, 강대국에 의한 분할

5) 1776년 미국, 독립 선언

6) 1784년 영국 국교회에서 감리교 독립

성경 단어 이해하기

1. 믿음이 없는 본성의 사람에서 믿음으로 사는 영의 사람으로 반드시 다시 태어나야 합니다 – 육체로 태어난 상태 = 본성의 사람, 믿음으로 사는 삶의 상태 = 영의 사람

'아브람'이 '아브라함'이 되었고 '야곱'이 '이스라엘'로 다시 태어 난 것처럼 우리도 다시 하나님 안에서 본성에 속한 자가 아니라 영에 속한 자로 반드시 다시 태어나야만 합니다: 육에서 난 것은 육이요 성령에게서 난 것은 영이니 내가 네게 이르기를, 너희가 반드시 다시 태어나야 하리라, 한 것에 놀라지 말라. 바람이 마음대로 불매 네가 그것의 소리는 들어도 그것이 어디서 와서 어디로 가는지 알지 못하나니 성령에게서 난 사람도 다 이러하니라, 하시니라.(요 3:6~8) 하나님께서 친히 기뻐하시는 대로 그것에게 몸을 주시며 또 모든 씨에게 그것 자체의 몸을 주시느니라. 모든 육체가 같은 육체는 아니니 한 종류는 사람의 육체요, 다른 것은 짐승의 육체요, 다른 것은 물고기의 육체요, 다른 것은 새의 육체라 또한 하늘에 있는 몸들도 있고 땅에 있는 몸들도 있으나 하늘에 있는 것들의 영광이 이러하고 땅에 있는 것들의 영광이 저러하니라. 해의 영광이 이러하고 달의 영광이 저러하며 별들의 영광이 또 다르니 이 별과 저 별이 영광 면에서 다르도다. 죽은(dead) 자들의 부활도 이와 같으니라. 그것은 썩는 것 가운데 뿌려지고 썩지 않는 것 가운데 일으켜지며 수치 가운데 뿌려지고 영광 가운데 일으켜지며 연약함 가운데 뿌려지고 권능 가운데 일으켜지며 본성에 속한 몸으로 뿌려지고 영에 속한 몸으로 일으켜지나니 본성에 속한 몸이 있고 영에 속한 몸이 있느니라. 그러므로 기록된 바, 첫 사람 아담은 살아 있는 혼이 되었더라, 함과 같이 마지막 아담은 살려 주는 영이 되셨느니라. 그러나 영에 속한 것이 첫째가 아니요, 본성에 속한 것이 첫째며 그 뒤에 영에 속한 것이니라. 첫째 사람은 땅에서 나서 땅에 속 하거니와 둘째 사람은 하늘로부터 나신 주시니라. 땅에 속한 자들은 또한 땅 에 속한 그 사람과 같고 하늘에 속한 자들은 또한 하늘에 속하신 그분과 같으 니 우리가 땅에 속한 그 사람의 형상을 지닌 것 같이 또한 하늘에 속하신 그 분의 형상을 지니게 되리라.(고전 15:38~48)

2. 죽은 자 – dead: 죽은, 더 이상 믿어 지지 않은, 과거의, 묵은 것

죄 아래 놓인 자를 말합니다, 하나님 안에 있지 않는 자, 죄를 범함으로 혼 의 죽음, 죄(사망)가 다스리는 죄의 속박에 놓인 죄의 종이 된 자입니다. 그 혼 을 사망이 다스리는 것입니다. 원하지 않는 죄를 자꾸 범하는 이유는 죄로 인 하여 자신이 자신을 다스릴 능력을 상실했으므로 사망이 다스리고 있기 때문 입니다: 밤에 하나님께서 꿈에 아비멜렉에게 가서서 그에게 이르시되, 보라, 네가 데려온 여인으로 인해 너는 죽은(dead) 자가 되었나니 그 여인은 한 남 자의 아내이니라, 하시니라.(창 20:3) 주께서 미디안에서 모세에게 이르시 되, 가라, 이집트로 돌아가라. 네 생명을 찾던 모든 사람들이 죽었느니 라,(dead) 하시니(출 4:19) 그런즉 이제 원하건대 내 죄를 이번에 한 번만 용 서하고 주 너희 하나님께 간구하여 이 죽음(death)만은 내게서 떠나게 하 라.(출 10:17) 물들이 돌아와서 병거들과 기병들을 덮되 그들의 뒤를 따라 **바 다로 들어간 파라오의 온 군대를 덮고 그들 중의 하나도 남기지 아니하였더 라.**~ 그 날에 주께서 이같이 이스라엘을 이집트 사람들의 손에서 구원하시 니 이스라엘이 **바닷가에 죽어(dead) 있는 이집트 사람**들을 보았더라.(출 14:28~30) 내가 애곡하는 날에 그것을 먹지 아니하고 부정한 용도로 그것에 서 조금도 떼어 두지 아니하였으며 죽은(dead) 자를 위하여 그것에서 조금도 주지 아니하고 주 내 하나님의 음성에 귀를 기울여 주께서 내게 명령하신 모든 것에 따라 행하였사오니(신 26:14) 날마다 자기의 말들로 그를 짓누르며 재촉하니 그의 혼이 괴롭게 되어 죽을(death) 지경이 되었더라.(삿 16:16) 나오미가 자기의 두 며느리에게 이르되, 가서 각각 자기 어머니 집으로 돌아가라. 너희가 죽은(dead) 자와 나를 친절히 대한 것 같이 주께서 너희를 친절히 대하시기를 원하며(룻 1:8) 또한 너희 지체를 불의의 도구로 죄에게 내주지 말며 오직 너희 자신을 죽은(dead) 자들로부터 살아(alive)난 자로서 하나님께 드리고 너희 지체를 의의 도구로 하나님께 드리라.(롬 6:13) 죽는(death) 자의 죽는(death) 것을 내가 기뻐하지 아니하노니 그런즉 너희는 돌이켜서 살지니라. 주 하나님이 말하노라.(겔 18:32) 내가 사람들의 방식대로 에베소에서 짐승들과 싸웠을진대 만일 죽은(dead) 자들이 일어나지 아니한다면 그것이 내게 무슨 유익을 주겠느냐? 내일 우리가 죽을 터이니 우리가 먹고 마시자. 속지 말라. 악한 사귐은 선한 습성을 부패시키느니라.(고전 15:32~33) 하나님 곧 우리 주 예수 그리스도의 아버지를 찬송하리로다. 그분께서 자신의 풍성하신 긍휼에 따라 죽은(dead) 자들로부터 예수 그리스도를 부활하게 하심으로 우리를 다시 낳으사 산 소망에 이르게 하셨으며(lively)(벧전 1:3) 또 신실한 증인이시요 죽은(dead) 자들 중에서 처음 나신 분이시며 땅의 왕들의 통치자이신 예수 그리스도로부터 은혜와 평강이 너희에게 있기를 원하노라. 우리를 사랑하사 자신의 피로 우리의 죄들에서 우리를 씻으시고(계 1:5) 그들이 너희에게 말하기를, 부리는 영들을 지닌 자들과 슬쩍 엿보고 중얼거리는 마술사들에게 구하라, 할 때에 백성이 마땅히 자기들의 하나님께 구하여야 하지 아니하겠느냐? 산 자를 위하여 죽은(dead) 자에게 구하겠느냐?(사 8:19) 또 그분께서 그분을 죽은(dead) 자들로부터 살리시고 이제 다시 썩음으로 되돌아가지 아니하게 하실 것에 관하여는 이같이 이르시되, 내가 다윗에게 허락한 확실한 긍휼을 너희에게 베풀리라, 하셨느니라.(행 13:34) 보라, 내가 너희에게 한 가지 신비를 보이노니 우리가 다 잠자지 아니하고 마지막 나팔 소리가 날 때에 눈 깜짝할 사이에 순식간에 다 변화

되리라. 나팔 소리가 나매 죽은(dead) 자들이 썩지 아니할 것으로 일어나고 우리가 변화되리(고전 15:51~52)

※ lively(활기 넘치는, 적극적인), alive(생기가 넘치는), life(생명, 목숨)

3. 죽은 몸 – dead body: 시체, 사체

육체의 죽음과 혼의 죽음을 모두 포함하여 말하는 것입니다, 하늘로부터 버림받은 상태 즉 하나님 앞에 부정한 자, 죄 아래 놓인 자인데 몸이 죽는(die) 즉시 지옥으로 들어가야 하는 것입니다: 엘리사가 죽은 몸(dead body)을 다시 살린 일(to life)을 그가 왕에게 고할 때에, 보라, 엘리사가 전에 다시 살려준 아들의 어머니가 자기 집과 땅을 찾기 위해 왕에게 호소하매 게하시가 이르되, 오 내 주 왕이여, 이 여인이 그 여인이요, 이 사람이 그녀의 아들이니 곧 엘리사가 다시 살린 자니이다, 하거늘(왕하 8:5) 오 하나님이여, 이교도들이 주의 상속 재산 안으로 들어와 주의 거룩한 전을 더럽히고 예루살렘을 돌무더기 위에 두었나이다. 그들이 주의 종들의 시체(dead bodies)를 하늘의 날짐승들에게, 주의 성도들의 살을 땅의 짐승들에게 먹을 것으로 주었으며(시 79:1~2) 주의 죽은 자들(dead men)은 살겠고 그들이 나의 죽은 몸(dead body)과 함께 일어나리이다. 흙 속에 거하는 자들아, 너희는 깨어 노래할지어다. 주의 이슬은 채소의 이슬 같으니 땅이 죽은(dead) 자들을 내놓으리로다.(사 26:19) 이에 학개가 이르되, 시체(dead body)로 말미암아 부정하게 된 자가 이것들 중에 하나를 만지면 그것이 부정하겠느냐? 하니 제사장들이 대답하여 이르되, 그것이 부정하리라, 하더라. 이에 학개가 응답하여 이르되, 주가 말하노라. 내 앞에서 이 백성이 그러하고 이 민족이 그러하며 그들이 손으로 하는 모든 일도 그러하며 그들이 거기서 드리는 것도 부정하니라.(학 2:13~14) 그들의 죽은 몸(dead bodies)이 그 큰 도시의 거리에 놓이리라. 그 도시는 영적으로 소돔과 이집트라고 하며 그곳은 또한 우리 주께서 십자가에 못 박히신 곳이니라. 백성들과 족속들과 언어들과 민족들에서 나온 자들이 그들의 죽은 몸(dead bodies)을 사흘 반 동안 구경하며 그들의 죽은 몸(dead bodies)을 무덤에 두지 못하게 하리로다.(계 11:8~9)

4. 죽은 – die, died: 전쟁이나 싸움에서 죽다. 살해당해 죽다

죽다, 사망하다, 사라지다, 없어지다, 서다, 멎다, 눈으로 보이는 육체(flesh)의 죽음을 말합니다: 그녀의 혼이 떠나려할 때에(이는 그녀가 죽었기(died) 때문이더라.) 그녀가 그의 이름을 베노니라 하였으나 그의 아버지가 그를 베냐민이라 하였더라.(창 35:18) 선악을 알게 하는 나무에서 나는 것은 먹지 말라. 그 나무에서 나는 것을 먹는 날에 네가 반드시 죽으리라(die), 하시니라.(창 2:17) 보라, 나 곧 내가 땅 위에 물들의 홍수를 일으켜 속에 생명의 숨이 있는 모든 육체를 하늘 아래에서 멸하리니 땅에 있는 모든 것이 죽으리라(die).(창 6:17) 그때에 아브라함이 숨을 거두니라. 그가 나이가 충분히 들어 늙고 햇수가 차서 죽어(died) 자기 백성에게로 거두어지매(창 25:8) 죽은(dead) 자들과 산 자(living)들 사이에 서니 재앙이 그치니라. 이제 고라의 일로 죽은(died) 자들 외에 재앙으로 죽은(died) 자가 만 사천칠백 명이더라.(민 16:49) 정결한 자가 우슬초를 취하여 그 물에 담가 장막과 모든 기구와 거기 있던 사람들에게 그것을 뿌리고 또 뼈나 죽임 당한 자나 죽은(died) 자나 무덤을 만진 자에게 뿌리되(민 19:18) 그들이 이스라엘 앞에서 도망하여 벧호론으로 내려갈 때에 주께서 아세가에 이르기까지 하늘에서 큰 돌들을 그들 위에 내리시매 그들이 죽었는데(died) 이스라엘 자손이 칼로 죽인 자보다 우박으로 죽은(died) 자가 더 많았더라.(수 10:11) 엘리사가 죽으매(died) 그들이 그를 묻으니라.(왕하 13:20)

5. die와 dead

우리가 육체를 입고 이 땅에 태어나서 살다가 죄를 지으면 우리가 느끼지도 못한 상태에서 우리의 혼이 '죄(사망)'에게 종이 되어 버리는 것입니다. 살

면서 죄 한번 안 짓는 사람은 없습니다. 그러니 우리의 모든 사람이 생각과 판단을 하는 때가 되면 죄를 범하는 죄인이 되는 것입니다. 모든 사람이 죄(사망)의 종이 될 수도 있는 것입니다. 이것이 죽은(dead) 자입니다. 죄 가운데 머물러 있는 자들이란 뜻입니다. 육은 살아 있어 움직이고 하고 싶은 대로 살지만 육체가 죽는(die) 순간 그의 혼을 사망(죄)이 지옥으로 데리고 간다는 것입니다. 왜? 육체가 살아 있었지만 그 안에 혼은 이미 죄로 인해 죽은(dead) 자로 하늘에서는 인을 쳤기 때문입니다: 사람을 쳐서 죽게(die) 한 자는 반드시 죽일(dead)지니라.(출 21:12) 그러므로 너희는 안식일을 지킬지니 그것은 너희에게 거룩하니라. 안식일을 더럽히는 자는 다 반드시 죽일(death)지니 누구든지 그 날에 일하면 그 혼은 자기 백성 가운데서 끊어지리라.(출 31:14) 만일 그가 쇠 연장으로 사람을 쳐서 죽이면(die) 그는 살인자니 그 살인자를 반드시 죽일(death) 것이요, 만일 그가 사람을 죽이는(die) 데 쓸 수 있는 돌을 던져 사람을 쳐서 죽이면(die) 그는 살인자니 그 살인자를 반드시 죽일(death) 것이며 만일 그 사람을 죽이는(die) 데 쓸 수 있는 나무 무기를 손에 들고 사람을 쳐서 죽이면(die) 그는 살인자니 그 살인자를 반드시 죽일(death) 것이니라.(민 35:16~18) 적개심으로 인하여 손을 쳐서 죽이면(die) 그를 친 자를 반드시 죽일지니(death) 그는 살인자니라.(민 35:21) 이르되, 나를 블레셋 사람들과 함께 죽게(die) 하소서, 하며 힘을 다하여 몸을 굽히매 그 집이 곧 무너져 그 안에 있던 귀족들과 온 백성을 덮치니 이처럼 그가 죽을(dead) 때에 죽인(death) 자가 살았을 때에 죽인자보다 더 많았더라.(삿 16:30) 어머니께서 죽는(diest) 곳에서 나도 죽어(die) 거기 묻힐 것이니이다. 만일 죽는(death) 일 외에 어떤 다른 것이 나와 어머니를 갈라놓으면 주께서 내게 벌을 내리시고 더 내리시기를 원하나이다.(룻기 1:17) 그러므로, 보라, 내가 타국인들 곧 민족들 중에서 무서운 자들을 데려다가 네 위에 임하게 하리라. 그들이 자기들의 칼을 빼어 네 지혜의 아름다움을 치며 네 광채를 더럽히고 너를 구덩이로 끌어내리리니 내가 바다들의 한가운데서 죽임 당한 자들이 죽는(deaths) 것 같이 죽으리라(die).(겔 28:7~8) 이는 그리스도의 사랑이 우리를 강권하기 때문이라. 우리가 이같이 판단하노니 곧 한 사람이 모든 사람을 위하여 죽었으면(died) 모든 사람이 죽었느니라(dead).(고후 5:14) 만일 이제 우리가 그리스도와 함께 죽었으면(dead) 또한 그분과 함께 살 줄을 믿노니 그리스도께서 죽은(dead) 자들로부터 일으켜지셨으므로 다시는 죽지(death) 아니하시고 사망(death)이 다시는 그분을 지배하지 못하는 줄 우리가 아노라. 그분께서는 죽는(died) 것을 통해 친히 죄에 대하여 단 한 번 죽으셨으나(died) 살아 계심을 통해 친히 하나님께 대하여 살아 계시나니 이와 같이 너희도 너희 자신을 죄에 대하여는 참으로 죽은(dead) 자요, 하나님께 대하여는 예수 그리스도 우리 주를 통해 산(alive) 자로 여길지어다.(롬 6:8~11)

▍**우리도 가인처럼 의로운 자들의 혼을 dead시켰기에 잠드는 영의 저주를 받았던 것입니다. 또한 땅도 우리에게 영적인 것과 육적인 것의 소산을 주지 않은 것입니다:** 주께서 가인에게 이르시되, 네 동생 아벨이 어디 있느냐? 하시니 그가 이르되, 내가 알지 못하나이다. 내가 내 동생을 지키는 자니이까? 하매 그분께서 이르시되, 네가 무엇을 하였느냐? 네 동생의 피 소리가 땅에서부터 내게 부르짖느니라. 땅이 자기 입을 벌려 네 손에서 네 동생의 피를 받았은즉 이제 네가 땅에게 저주를 받았나니 네가 땅을 갈아도 이후로는 땅이 자기 효력을 네게 내지 아니할 것이요, 네가 땅에서 도망하는 자가 되고 방랑하는 자가 되리라, 하시매(창 4:9~12)

6. 잠들어 있는 자 - sleep

몸이 죽어서(die) 땅 속(in the dust of the earth)에 있는 자(하나님의 때가 되면 안식으로 들어갈 자)들입니다, 육체는 땅 속에서 썩어 흙으로 돌아가지만 혼은 수면 상태에 있는 것입니다: 모든 사람이 슬피 울며 소녀로 인하여 가슴 아파하였으나 그분께서 이르시되, 울지 말라. 그 소녀가 죽지(dead) 않았고 잔다(sleepeth), 하시니(눅 8:52) 밤에 다니면 빛이 그 사람 안에 없으므로 걸려 넘어지느니라, 하시니라. 이것들을 말씀하시고 그 뒤에 그분께서 그들에게 이르시되, 우리 친구 나사로가 잠자는(sleepeth)도다. 그러나 내가 그를 잠(sleep)에서 깨우러 가노라, 하시니 이에 그분의 제자들이 이르되, 주여, 그가 잠자면(sleep) 좋아지리이다, 하니라. 그러나 예수님께서는 그의 죽음(death)에 대해 말씀하셨으되 그들은 그분께서 잠자며(sleep) 쉬는(rest) 것에 대해 말씀하신 줄로 생각하니 이에 예수님께서 그들에게 분명하게 이르시되, 나사로가 죽었느니라.(dead) 내가 거기에 있지 아니하였던 것을 너희를 위해 기뻐하노니 이것은 너희가 믿게 하려 함이라. 그럼에도 불구하고 우리가 그에게로 가자, 하시매 그때에 디두모라 하는 도마가 자기 동료 제자들에게 이르되, 우리도 그분과 함께 죽으러(die) 가자, 하니라.(요 11:10~16) 그들이 돌로 스데반을 치니 그가 하나님을 부르며 이르되, 주 예수님이여, 내 영을 받으시옵소서, 하고 무릎을 꿇고 큰 소리로 부르짖어 이르되, 주여, 이 죄를 저들의 책임으로 돌리지 마옵소서, 하더라. 이 말을 하고 그가 잠드니라.(asleep)(행 7:59~60) 이는 다윗은 하나님의 뜻에 따라 자기 세대를 섬기다가 잠들고(sleep) 묻혀서 자기 조상들에게 이르러 썩음을 보았으나 하나님께서 다시 일으키신 그분은 결코 썩음을 보지 아니하셨기 때문이니라.(행 13:36~37) 그러나 형제들아, 잠자는(sleep) 자들에 관하여 너희가 모르기를 내가 원치 아니하노니 이것은 너희가 아무 소망 없는 다른 사람들 같이 슬퍼하지 아니하게 하려 함이라. 우리가 예수님께서 죽으셨다가(died) 다시 일어나셨음을 믿을진대 그와 같이 예수님 안에서 잠자는(sleep) 자들도 하나님께서 그분과 함께 데려오시리라. 우리가 주의 말씀으로 너희에게 이것을 말하노니 곧 주께서 오실 때까지 살아서 남아 있는 우리가 결코 잠자는(sleep) 자들보다 앞서지 못하리라.(살전 4:13~15) 그분께서 우리를 위해 죽으셨으니(died) 이것은 우리가 깨어(wake) 있든지 자고(sleep) 있든지 자신과 함께 살게 하려 함이라.(살전 5:10)

7. 부활 – resurrection: 그리스도의 부활, 사상 관례 등의 부활

죄를 짓는 순간 dead 한 것이 됩니다. 그리고 사망의 종이 되는 것입니다. 모든 육체가 죄를 지으며 죄의 노예가 되어 버리는 것을 보신(창 6:5~7, 8:21~22) 하나님께서 인간의 힘으로는 죄에서 해방 되지 못함을 아시고 우리를 값을 주고 사시기로 작정하셨습니다. 그리고 예수 그리스도의 살과 피로 사망에게 우리의 몸값을 지불하신 것입니다. 하나님께서 예수 그리스도의 살과 피로 우리를 사셨습니다. 이 모든 것을 믿으면 이것을 인정하면 이것이 사실이라고 고백하면 내가 믿는 다고 사망에게 선포하면 나는 사망의 죽음(dead)에서 해방 되는 것입니다. 그리스도께서 죽으셨으니(die+dead) 나도 그리스도 안에서 죽은(dead) 것이 되는 것이며 내 안에 다시 하나님의 영이 부어 짐으로 나는 새로 태어나는 것이 되는 것입니다. 이것이 첫째 부활입니다. **첫째 부활이란 예수 그리스도를 믿고 성령을 선물로 받음으로 하나님의 영으로 다시 태어나는 것입니다:** 자신의 아들 예수 그리스도 우리 주에 관한 것이라. 그분께서는 육체로는 다윗의 씨에게 나셨고 거룩함의 영으로는 죽은(dead) 자들로부터 부활(resurrection) 하심으로써 하나님의 아들로 권능 있게 밝히 드러나셨느니라. 그분으로 말미암아 우리가 은혜와 사도직을 받아 그분의 이름을 위하여 모든 민족들 가운데서 믿음에 순종하게 하였나니 너희도 그들 가운데서 예수 그리스도의 **부르심을 받았느니라.**(롬 1:3~6) 예수 그리스도 안으로 침례를 받은 우리가 다 그분의 죽음(death) 안으로 침례를 받은 줄을 너희가 알지 못하느냐? 그러므로 우리가 죽음(death) 안으로 침례를 받아 그분과 함께 묻혔나니 이것은 그리스도께서 아버지의 영광을 힘입어 죽은(dead) 자들로부터 일으켜진 것 같이 우리도 생명의 새로움 속에서 걷게 하려 함이라. 만일 우리가 그분의 죽음(death)과 같은 모양으로 함께 심겼으면 또한 그분의 부활(resurrection)과 같은 모양으로 되리라.(롬 6:3~5) 침례들에 관한 교리와 안수와 죽은(dead) 자들의 부활(resurrection)과 영원한 심판의 기초를 다시 놓지 말지니라. 하나님께서 허락하시면 우리가 이것을 하리라. 한 번 빛을 받고 하늘의 선물을 맛보고 성령님께 참여한 자가 되고 하나님의 선한 말씀과 오는 세상의 권능을 맛본 자들이 만일 떨어져 나가면 다시 그들을 새롭게 하여 회개에 이르게 함이 불가능하니 그들은 자기들을 위해 하나님의 아들을 새로이 십자가에 못 박아 드러내 놓고 그분을 모욕하느니라.(히 6:2~6) 그리스도께서도 죄들로 인하여 한 번 고난을 받으사 의로운 자로서 불의한 자를 대신하셨으니 이것은 그분께서 육체 안에서 죽임을 당하셨으되 성령으로 말미암아 살아나셔서 우리를 하나님께로 데려가려 하심이라.~ 방주 안에서 물로 말미암아 구원 받은 자가 몇 안 되니 곧 여덟 혼이라. 그 일과 동일한 모형 곧 침례가 예수 그리스도의 부활(resurrection)로 말미암아 이제 또한 우리를 구원하나니 (이것은 육체의 더러운 것을 제거하는 것이 아니요, 선한 양심이 하나님을 향하여 응답하는 것이니라.)(벧전 3:18~21)

8. 인간의 몸 안에 있는 것 – 생명의 숨, 영, 혼, 육체

생명의 숨(breath), 영(spirit), 혼(soul), 육체(flesh) = 몸(body): 주 하나님께서 땅의 흙으로 사람을 지으시고 생명의 숨을 그의 콧구멍에 불어넣으시니 사람이 살아 있는 혼이 되니라.(창 2:7) 평강의 바로 그 하나님께서 너희를 온전하게 거룩히 구별하시기를 원하노라. 내가 하나님께 기도하여 너희의 온 영과 혼과 몸을 우리 주 예수 그리스도께서 오실 때까지 흠 없이 보존해 주시기를 구하노라.(살전 5:23) 이제 우리가 세상의 영을 받지 아니하고 하나님으로부터 난 영을 받았으니 이것은 우리가 하나님께서 우리에게 값없이 주신 것들을 알게 하려 함이라.(고전 2:12) 나의 공정함을 빼앗아 가신 하나님 곧 내 혼(soul)을 괴롭게 하신 전능자께서 살아 계심을 두고 맹세하노니 내 숨(breath)이 내 속에 있고 하나님의 영(spirit)이 내 콧구멍에 있을 동안에는 내 입술이 결코 사악한 것을 말하지 아니하며 내 혀가 속이는 것을 말하지 아니하리라.(욥 27:2~4)

9. 숨 – breath

호흡, 사람을 살아 움직이게 하는 생명입니다. 하나님 한 분 밖에는 우리의 육체에 호흡을 주실 분이 없습니다: 땅 위에서 움직이던 모든 육체(flesh)가 죽었으니(died) 곧 날짐승과 가축과 짐승과 땅에서 기는 모든 기는 것과 모든 사람이라. 마른 육지에 있던 모든 것 중에 콧구멍에 생명의 숨이(breath) 있던 모든 것이 죽었더라.(died)(창 7:21~22) 모든 생물의 혼과 모든 인간의 숨(breath)이 그분의 손에 있느니라.(욥 12:10) 하나님의 영께서 나를 만드셨고 전능자의 숨(breath)이 내게 생명을 주었느니라.(욥 33:4) 숨(breath)이 있는 모든 것은 주를 찬양할지어다. 너희는 주를 찬양하라.(시 150:6) 너희는 사람을 의지하지 말라. 그의 숨(breath)은 그의 콧구멍에 있나니 어떤 점에서 그를 수에 넣어야 하겠느냐?(사 2:22) 사람마다 아는 것이 짐승 같고 주물공마다 새긴 형상으로 말미암아 당황하나니 그가 부어 만든 형상은 거짓이요, 그것들 속에는 숨(breath)이 없도다.(렘 10:14) 주 하나님이 이 뼈들에게 이같이 말하노라. 보라, 내가 숨(breath)을 너희 속으로 들어가게 하리니 너희가 살리라. 내가 너희 위에 힘줄을 두고 너희 위에 살이 생기게 하며 너희를 살갗으로 덮고 너희 속에 숨(breath)을 넣으리니 너희가 살리라. 또 내가 주인 줄을 너희가 알리라, 하라.(겔 37:5~6) 또 무엇인가를 필요로 하시는 것처럼 사람들의 손을 통해 경배를 받지 아니하시나니 이는 그분께서 모든 사람에게 생명(all life)과 숨(breath)과 모든 것을 주시기 때문이라.(행 17:25) 그러므로 예수님께서 식초를 받으신 뒤에 이르시되, 다 이루었다, 하시고 머리를 숙이신 뒤 숨(spirit)을 거두시니라.(요 19:30) 이에 예수님께서 다시 그들에게 이르시되, 너희에게 평강이 있을지어다. 내 아버지께서 나를 보내신 것 같이 나도 너희를 보내노라, 하시니라. 그분께서 이것을 말씀하시고 그들 위에 숨(breathed)을 내쉬며 그들에게 이르시되, 너희는 성령을 받으라.(요 20:21~22)

▌**하나님의 생명의 숨 - 하나님의 권능, 힘, 능력, 하나님의 말씀**: 주의 꾸짖으심 곧 그분의 콧구멍의 숨(breath)의 거센 바람으로 말미암아 바다의 바닥들이 나타나고 세상의 기초들이 드러났도다.(삼하 22:16) 내가 보았거니와 불법을 경작하고 악을 뿌리는 자들은 바로 그것을 거두나니 그들은 하나님의 거센 바람에 의해 멸망하고 그분의 콧구멍의 숨(breath)에 의해 소멸되느니라.(욥 4:8~9) 오직 가난한 자들을 위해 의로 재판하고 땅의 온유한 자를 위해 공평으로 꾸짖으며 자기 입의 막대기로 땅을 치고 자기 입술의 숨(breath)으로 사악한 자를 죽이며(사 11:4) 곧 보지도 못하고 듣지도 못하고 알지도 못하는 신들을 찬양하며 또 하나님 즉 손에 왕의 숨(breath)을 쥐고 계시며 자신의 길을 왕의 모든 길로 삼으시는 분께는 영광을 돌리지 아니하였나이다.(단 5:23)

10. 영 – spirit

속박의 영 → 양자 삼으시는 영(spirit), 반드시 하나님으로부터 난 영(성령)을 받아야 합니다: 너희는 다시 두려움에 이르는 속박의 영을 받지 아니하고 양자 삼으시는 영을 받았느니라. 그분을 힘입어 우리가, 아바, 아버지, 하고 부르짖느니라.(롬 8:15) 주 하나님이 이같이 말하노라. 보라, 오 내 백성아, 내가 너희 무덤들을 열고 너희로 하여금 너희 무덤들에서 나오게 하며 너희를 이스라엘 땅으로 데려가리라.~ 또 내가 내 영(spirit)을 너희 속에 두어 너희가 살게 하고 너희를 너희 땅에 두리니 나 주가 그것을 말하고 그것을 이행한 줄을 그때에 너희가 알리라, 주가 말하노라, 하라.(겔 37:12~14) 영(spirit)이 가난한 자들은 복이 있나니 하늘의 왕국이 그들의 것이기 때문이요.(마 5:3) 그들이 너희를 넘겨줄 때에 너희가 어떻게 혹은 무엇을 말할까 염려하지 말라. 너희가 말할 것을 바로 그 시각에 너희에게 주시리니 말하는 이는 너희가 아니요, 너희 안에서 말씀하시는 너희 아버지의 영(spirit)이시니라.(마 10:19~20) 오직 속으로 유대인이 유대인이 아니요 할례는 글자 안에 있지 아니하고 **영(spirit) 안에 있는 마음의 할례니라.** 이런 사람에 대한 칭찬은 사람들에게서 나지 아니하고 하나님에게서 나느니라.(롬 2:29) 우리를 붙들던 것 안에서 죽었으므로(dead) 이제 우리가 율법에서 구출되었나니 이것은 우리가 영(spirit)의 새로운 것 안에서 섬기고 글자의 낡은 것 안에서 섬기지 아니하게 하려 함이라.(롬 7:6) 저녁이 되매 그들이 마귀 들린 많은 자들을 그분께 데려오거늘 그분께서 자신의 말씀으로 그 영들(spirits)을 내쫓으시고 병든 모든 자를 고쳐 주시니(마 8:16) 그분께서 자기의 열두 제자를 부르사 그들에게 부정한 영들(spirits)을 대적하여 그들을 내쫓으며 온갖 종류의 질환과 온갖 종류의 질병을 고치는 권능을 주시니라.(마 10:1)

11. 혼 – soul

악이 머무르는 곳입니다. 반드시 예수 그리스도께 드려야 합니다. 그리스도 안에서 혼은 죽어야(dead) 합니다: 악을 행하는 사람의 모든 혼 위에 환난과 곤고가 닥치리니 먼저는 유대인의 혼 위에요 또한 이방인의 혼(soul) 위에며 선을 행하는 각 사람에게 영광과 존귀와 화평이 있으리니 먼저는 유대인에게요 또한 이방인에게로다.(롬 2:9~10) 모든 혼(soul)은 더 높은 권력들에 복종할지니 하나님으로부터 나지 않은 권력이 없으며 이미 있는 권력들도 하나님께서 임명하셨느니라.(롬 13:1) 몸은 죽여도 혼(soul)은 능히 죽이지 못하는 자들을 두려워하지 말고 오직 혼(soul)과 몸을 다 능히 지옥에서 멸하시는 분을 두려워하라.(마 10:28) 나는 마음이 온유하고 겸손하니 너희 위에 내 멍에를 메고 내게 배우라. 그리하면 너희가 너희 혼(soul)을 위한 안식(rest)을 찾으리니(마 11:29) 사람이 만일 온 세상을 얻고도 자기 혼(soul)을 잃으면 그에게 무슨 유익이 있겠느냐? 사람이 무엇을 주어 자기 혼(soul)을 대신하게 하겠느냐?(막 8:36~37) 너는 네 마음을 다하고 혼(soul)을 다하고 생각을 다하고 힘을 다하여 주 네 하나님을 사랑하라, 이니라. **이것이 첫째 명령이니라.**(막 12:30) 너희는 인내로 너희 혼(soul)을 소유하라.(눅 21:19)

우리에게서 나간 어떤 자들이 말들로 너희를 괴롭게 하고 너희 혼(soul)을 뒤엎으며 이르기를, 너희가 반드시 할례를 받고 율법을 지켜야 한다, 하였다는 말을 우리가 들었으나 우리는 그들에게 그런 명령을 준 적이 없으므로(행 15:24) 그러나 우리는 뒤로 물러가 멸망에 이르는 자들에게 속하지 아니하고 **믿어서 혼(soul)의 구원에 이르는 자들에게 속하느니라.**(히 10:39) 그러므로 모든 더러움과 넘치는 악을 내버리고 접붙여진 말씀 곧 **능히 너희 혼(soul)을 구원할 수 있는 말씀을 온유함으로 받으라.**(약 1:21) 형제들아, 너희 중에 어떤 사람이 진리를 떠나 잘못하는데 누가 그를 돌아서게 하면 그 죄인을 그의 길의 잘못에서 돌아서게 하는 자가 한 혼(soul)을 사망에서 구원하며 허다한 죄를 덮을 것임을 그가 알게 할지니라.(약 5:19~20) 너희가 성령을 통해 진리에 순종함으로 너희 혼(soul)을 깨끗하게 하여 거짓 없이 형제들을 사랑하기에 이르렀으니 순수한 마음으로 뜨겁게 서로 사랑하라.(벧전 2:22) 너희가 전에는 길 잃은 양 같았으나 지금은 너희 혼(soul)의 목자요 감독이신 분에게로 돌아왔느니라.(벧전 2:25) 그러므로 하나님의 뜻대로 고난을 받는 자들은 잘 행하는 가운데 자기 혼(soul)을 그분 곧 신실하신 창조자께 맡겨 지키시게 할지어다.(벧전 4:19) 또 간음으로 가득한 눈을 가지고 죄를 그칠 줄 모르며 불안정한 혼들(souls)을 속이니 그들은 곧 탐내는 습관으로 마음을 단련시킨 자들이요 저주받은 자식들이니라.(벧후 2:14) 악을 행하는 사람의 모든 혼(soul) 위에 환난과 곤고가 닥치리니 먼저는 유대인의 혼(soul) 위에요 또한 이방인의 혼(soul) 위에며(롬 2:9) 하나님의 말씀은 살아 있고 권능이 있으며 양날 달린 어떤 검보다도 예리하여 혼(soul)과 영과 및 관절과 골수를 찔러 둘로 나누기까지 하고 또 마음의 생각과 의도를 분별하는 분이시니 그분의 눈 앞에서 드러나지 아니하는 창조물이 하나도 없고 모든 것이 우리와 상관하시는 그분의 눈에 벌거벗은 채 드러나 있느니라.(히 4:12~13) 참으로 칼에 네 혼(soul)도 찔러 꿰뚫으리라. 이것은 많은 사람의 마음의 생각이 드러나게 하려 함이니라, 하더라.(눅 2:35) 또 내 혼(soul)에게 말하기를, 혼(soul)아, 네가 여러 해 동안 쓸 많은 물건을 쌓아 두었으니 편안히 쉬고 먹고 마시고 즐거워하라, 하리라, 하였느니라. 그러나 하나님께서 그에게 이르시되, 너 어리석은 자여, 이 밤에 네게서 네 혼(soul)을 요구하리니 그러면 네가 예비한 그것들이 누구의 것이 되겠느냐? 하셨으니 자기를 위하여 보물을 쌓아 두고 하나님께 대해 부요하지 못한 자는 이와 같으니라, 하시니라.(눅 12:19~21) 사악한 자들의 더러운 행실로 인해 괴로움을 받던 의로운 롯을 건져 내셨으니 이는 저 의로운 사람이 그들 가운데 거하며 그들의 불법 행위를 보고 들으면서 날마다 자기의 의로운 혼(soul)을 괴롭게 하였기 때문이니라.(벧후 2:7~8)

12. 육체 – flesh

육체 안에는 본성, 정욕, 탐심 등 죄를 짓게 하는 모든 것이 들어 있습니다. 숨을 쉬며 살아가는 모든 삶의 순간순간 육체 안에 있는 것들을 지배하고 다스려야 합니다: 영으로 하나님께 경배하고 그리스도 예수님을 기뻐하며 육체(flesh)를 신뢰하지 아니하는 우리가 곧 할례자니라.(빌 3:3) 논쟁의 여지가 없이 하나님의 성품의 신비는 위대하도다. 하나님께서 육체(flesh) 안에 나타나시고 성령 안에서 의롭게 되시고 천사들에게 보이시고 이방인들에게 선포되시고 세상에서 믿기시고 영광 속으로 올려져서 영접을 받으셨느니라.(딤전3:16) 우리에게 있던 우리 육체(flesh)의 아버지들이 우리를 바로잡아도 우리가 그들을 공경하였거늘 하물며 영들의 아버지께 우리가 더욱 복종하고 이로써 살아야 하지 아니하겠느냐?(히12:9) 극진히 사랑하는 자들아, 나그네와 순례자인 너희에게 내가 간청하노니 혼을 대적하여 싸우는 육체(flesh)의 정욕들을 삼가라.(벧전 2:11) 육체(flesh) 안에서 고난을 당한 자는 이미 죄를 그쳤나니 그런즉 그는 육체 안에서 남은 때를 더 이상 사람들의 정욕에 따라 살지 아니하고 오직 하나님의 뜻에 따라 살아야 하리라. 우리가 색욕과 정욕과 과음과 환락과 연회와 가증한 우상 숭배 속에서 걸어 이방인들이 하고자 하는 바를 행한 것이 우리 삶의 지나간 때로 우리에게 족하도다.(벧전 4:1~3) 그들은 헛된 것을 크게 부풀려 말하면서 잘못하며 사는 자들로부터 빠져나와 깨끗하게 된 자들을 육체(flesh)의 정욕과 심한 방종을 통해 꾀어 내느니라.(벧후 2:18) 세상에 있는 모든 것 즉 육신(flesh)의 정욕과 안목의 정욕과 인생의 자랑은 아버지에게서 나지 아니하고 세상에서 나느니라.(요일 2:16) 또 자기들의 처음 신분을 지키지 아니하고 자기들의 처소를 떠난 천사들을 큰 날의 심판 때까지 영존하는 사슬로 묶어 어둠 밑에 예비해 두셨는데 이것은 소돔과 고모라와 그것들의 주변 도시들이 같은 방식으로 자기를 음행에 내주고 낯선 육체(flesh)를 따라가다가 영원한 불로 보복을 당하여 본보기가 되는 것과 같으니라.(유1:6~7) 속이는 자들이 세상에 많이 들어왔는데 그들은 예수 그리스도께서 육체(flesh) 안에 오신 것을 시인하지 아니하느니라. 이런 자가 속이는 자요 적그리스도니라.(요이 1:7)

13. 안식 – rest: 안정, 안식, 평온, 안식처

그리스도 안에서 죽고(dead) 하나님의 영(spirit)을 받아 하나님의 아들(양자, 하나님의 영)로 다시 태어나서 날마다 성령님과 동행하는 삶 즉 안식(rest)의 삶을 누려야하는 것입니다. 하나님께서 안식(rest)하신 것처럼 우리도 그리스도 안으로 들어가 반드시 자신의 일(본성, 계획, 의지)을 내려놓고 성령님께서 이끄시는 대로 사는 삶의 안식(rest)을 누려야 합니다. 죄(사망)로 부터 자유하게 하는 안식(rest)입니다, 이것이 첫째 안식(rest)이며, 첫째 부활(구원)을 누리는 성도들의 삶입니다: 이같이 하늘들과 땅과 그것들의 모든 군대가 완성되니라. 일곱째 날에 하나님께서 친히 만든 자신의 일을 마치시고 친히 만든 자신의 모든 일에서 떠나 일곱째 날에 안식하시니라(rested)(창 2:1~2) **안식일(sabbaths)**은 나와 이스라엘 자손들 사이에 있을 영원한 표적이니 이는 주가 엿새 동안(in six days)에 하늘과 땅을 만들고 일곱째 날(sevesth day)에 **안식(rested)**하며 상쾌하게 되었기 때문이니라, 하라.(출 31:17) 수고하고 무거운 짐 진 모든 자들아, 너희는 내게로 오라. 내가 너희에게 안식(rest)을 주리라.(마 11:28) 그러므로, 오 주 하나님이여, 이제 주께서는 일어나 주의 능력의 궤와 함께 주의 안식(resting)의 처소로 들어가시옵소서. 오 주 하나님이여, 주의 제사장들이 구원으로 옷 입게 하시고 주의 성도들이 주의 선하심을 기뻐하게 하옵소서.(대하 6:41) 그분께서는 일곱째 날(seventh day)에 관하여 어떤 곳에서 이같이 말씀하시되, 하나님께서 자신의 모든 일(all his works)에서 떠나 일곱째(seventh day) 날에 **안식(rest)하시니라**, 하셨으며 또 다시 이 대목에서 그들이 내 안식(rest)에 들어오려면 믿어야 하리라, 하셨느니라. 그러므로 어떤 사람들이 반드시 그 안식(rest)에 들어가야 하는 일이 남아 있는 줄을 알거니와 처음에 복음 선포를 받은 그들은 믿지 아니하여 들어가지 못하였으므로 또 다시 그렇게 오랜 시간이 지난 뒤에 그분께서 다윗의 글에서 오늘이라 말씀하시며 어떤 날을 한정하시나니 그것은 곧, 오늘 너희가 그분의 음성을 듣거든 너희 마음을 강퍅하게 하지 말라, 하고 말씀하신 바와 같도다. 만일 예수가 그들에게 안식(rest)을 주었더라면 그분께서 그 뒤에 다른 날을 말씀하려 하지 아니하셨으리라. **그러므로 하나님의 백성에게는 한 안식(rest)이 남아 있도다.** 그분의 안식(rest)에 이미 들어간 자는 또한 하나님께서 자신의 일들을 그치신 것 같이 이미 자기 일들을 그쳤느니라.(히 4:4~10)

▌ **우리는 날마다 안식(rest)을 누려야 합니다** - 우리는 일곱 번째 날(sseven days)에 육체의 노동을 쉬는 자들이 아니라 영원한 안식일(sabbath)을 사모하며 날마다 믿음의 안식일(rest)을 누리며 성령님과 동행하는 믿음의 안식(rest)으로 살아가야 합니다. 일곱째 날(sseven days)에 안식일(sabbath)을 지켜야 한다고 말하는 것은 율법의 가르침입니다. 바울이 자기 관례대로 그들에게로 들어가 세 안식일(next sabbath day)에 성경 기록들을 인용하여 그들과 토론하며 그리스도께서 반드시 고난을 받고 죽은 자들로부터 다시 일어났어야 함을 설명하고 주장하며 또 내가 너희에게 선포하는 이 예수님이 그리스도시라 하

니 그들 중의 몇 사람이 믿고 바울과 실라와 사귀며 또 독실한 그리스 사람들 중에서 큰 무리와 으뜸가는 여인들 중에서 적지 않은 사람이 그리하더라.(행 17: 2~4)

14. 안식 – sabbath

사망(die) 후 영원한 안식(sabbath)을 기념하는 날입니다. 두 번째 안식(영원한 구원)입니다. 우리의 모든 삶 가운데 두 번째 안식을 기념해야 합니다. **die 해서 dead 한 자들 속에서 건져져서 들어가는 영원한 안식(sabbath) 즉 둘째 사망이 다스릴 권한이 없는 자들이 들어가는 영원한 안식일(sabbath)을 우리는 굳건히 믿고 소망하며 이 땅에서 믿음으로 선한 싸움을 하며 죄로부터 승리하는 삶을 살아가야 합니다:** 그가 그들에게 이르되, 주께서 말씀하신 것이 이러하니라. 곧, 내일은 안식(rest)하는 날로서 주께 거룩한 안식(sabbath)일이니라. 너희가 구울 것은 오늘 굽고 끓일 것도 끓이고 남는 것은 너희를 위하여 아침까지 간수하라, 하셨느니라.(출 16:23) 너희는 내 안식(sabbaths)일을 지키고 내 성소를 존중히 여기라. 나는 주니라.(레 19:30) 내 안식(sabbath)일을 지키고 내가 기뻐하는 것들을 택하며 내 언약을 굳게 붙드는 고자들에게 주가 이같이 말하노라. 곧 그들에게 내가 내 집에서 또 내 성벽 안에서 아들딸들의 것보다 더 좋은 처소와 이름을 주리라. 내가 그들에게 끊어지지 아니할 영존하는 이름을 주리라. 또 스스로 주에게 연합하여 그를 섬기고 주의 이름을 사랑하여 그의 종이 되려는 타국인의 아들들 즉 안식(sabbath)일을 지켜 그 날을 더럽히지 아니하며 내 언약을 굳게 붙드는 모든 자 곧 그들을 내가 나의 거룩한 산으로 데려가 나의 기도하는 집에서 그들을 기쁘게 하리라. 그들이 내 제단 위에 드리는 번제 헌물과 희생물을 내가 받으리니 내 집은 모든 백성을 위한 기도하는 집이라 불리리라.(사 56:4~7) 그분께서 자신의 장막을 동산의 장막같이 격렬히 치워 버리시며 자신의 집회 처소들을 멸하셨도다. 주께서 시온에서 엄숙한 명절들과 안식(sabbaths)일들을 잊어버리게 하시며 친히 분노하시고 격노하사 왕과 제사장을 멸시하셨도다.(애 2:6) 이 외에도 그들이 내게 이 일을 행하였나니 곧 그들이 같은 날에 내 성소를 더럽히고 내 안식(sabbaths)일을 더럽혔도다.(겔 23:38) 그 땅의 백성도 그와 같이 안식(sabbaths)일과 월삭에 이 문의 입구에서 주 앞에 경배할지니라. 안식일(sabbath day)에 통치자가 주께 드릴 번제 헌물은 흠 없는 어린양 여섯 마리와 흠 없는 숫양 한 마리가 될지니라.(겔 46:3~4) 예수님께서 진흙을 이겨 그의 눈을 열어 주신 날은 안식일(sabbath day)이니라.~ 예수께서 이르시되, 내가 심판하려고 이 세상에 왔으니 이것은 보지 못하는 자들은 보게 하고 보는 자들은 눈멀게 하려 함이라, 하시매 그분과 함께 있던 바리새인들 중의 어떤 자들이 이 말씀들을 듣고 그분께 이르되, 우리도 눈멀었느냐? 하니 예수님께서 그들에게 이르시되, 너희가 눈멀었다면 너희에게 죄가 없으려니와 지금 너희가, 우리는 본다, 하고 말하므로 너희 죄가 남아 있느니라.(요 9:14~41) 정사들과 권능들을 벗기사 십자가 안에서 그들을 이기시고 공공연히 그들을 구경거리로 삼으셨느니라. 그러므로 아무도 먹는 것이나 마시는 것으로 인하여 또 거룩한 날(holyday)이나 월삭이나 안식일(sabbath days)에 관하여 너희를 판단하지 못하게 하라.(골 2:15~16)

▌자, 이제, 너희 부자들아, 너희에게 임할 너희의 비참한 일들로 인하여 슬피 울며 울부짖으라, 너희의 재물은 썩었고 너희의 옷은 좀먹었으며 너희의 금과 은은 부식되었으니 그것들의 녹이 너희를 대적하는 증인이 되고 불같이 너희 살(flesh)을 먹으리라. 너희가 마지막 날들을 위해 재물을 함께 모아 쌓았도다. 보라, 너희 밭에서 곡식을 거둔 품꾼들의 품삯이 소리를 지르며 곡식을 거둔 자들의 울부짖음이 만군의 주의 귀에 들어갔느니라. 너희가 땅에서 쾌락 가운데 살며 방탕함에 빠져 살육하는 날에서와 같이 너희 마음을 살찌게 하였도다. 너희가 의인을 정죄하고 죽였으나 그는 너희에게 대항하지 아니하느니라. 그러므로 형제들아, 주께서 오실 때까지 인내하라. 보라, 농부가 땅에서 나는 귀한 열

매를 바라고 이른 비와 늦은 비를 받을 때까지 오랫동안 그것을 위해 인내하느니라. 너희도 인내하고 너희 마음을 굳건히 하라, 주의 오심이 가까이 다가오고 있느니라. (약 5:1~8)

11 법으로부터 자유

로마서 7장

1 형제들아, (내가 법을 아는 자들에게 말하노니) 너희는 법이 사람이 살아 있는 동안에만 그를 지배하는 줄 알지 못하느냐?

> 사람 살아 있다 → 법이 사람을 지배한다.
> 사람이 죽었다 → 법이 사람을 지배하지 못한다.

2 남편 있는 여인이 자기 **남편이 살아 있을 때에는 법에 의해 그에게 매여 있으나** 만일 남편이 죽으면 그녀가 자기 남편의 법에서 벗어나느니라.

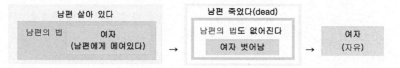

3 그런즉 만일 그녀가 **자기 남편이 살아 있을 때에 다른 남자와 결혼하면 간부(姦婦)라 불릴 터이나** 그녀의 남편이 죽으면 그녀가 그 법에서 해방되나니 그러므로 그녀가 다른 남자와 결혼할지라도 간부가 되지 아니하느니라.

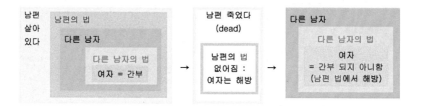

4 그러므로 내 형제들아, 너희도 그리스도의 몸으로 말미암아 율법에 대하여 죽게 되었나니 이것은 너희가 **다른 분** 곧 **죽은 자들로부터 일으켜지신 분**과 결혼하게 하려 함이요, 또 우리가 하나님께 이르는 열매를 맺게 하려 함이라.

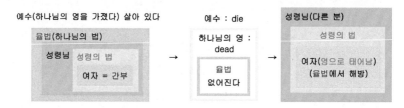

▌형제들이 함께 거하는데 그들 중 한 명(예수님)이 죽고(die) 아이가 없거든 그 죽은(dead) 자(하나님의 영)의 아내는 밖에서 남에게 시집가지 말 것이요, 그녀의 남편(예수님)의 형제(성령님)가 그녀에게로 들어가 그녀를 아내로 취해 남편(예수님)의 형제 된 의무를 그녀에게 행할 것이며(신 25:5)

5 우리가 육신 안에 있었을 때에는 율법으로 말미암은 죄들의 활동이 우리 지체 안에서 일하여 사망에 이르는 열매를 맺게 하였으나

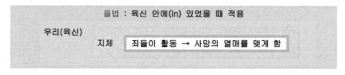

6 우리를 붙들던 것 안에서 죽었으므로 이제 우리가 율법에서 구출되었나니 이것은 우리가 영의 새로운 것 안에서 섬기고 글자의 낡은 것 안에서 섬기지 아니하게 하려 함이라.

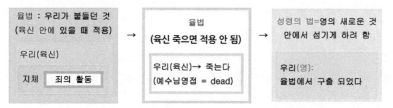

▌예수님을 내 마음으로 영접하면 내가 그리스도의 몸 안으로 들어간 것입니다. 그러므로 그리스도께서 죽으셨으니 나도 그리스도와 함께 죽은(dead) 것입니다.

7 그러면 우리가 무슨 말을 하리요? 율법이 죄냐? 결코 그럴 수 없느니라. 아니라, 오히려 율법을 통하지 않고서는 내가 죄를 알지 못하였으리니 율법이, 너는 탐내지 말라, 하지 아니하였더라면 내가 탐욕을 알지 못하였으리라.

율법이 없는 곳	율법이 있는 곳
무엇이 죄인 줄 알지 못함	탐내지 말라 → 탐내는 것은 죄다
탐내는 것이 죄인 줄 모른다.	탐내는 것이 죄인 줄 알게 되었다.

8 그러나 죄가 명령을 통해 기회를 타서 내 안에서 온갖 종류의 욕정을 이루었나니 이는 율법이 없으면 죄가 죽었기 때문이라. **9** 전에 율법이 없었을 때에는 내가 살아 있었으나 명령이 오매 죄가 되살아나고 나는 죽었도다. **10** 생명에 이르게 하려고 정하신 명령이 사망에 이르게 하는 것인 줄 내가 알았나니 **11** 죄가 명령을 통해 기회를 타서 나를 속이고 그것으로 나를 죽였느니라. **12** 그런즉 율법도 거룩하고 명령도 거룩하며 의롭고 선하도다.

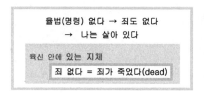 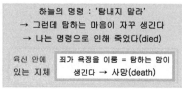

13 그러면 선한 그것이 내게 사망을 이루었느냐? 결코 그럴 수 없느니라. 오직 죄가 죄로 드러나기 위하여 선한 그것을 통해 내 안에서 사망을 이루었나니 이것은 죄가 명령을 통해 넘치도록 죄로 충만하게 하려 함이니라.

14 우리가 알거니와 율법은 영적이나 나는 육신적이어서 죄 아래 팔렸도다.

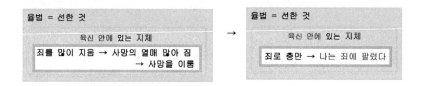

15 내가 행하는 것을 내가 인정하지 아니하노니 이는 내가 원하는 것 즉 그것은 내가 행하지 아니하고 내가 미워하는 것 즉 그것을 내가 행하기 때문이라. **16** 그런즉 만일 내가 원치 아니하는 그것을 내가 행하면 율법이 선하다는 사실에 대해 내가 율법에 동의하노니

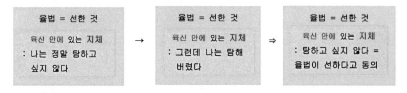

17 그런즉 이제 그것을 행하는 자는 더 이상 내가 아니요 내 안에 거하는 죄니라.

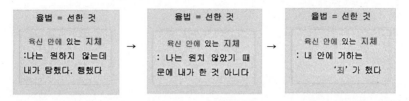

18 내 안에 (곧 내 육신 안에) 선한 것이 거하지 아니하는 줄을 내가 아노니 원함은 내게 있으나 선한 그것을 어떻게 행할지는 내가 찾지 못하노라.
19 이는 내가 원하는 선은 내가 행하지 아니하고 도리어 내가 원치 아니하는 악을 곧 그것을 내가 행하기 때문이라.

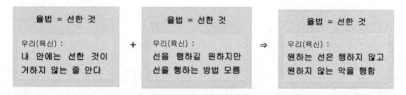

20 이제 내가 원치 아니하는 그것을 내가 행하면 그것을 행하는 자가 더 이상 내가 아니요 내 안에 거하는 죄니라. **21** 그런즉 내가 한 법을 발견하노니 곧 내가 선을 행하기 원할 때에 악이 나와 함께 있는 것이로다.

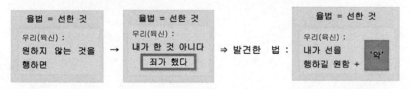

22 내가 속사람을 따라 하나님의 법을 즐거워하나 **23** 내 지체들 안에서 다른 법이 내 생각의 법과 싸워 내 지체들 안에 있는 죄의 법에게로 나를 사로잡아 가는 것을 내가 보는도다.

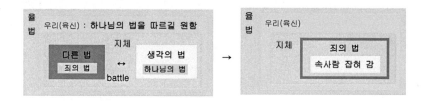

24 오 나는 비참한 사람이로다! 이 사망의 몸에서 누가 나를 건져 내랴?
25 예수 그리스도 우리 주를 통하여 내가 하나님께 감사하노라. 그런즉 이와 같이 내 자신이 생각으로는 하나님의 법을 섬기되 육신으로는 죄의 법을 섬기노라.

8:1~2 그러므로 이제 그리스도 예수님 안에 있는 자들에게는 정죄함이 없나니 그들은 육신을 따라 걷지 아니하고 성령을 따라 걷느니라. 이는 그리스도 예수님 안에 있는 생명의 성령의 법이 죄와 사망의 법에서 나를 해방시켰기 때문이라.

▌생각나게 하시는 죄를 고백함으로 죄인임을 인정함 → 그리스도께서 내 대신 십자가에서 죽으심으로 내 죄를 다 사해 주셨음을 인정하고 고백함 → 입으로 시인함으로 그리스도를 영접함(내가 그리스도 몸 안으로 들어가는 것임) → **그리스도가 dead 했다**(= **나도 dead**) → 내 몸은

내 것이 아니고 그리스도의 것임 → 그리스도가 그리스도의 영 즉 성령을 넣어서 살려 냄 → 나는 육에 속한 자가 아니고 영에 속한 새 사람이 됨 → 더 이상 육에 법이 나를 다스릴 수 없고 그럴 어떤 법도 내게는 존재 하지 않는다 → 내 의지로 살지 않고 영이 이끄는 대로 살아 감 → die 하게 되면 → 둘째 사망이 나를 다스릴 권한이 없다 → 하늘 심판대 앞에서 성령님이 증인이 되어 주심 → 영원한 안식으로 들어감

로마서 8장

3 율법이 육신으로 말미암아 연약하여 능히 하지 못하는 것을 하나님께서는 하셨나니 곧 자신의 아들을 죄 많은 육신의 모양으로 보내시고 또 죄로 인하여 육신 안에서 죄를 정죄하셨느니라. **4** 이것은 육신을 따라 걷지 아니하고 성령을 따라 걷는 우리 안에서 율법의 의가 성취되게 하려 하심이니라.

5 육신을 따르는 자들은 육신의 일들을 생각하거니와 성령을 따르는 자들은 성령의 일들을 생각하나니 육신적으로 생각하는 것은 사망이요 영적으로 생각하는 것은 생명과 평안이니라.

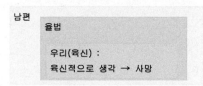

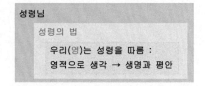

7 육신적인 생각은 하나님의 법에 복종하지 아니할 뿐 아니라 참으로 그리할 수도 없으므로 하나님과 원수되는 것이니라. **8** 그런즉 이와 같이 육신 안에 있는 자들은 하나님을 기쁘게 할 수 없느니라. **9** 그러나 너희 안에 하나님의 영께서 거하시면 너희가 육신 안에 있지 아니하고 성령 안에 있나니

이제 어떤 사람에게 그리스도의 영이 없으면 그는 그분의 사람이 아니니라. **10** 또 그리스도께서 너희 안에 계시면 몸은 죄로 인해 죽었으나(dead) 성령은 의로 인해 생명이 되시느니라. **11** 그러나 만일 예수님을 죽은(dead) 자들로부터 일으키신 분의 영께서 너희 안에 거하시면 그리스도를 죽은(dead) 자들로부터 일으키신 분께서 너희 안에 거하시는 자신의 영을 통해 너희의 죽을 몸도 살리시리라. **12** 그러므로 형제들아, 우리가 빚진 자로되 육신을 따라 살도록 육신에게 빚지지 아니하였느니라. **13 너희가 육신을 따라 살면 죽을(die) 것이로되 성령을 통해 몸의 행실을 죽이면 살리라. 14** 하나님의 영에 의해 인도 받는 자들은 다 하나님의 아들들이니 **15** 너희는 다시 두려움에 이르는 속박의 영을 받지 아니하고 양자 삼으시는 영을 받았느니라. 그분을 힘입어 우리가, 아바, 아버지, 하고 부르짖느니라. **16** 성령께서 친히 우리의 영과 더불어 우리가 하나님의 자녀인 것을 증언하시나니 **17** 자녀이면 상속자 곧 하나님의 상속자요, 그리스도와 함께하는 공동 상속자니라. **우리가 그분과 함께 고난당하면 이것은 우리가 함께 영광도 받으려 함이니라.**

▶ **마지막 때 하나님의 긍휼하신 사랑:** 네가 오른쪽과 왼쪽으로 터져 나가고 네 씨가 이방인들을 상속하며 황폐한 도시들을 사람이 거주하는 곳이 되게 하리라. 두려워하지 말라. 네가 부끄러움을 당하지 아니하리라. 당황하지 말라. 네가 수치를 당하지 아니하리라. 네가 젊은 시절의 수치를 잊고 과부 때의 치욕을 다시는 기억하지 아니하리라. **너를 만드신 이는 네 남편이니 만군의 주가 그의 이름이니라.** 그는 네 구속자요, **이스라엘의 거룩한 자니 그는 온 땅의 하나님이라 불리리라.** 주가 너를 부르되 마치 버림받아 영이 괴로운 여인 곧 젊어서 거절당한 아내를 부르는 것 같이 하였도다. 네 하나님이 말하노라. ❶**내가 아주 잠시 동안 너를 버렸으나 큰 긍휼로 너를 모을 것이요 내가 조금 진노하는 가운데 ❶내 얼굴을 잠시 네게 숨겼으나 영존하는 친절로 네가 긍휼을 베풀리라.** 주 네 구속

자가 말하노라. 이것이 내게는 ❷노아의 물들과 같으니라. 내가 다시는 노아의 물들이 땅을 덮지 못하게 할 것을 맹세한 것 같이 네게 노하지 아니하며 너를 꾸짖지도 아니하기로 맹세하였나니 산들이 떠나가고 작은 산들이 움직일지라도 내 친절은 너를 떠나지 아니하며 내 화평의 언약도 움직이지 아니하리라. 네게 긍휼을 베푸는 주가 말하노라.(사 54:3~10)

로마(넷째 짐승)			한 시기		때	성도들 왕국 소유
열 왕 →	교황		❷홍수	전쟁		
	일곱 왕					
33~381년	381(가톨릭 국교) --------→ 1763년					
	한 때		두 때		반 때	끝
BC537 ◄-------(2300일=2300년)------→ AD1763						
	428년 ◄------ (1290년) ------→ 1717년					
	428년 ◄------ (1335년) -------→ 1763년					

┗❶하나님께서 아주 잠시 동안 이스라엘을 버렸으나 = 1290년 동안 버렸으나

❚ 이 언약은 내가 그들의 조상들의 손을 잡고 그들을 이집트 땅에서 데리고 나오던 날에 그들과 맺은 언약에 따른 것이 아니니라. **내가 그들에게 남편이었을지라도 그들이 내 언약을 깨뜨렸느니라.** 주가 말하노라.(렘 31:32)

▶ **육체로 오신 예수님 안에 하나님의 영이 부어졌습니다:** 나를 믿는 자는 성경 기록이 말한 것 같이 그의 배에서 생수의 강들이 흘러나오리라, 하시니라. 그러나 이것은 그분께서 자기를 믿는 자들이 받을 성령을 가리켜 말씀하신 것이더라. 예수님께서 아직 영광을 받지 아니하셨으므로 아직 성령님께서 주어지지 아니하였더라.(요 7:38~39) 예수께서 세례를 받으시고 곧 물에서 올라오실새 하늘이 열리고 하나님의 성령이 비둘기 같이 내려 자기 위에 임하심을 보시더니 보라, 하늘로부터 한 음성이 있어 이르시되, 이 사람은 내 사랑하는 아들이라, 내가 그를 매우 기뻐하노라, 하시니라.(마 3:16~17) 그 무렵에 예수님께서 갈릴리의 나사렛으로부터 오사 요르단 속에서 요한에게 침례를 받으시고 곧바로 물속에서 올라오실 때에 하늘들이 열리며 성령께서 비둘기 같이 자기 위에 내려오시

는 것을 보시더라. 하늘로부터 한 음성이 나서 이르시되, 너는 내 사랑하
는 아들이라, 내가 너를 매우 기뻐하노라, 하시니라.(막 1:9~11) 요한이
또 증거하여 가로되 내가 보매 성령이 비둘기같이 하늘로서 내려와서 그
의 위에 머물렀더라.(요 1:32)

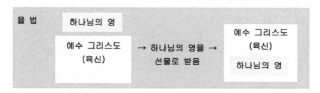

▌**엘리야의 영 → 세례 요한:** 천사가 그에게 이르되, 사가랴야, 두려워하
지 말라. 주께서 네 기도를 들으셨느니라. 네 아내 엘리사벳이 네게 아
들을 낳아 주리니 너는 그의 이름을 요한이라 하라.(눅 1:13) 그가 또 엘
리야의 영과 권능으로 그분보다 앞서 가서 아버지의 마음을 자녀들에
게로 돌아오게 하고 불순종하는 자를 의인의 지혜로 돌아오게 하며 주
를 위하여 예비된 한 백성을 준비하리라, 하니라.(눅 1:17) 모든 대언자
와 율법은 요한까지 대언하였나니 만일 너희가 그것을 받아들이려 할
진대 와야 할 엘리야가 곧 이 사람이니라.(마 11:13~14)

▶ **하나님**(dead), **예수님**(die): 논쟁의 여지가 없이 하나님의 성품의 신비
는 위대하도다. **하나님께서 육체 안에 나타나시고** 성령 안에서 의롭게
되시고 천사들에게 보이시고 이방인들에게 선포되시고 세상에서 믿기
시고 영광 속으로 올려져서 영접을 받으셨느니라.(딤전 3:16) 사랑하는
자들아, 영을 다 믿지 말고 오직 그 영들이 하나님께 속하였는지 그것들
을 시험하라. 이는 많은 거짓 대언자들이 나와서 세상에 들어 왔기 때문
이라. 이로써 **너희가 하나님의 영을 알라.** 곧 **예수 그리스도께서 육체 안
에 오신 것을 시인하는** 영마다 하나님께 속하였으며 예수 그리스도께서
육체 안에 오신 것을 시인하지 아니하는 영마다 하나님께 속하지 아니

하였나니 이것이 적그리스도의 그 영이니라. 그것에 관하여는 그것이 오리라는 말을 너희가 들었거니와 그것이 지금 이미 세상에 있느니라. 어린 자녀들아, 너희는 하나님께 속하였고 또 그들을 이기었나니 이는 너희 안에 계신 분이 세상에 있는 그보다 더 크시기 때문이라. 그들은 세상에 속하였으므로 그들이 세상에 대한 말을 하면 세상이 그들의 말을 듣느니라. 우리는 하나님께 속하였은즉 하나님을 아는 자는 우리의 말을 듣고 하나님께 속하지 아니한 자는 우리의 말을 듣지 아니하나니 이로써 우리가 진리의 영과 오류의 영을 아느니라.(요일 4:1~6) 그러므로 기억하라. 너희는 지나간 때에 육체로는 이방인이요, 손으로 육체에 행하는 할례를 받아 할례자라 불리는 자에 의해 무할례자들이라 불리던 자들이라.(엡 2:11) 원수 되게 하는 것 즉 규례들에 수록된 명령들의 율법을 자기 육체로 없애셨으니 이것은 이 둘을 자기 안에서 하나의 새 사람으로 만듦으로써 화평을 이루려 하심이요.(엡 2:15)

하나님의 영	▶ 예수 그리스도께서 육체 안에 오신 것을 시인하는 영 = 진리의 영 = 하나님께 속한 자
↓ 땅 : 그리스도(육체)	▶ 예수 그리스도께서 육체 안에 오신 것을 시인하지 아니하는 영 = 오류의 영 = 하나님께 속하지 아니한 자

▶ 하늘에 증언하는 세 분이 계시니 곧 아버지와 말씀과 성령님이시라. 또 이 세 분은 하나이시니라.(요일 5:7) 몸은 하나이며 많은 지체를 가지고 있고 그 한 몸의 모든 지체가 많아도 한 몸인 것 같이 그리스도도 그러하시니라.(고전 12:12)

하나님 (아버지)	⇒	예수님(육체) (말씀)	⇒	성령님 (성령)

▌**예수님은 대언의 영 = 말씀**: 내가 그의 발 앞에 엎드려 그에게 경배하려 하매 그가 내게 말하기를, 내가 네 동료 종이요. 예수님의 증언을 가진

네 형제들 중에 속한 자니 너는 주의 하여 그리하지 말고 하나님께 경배하라. 예수님의 증언은 대언의 영이니라, 하더라.(계 19:10)

하늘 왕국, 한 왕좌, 네 짐승, 이십사 장로

요한계시록 4장

1) 이 일 후에 내가 바라보니, 보라, 하늘에 한 문이 열려 있더라. 내가 들은 첫째 음성 곧 나팔 소리같이 내게 이야기하던 음성이 이르되, 이리로 올라오라. 이후에 반드시 일어날 것들을 내가 네게 보이리라, 하더라.

하늘의 문이 열릴 때

참으로 그들이 하나님을 대적하며 말하여 이르기를, 하나님이 광야에서 상을 준비할 수 있으리요? 하였도다. 보라, 그분께서 그 반석을 치시매 물들이 쏟아지고 시내들이 흘러넘쳤도다. 또 그들이, 그분이 빵도 줄 수 있으리요? 그분이 자신의 백성을 위해 고기도 마련할 수 있으리요? 하였도다. 그러므로 주께서 이것을 들으시고 분노하시매 이에 **야곱을 향해** 불이 붙고 또한 **이스라엘을 향해 분노가 올라왔나니** 이는 그들이 하나님을 믿지 아니하며 그분의 구원을 신뢰하지 아니하였기 때문이로다. 그럼에도 그분께서 위로부터 구름들에게 명령하시며 하늘의 문들을 여시고 그들에게 만나를 비같이 내려 먹게 하시며 하늘의 곡식을 그들에게 주시매 사람이 천사들의 음식을 먹었으며 그분께서 그들에게 먹을 것을 풍족히 보내셨도다. 그분께서 하늘에서 동풍이 불게 하시고 자신의 권능으로 남풍을 끌어들이시며 또 그들 위에 티끌처럼 고기를 비같이 내리시고 깃털 가진 날짐승을 바다의 모래같이 내리사 그들의 진영 한가운데에 그들의 처소의 사방에 그것을 떨어뜨리시매 이처럼 그들이 먹고 충분히 배불렀나니 그분께서 그들의 **원하는 바를** 그들에게 주셨도다. 그러나 그들이 자기 욕심에서 떠나지 아니하므로 그들의 먹을 것이 아직 그들의 입에 있을 때에 하나님의 진노가 그들에게 임하여 그들 중의 가장 살진 자들을 죽이시고 이스라엘 중에서 **택한** 사람들을 쳐서 넘어뜨리셨도다.(시 78:19~31)

---

2) 내가 즉시로 영 안에 있었는데, 보라, 하늘에 **한 왕좌가 놓여 있고** 그 왕좌에 **한 분이 앉아 계시더라.** 3) 앉으신 분의 모습은 벽옥과 홍보석 같고 왕좌 둘레에 무지개가 있는데 보기에 에메랄드 같더라.

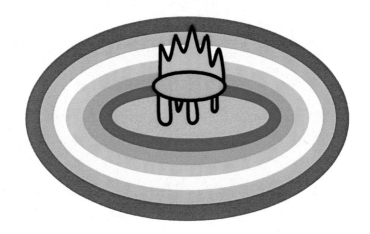

4) 또 그 왕좌 둘레에 스물네 자리가 있고 내가 보니 그 자리들 위에 스물네 장로가 흰옷을 입고 앉아 있는데 그들이 머리에 금관을 썼더라.5) 그 왕좌로부터 번개들과 천둥들과 음성들이 나오고 왕좌 앞에는 일곱 등불이 타고 있었는데 그것들은 하나님의 일곱 영이라.

왕좌 앞에 일곱 등불 = 하나님의 일곱 영1

6) 그 왕좌 앞에 수정 같은 **유리 바다**가 있고 **왕좌 한가운데와 왕좌 둘레에는 앞뒤에 눈이 가득한 네 짐승이 있더라.** 7) 첫째 짐승은 사자 같고 둘째 짐승은 송아지 같으며 셋째 짐승은 사람 같은 얼굴을 가졌고 넷째 짐승은 날아다니는 독수리 같더라. 8) 네 짐승이 저마다 **자기 둘레에 여섯 날개를 가졌고 그것들의 안쪽에는 눈들이 가득하더라.** 그것들이 밤낮 쉬지 않고 이르기를, 거룩하다, 거룩하다, 거룩하다, 주 하나님 전능자여, 그분은 전에도 계셨고 지금도 계시고 앞으로 오실 이시로다, 하고

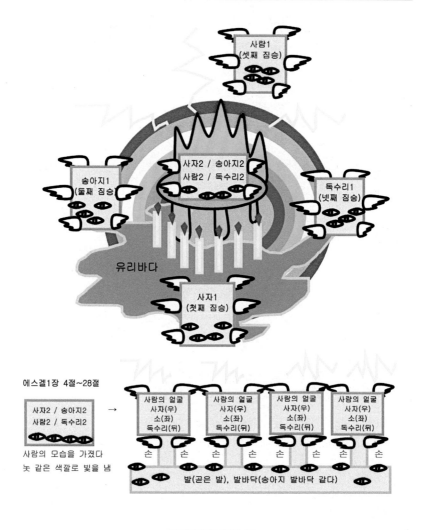

세상 끝에 일어날 마지막 전쟁

9) 그 짐승들이 왕좌에 앉으신 분 곧 영원무궁토록 살아 계시는 분께 영광과 존귀와 감사를 드릴 때에 10) **스물네 장로가 왕좌에 앉으신 분 앞에 엎드려** 영원무궁토록 살아 계시는 분께 경배하고 **자기들의 관을 왕좌 앞에 던지며** 이르되, 11) 오 주여, 주는 영광과 존귀와 권능을 받기에 합당하시오니 주께서 모든 것을 창조하셨고 또 그것들이 **주를 기쁘게 하려고 존재하며 창조되었나이다**, 하더라.

12_하늘 왕국, 한 왕좌, 네 짐승, 이십사 장로

어린양, 다윗의 뿌리

요한계시록 5장

1) 또 내가 보매 **왕좌에 앉으신 분의 오른손에 책**이 있는데 그것은 안과 뒷면에 글이 적혀 있고 일곱 봉인으로 봉인되어 있더라. 2) 또 내가 보매 한 힘센 천사가 큰 음성으로 공포하기를, 누가 그 책을 펴며 그것의 봉인들을 떼기에 합당하냐? 하되 3) 하늘에나 땅에나 땅 아래에 있는 어떤 사람도 능히 그 책을 펴거나 들여다보지 못하더라. 4) 그 책을 펴서 읽거나 들여다보기에 합당한 사람이 보이지 아니하므로 내가 많이 울었더니 5) 장로들 중의 한 사람이 내게 이르되, 울지 말라. 보라, **유다 지파의 사자**(獅子) 곧 **다윗의 뿌리**가 이기셨으므로 그 책을 펴며 그것의 일곱 봉인을 떼시리라, 하더라. 6) 또 내가 보니, 보라, 왕좌와 네 짐승의 한가운데와 장로들의 한가운데에 **전에 죽임을 당한 것 같은 어린양께서 서 계시더라.** 그분께 **일곱 뿔**과 **일곱 눈**이 있었는데 이것들은 온 땅 안으로 보내어진 **하나님의 일곱 영**이라.

송아지
1

사람
1

책: 7봉인

사자2/송아지2
사람2/독수리2

전에 죽임
당하신
어린양

사자
1

독수리
1

(일곱 눈) (일곱 뿔)
(하나님의 일곱 영)

■ **다윗의 뿌리 = 예수님:** 나 예수는 내 천사를 보내어 교회들 안에서 이것들을 너희에게 증언하게 하였노라. 나는 다윗의 뿌리요 후손이요 빛나는 새벽별이라, 하시더라. (계 22:16)

7) 그분께서 나아오사 왕좌에 앉으신 분의 오른손에서 그 책을 취하시니라. 8) 그분께서 그 책을 취하시매 네 짐승과 스물네 장로가 저마다 하프와 향이 가득한 금병들을 가지고 어린양 앞에 엎드렸는데 이 향은 성도들의 기도라.

▶ **성도들의 기도**: 내가 하나님 앞에 서 있던 일곱 천사를 보았는데 그들이 일곱 나팔을 받았더라. 또 다른 천사가 **금향로**를 가진 채 와서 제단 앞에 서고 **많은 향**을 받았으니 이것은 그가 그 향을 **모든 성도들의 기도**와 함께 그 왕좌 앞에 있던 금 제단 위에 드리려 함이더라. **성도들의 기도와 함께 피어난 향의 연기**가 그 천사의 손에서 나와 하나님 앞에서 위로 올라

가더라. 그 천사가 향로를 취하고 그것을 제단의 불로 가득 채워 땅에 내던지니 음성들과 천둥들과 번개들과 지진이 나더라. (계 8:2~5)

9) 그들이 새 노래를 불러 이르되, 주께서 그 책을 취하시고 그 책의 봉인들을 열기에 합당하시나이다. 주께서 죽임을 당하시고 주의 피로 모든 족속과 언어와 백성과 민족 가운데서 우리를 구속하사 하나님께 드리셨으며 10) 또 **우리 하나님을 위해 우리를 왕과 제사장으로 삼으셨으니 우리가 땅에서 통치 하리이다,** 하더라. 11) 또 내가 보고 왕좌와 짐승들과 장로들을 둘러싼 많은 천사들의 음성을 들었는데 그들의 수는 만 만 이요 천 천이더라. 12) 그들이 큰 음성으로 이르되, 죽임을 당하신 어린양께서 권능과 부와 지혜와 힘과 존귀와 영광과 찬송을 받기에 합당 하시도다, 하더라. 13) 또 내가 들으니 하늘과 땅 위와 땅 아래에 있는 모든 창조물과 바다에 있는 것들과 그것들 안에 있는 모든 것들이 이르되, 왕좌에 앉으신 분과 어린양께 찬송과 존귀와 영광과 권능이 영원무궁토록 있으리로다, 하더라. 14) 이에 네 짐승이 이르되, 아멘, 하고 스물네 장로가 엎드려 영원무궁토록 살아 계시는 그분께 경배하더라.

그리스도의 통치: 주께서 엄한 사람이므로 내가 두려워하였나니 주께서는 맡기지 않은 것을 가져가시고 뿌리지 않은 것을 거두시나이다, 하매 그가 그에게 이르되, 사악한 종아, 네 입에서 나오는 말로 내가 너를 심판하리니 너는 내가 맡기지 않은 것을 가져가고 뿌리지 않은 것을 거두는 엄한 사람인 줄로 알았도다. (눅 19:21~22) 내가 너희에게 이르노니, 있는 자마다 받을 것이요, 없는 자는 자기에게 있는 것도 빼앗기리라. 그러나 **내가 자기들을 통치하는 것을 원치 아니한 저 내 원수들은 이리로 끌어다가 내 앞에서 죽이라,** 하였느니라, 하시니라. (눅 19:26~27) 죄 짓는 자들을 모든 사람들 앞에서 꾸짖어 다른 사람들도 두려워하게 하라. 내가 하나님과 주 예수 그리스도와 선택받은 천사들 앞에서 네게 명하노니 너는 어떤 것도 편파적으로 행하지 말고 편견 없이 이것들을 준수하라. 아무에게나 선뜻 안수하지 말고 다른 사람들의 죄들에 참여하지 말며 네 자신을 순결하게 지키라. (딤전 5:20~22) 어떤

사람들의 죄들은 미리 드러나 먼저 심판으로 가고 어떤 사람들의 경우는 죄들이 그 뒤를 따르나니 또한 이와 같이 어떤 사람들의 선한 행위들도 먼저 밝히 드러나고 그렇지 아니한 것들도 숨길 수 없느니라.(딤전 5:24~25)

열 왕 →	로마(넷째 짐승)		한 시기		때	성도들 왕국 소유
	교황		홍수	전쟁		
	일곱 왕					
33~381년	381(가톨릭 국교) ----------→ 1763년					
	한 때		두 때		반 때	끝
	428년 ←------ (1290년) ------→ 1717년					
	428년 ←------ (1335년) ------→ 1763년					
7봉인~넷째나팔	다섯째 나팔 ~ 일곱째 나팔		일곱 병			

↳ 예수님 부활 : 하늘에 올라가셔서 책을 취하시니라. → 봉인을 떼심(계 5:5) → 봉인 심판 집행
↳ 네 짐승과 스물네 장로 땅으로 내려와서 통치

법 집행, 일곱 봉인,
일곱 나팔, 일곱 병

요한계시록 6장

4절 큰 칼 - 예수님(하나님)의 입에서 나오는 말씀과 역병을 말합니다. 그분의 말씀은 혼을 찔러 쪼개십니다: 그분의 오른손에는 일곱 별이 있으며 그분의 입에서는 양날 달린 날카로운 검이 나오고 그분의 용모는 해가 세차게 빛나는 것 같더라.(계 1:16) 그분의 입에서 예리한 검이 나오는데 그분께서 그 검으로 민족들을 치시고 또 철장으로 그들을 다스리시리라. 또 그분께서는 전능자 하나님의 맹렬한 진노의 포도즙 틀을 밟으시며(계 19:15) 삼 년 동안 기근이 들게 할 것인지 혹은 석 달 동안 네 원수들의 칼이 너를 따라잡아 네가 네 원수들 앞에서 멸망하게 될 것인지 혹은 **주의 칼 곧 역병**이 사흘 동안 이 땅에 있어 주의 천사가 이스라엘 온 지역을 두루 멸하게 할 것인지 택하라.(대상 21:12) 주 이스라엘의 하나님께서 내게 이같이 이르시되, 내 손에서 이 격노의 포도즙 잔을 가져다가 내가 너를 보내어 경고하게 한 모든 민족들로 하여금 마시게 하라. **내가 그들 가운데 보낼 칼로 인하여 그들이 마시고 움직이며 미치리라.**(렘 25:15~16) 너는 그들에게 이르기를, 만군의 주 곧 이스라엘의 하나님이 이같이 말하노라. 너희는 내가 너희 가운데 보낼 **칼로 인하여 마시고 취하며 토하고 넘어져서** 다시는 일어나지 말라.(렘 25:27) 오직 가난한 자들을 위해 의로 재판하고 땅의 온유한 자를 위해 공평으로 꾸짖으며 자기 입의 막대기로 땅을 치고 자기 입술의 숨으로 사악한 자를 죽이며(사

11:4)

5절__저울 - 하나님의 저울은 공정하십니다: 너희는 재판을 할 때와 길이나 무게나 양을 잴 때에 불의를 행하지 말며 공정한 저울과 공정한 추와 공정한 에바와 공정한 힌을 취할지니라. 나는 너희를 이집트 땅에서 데리고 나온 주 너희 하나님이니 그러므로 너희는 내 모든 법규와 내 모든 판단의 법도를 준수하고 행하라. 나는 주니라.(레 19:35~37) 하나님께서 나를 공평한 **저울**에 달아 나의 순전함을 아시기를 원하노라.(욥 31:6) 공정한 추와 저울은 주의 것이요, 주머니 속의 모든 추도 그분께서 지으신 것이니라.(잠 16:11)

▌**악한 자들의 저울:** 참으로 너희가 마음속에서 악을 꾸미고 땅에서 **너희 손의 폭력을 저울에 다는도다.**(시 58:2) 그는 상인이요, 그의 손에는 속이는 저울이 있도다. 그는 학대하기를 좋아하는도다.(호 12:7) 너희가 말하기를, 월삭이 언제나 지나가서 우리가 곡식을 팔까? 안식일이 언제나 지나가서 우리가 에바를 작게 하고 세겔을 크게 하며 속임수로 저울을 틀리게 하고 밀을 내놓을까?(암 8:5) 내가 사악한 저울과 속이는 추를 담은 자루를 지니고 다니는 자들을 깨끗하다 하겠느냐?(미 6:11)

6절__기름과 포도즙 - 하나님께서 주시는 영적 은사들을 말합니다: 그들이 와서 시온의 높은 곳에서 찬송하며 여호와의 **은사 곧 곡식과 새 포도주와 기름**과 어린 양의 떼와 소의 떼에 모일 것이라 그 심령은 물댄 동산 같겠고 다시는 근심이 없으리로다 할지어다.(렘 31:12) 참으로 주께서 자신의 백성에게 응답하여 이르시기를, 보라, 내가 너희에게 곡식과 **포도즙**과 기름을 보내리니 너희가 그것들로 만족하리라.(욜 2:19) 그분께서 자신의 입의 입맞춤으로 내게 입 맞추시기 원하노니 당신의 사랑은 **포도즙**보다 더 낫나이다.(아 1:2) 사람의 마음을 즐겁게 하는 포도즙과 사람의 얼굴을 빛나게 하는 기름과 사람의 심장을 강하게 하는 빵이 나게 하시는도다.(시 104:15) 침상에서 울부짖을 때에도 자기 마음을 다하여 내게 부르짖지 아니하였으니 그들은 곡식과 **포도즙**을 위해 모이고 나를 거역하는도다.(호 7:14) 그 큰 도시가 세 조각으로 갈라지고 민족들의 도시들도 무너지며 또 큰 바빌론이 하나님 앞에 기억되어 그분께서 그녀에게 자신의 맹렬한 진노의 **포도즙** 잔을 주시니라.(계 16:19) 아무도 새 포도즙을 낡은 부대에 넣지 아니하나니 그렇게 하면 새 포도즙이 부대를 터뜨려 포도즙이 쏟아지고 부대도 망가지리라. 오직 새 **포도즙**은 반드시 새 부대에 넣어야 하느니라.(막 2:22)

▌**'피' - 예언서에서 말씀하는 피는 육체의 피가 아니라 영혼을 상하게 하는 피를 말합니다:** 사악한 자들의 말들은 숨어 기다리며 피를 흘리는 것이로되 곧바른 자들의 입은 그들을 건지리로다.(잠 12:6) 그들이 말하기를, 우리와 함께 가자. 우리가 숨어서 기다리다가 피를 흘리자. 우리가 무죄한 자들을 까닭 없이 몰래 숨어서 기다리다가 무덤같이 그들을 산 채로 삼키며 구덩이로 내려가는 자들같이 통째로 삼키자.(잠 1:11~12) 그들이 자기 피를 흘리려고 숨어서 기다리며 자기 생명을 해하려고 몰래 숨어서 기다리나니(잠 1:18)

요한계시록 7장

1절__어떤 나무에도 - 어떤 사람에게도, 사람들을 나무로 비유하셨는데 믿음의 상태에 따라 나무 종류가 달라집니다: 에브라임이 말하기를, 내가 우상들과 더 무슨 상관이 있으리요? 하리라. 내가 그의 말을 듣고 그를 지켜보았노라. 나는 **푸른 전나무** 같으니 네가 내게서 네 열매를 얻으리로다.(호 14:8) 그들 중에 가장 선한 자가 찔레 같고 가장 곧바른 자가 가시 울타리보다 날카롭도다. 네 파수꾼들의 날 곧 너를 징벌하는 날이 이르나니 이제는 그들이 당황하리로다.(미 7:4) 이에 모든 나무가 가시나무에게 이르되, 너는 와서 우리를 통치하라, 하니(삿 9:14) 내 안에 격노가 있지 아니하도다. 누가 찔레와 가시들을 세워 전쟁에서 나를 치리요? 내가 그것들을 헤치고 나아가며 그것들을 다 같이 불태우리라.(사 27:4) 전나무가 가시나무를 대신하여 나고 은 매화나무가 찔레를 대신하여 나리니 그것이 주를 위하여 한 이름이 되며 끊어지지 아니할 영존하는 표적이 되리라.(사 55:13) 이스라엘의 빛은 불이 되며 그의 거룩하신 이는 불꽃이 되리라. 그것이 하루에 그의 가시와 찔레를 태우고 삼키며 그의 숲의 영광과 열매를 많이 내는 그의 들의 영광을 소멸시키되 혼과 몸 둘 다를 소멸시키리니 그들은 마치 깃발을 드는 자가 힘을 잃는 때와 같이 되리라.(사 10:17~18) 의로운 자는 종려나무같이 흥왕하며 레바논의 백향목 같이 자라리로다.(시 92:12) 건전한 혀는 생명나무이나 그 안의 비뚤어진 것은 영 안의 갈라진 틈이니라.(잠 15:4) 게으른 자의 길은 가시나무 울타리 같으나 의로운 자의 길은 평탄하게 되느니라.(잠 15:19)

3절__봉인할 때까지 - 사람의 마음에 믿음이 확정케 하실 때까지: 내가 사도가 아니냐? 내가 자유로운 자가 아니냐? 내가 예수 그리스도 우리 주를 보지 아니하였느냐? 너희는 주 안에서 행한 나의 일이 아니냐? 다른 사람들에게는 내가 사도가 아닐지라도 분명히 너희에게는 사도이니 너희는 주 안에서 나의 사도직의 **봉인**이니라.(고전 9:1~2)

요한계시록 8장

1절__고요하더라 - 땅에서 이루어지는 재앙을 보며 참담하여 하늘이 침묵한다는 뜻입니다: 그 영이 가만히 서 있었으되 나는 그것의 형체를 분간하지 못하였느니라. 한 형상이 내 눈앞에 있었고 거기에 고요함이 있었으며 내가 한

음성을 들었는데 이르기를, 죽을 수밖에 없는 사람이 하나님보다 더 의롭겠
느냐? 사람이 자기를 만드신 분보다 더 깨끗하겠느냐? 보라, 그분은 자신의
종들을 신뢰하지 아니하시며 자신의 천사들을 어리석음으로 인해 꾸짖으시
거늘 하물며 흙집에 거하며 티끌 안에 자기 기초를 두고 좀 앞에서 무너질 자
들이겠느냐?(욥 4:16~19) 그분께서 고요함을 주실 때에 누가 소란하게 하겠
느냐? 그분께서 자신의 얼굴을 숨기실 때에 누가 그분을 쳐다볼 수 있겠느
냐? 한 민족에게 그리하시든지 한 사람에게만 그리하시든지 상관이 없나니
이것은 위선자가 통치하지 못하게 하사 백성이 올무에 걸리지 아니하게 하
려 하심이로다.(욥 34:29~30)

6절__ 나팔 - 음성 즉 하나님의 음성입니다, 하나님의 말씀이 사람에게 임하
여 선포하는 소리, 외치는 소리이기도 합니다. 사람의 귀에는 실제로 천둥의
소리이기도 합니다: 내가 주의 날에 성령 안에 있을 때에 내 뒤에서 **나팔 소리**
같은 큰 음성을 들었는데(계 1:10) 보라, 하늘에 한 문이 열려 있더라. 내가
들은 첫째 **음성 곧 나팔 소리같이** 내게 이야기하던 음성이 이르되, 이리로 올
라오라.(계 4:1) **도시에서 나팔**을 부는데 백성이 두려워하지 아니하겠느냐?
주가 행하지 아니하였는데 **도시에 재앙**이 있겠느냐?(암 3:6) 아버지여, 아버
지의 이름을 영화롭게 하옵소서, 하시니 이에 **하늘로부터 음성**이 나서 이르
시되, 내가 이미 그것을 영화롭게 하였고 다시 영화롭게 하리라, 하시니라.
그러므로 곁에 서서 그것을 들은 **사람들은 천둥이 쳤다고도 하며 다른 사람**
들은 이르기를, 천사가 그에게 말하였다, 하니 예수님께서 응답하여 이르시
되, **이 음성은 나 때문에 나지 아니하고 너희를 위해 났느니라.**(요 12:28~30)
너는 구제할 때에 **위선자들이 사람들로부터 영광을 얻으려고 회당과 거리에**
서 하는 것처럼 네 앞에 나팔을 불지 말라. 진실로 내가 너희에게 이르노니,
그들은 자기들의 보상을 받았느니라.(마 6:2)

7절__ 땅 위에 쏟아지니 나무의 삼분의 일이 타고 모든 푸른 풀이 타더라 - 주

가 말하노라. 그 온 땅에서 그 안의 삼분의 이는 끊어져 죽을(die) 것이요, 오직 **삼분의 일만 그 안에 남으리라. 내가 그 삼분의 일을 불 가운데로 지나게 하고 은을 정제하듯 그들을 정제하며 금을 단련하듯 단련하리라.** 그들이 내 이름을 부르리니 내가 그들의 말을 들으며 또 말하기를, 그것은 내 백성이라, 할 것이요, 그들은 말하기를, 주는 내 하나님이시니이다, 하리라.(슥 13:8~9) 네 삼분의 일은 역병으로 죽고 그들이 네 한가운데서 기근으로 소멸될 것이요, **삼분의 일은 네 사방에 있는 칼에 쓰러지며** 삼분의 일은 내가 모든 바람 속으로 흩어 버리고 내가 그들을 따라가며 칼을 빼리라(겔 5:12)

9절__배들 - 나라(민족), 바다(세상), 하늘의 왕국(각종 물고기를 모으는 그물), 그물 안 물고기(사악한 자들+의인들): 또 하늘의 왕국은 마치 바다에 던져 각종 물고기를 모으는 그물과 같으니라. 그물이 가득 차매 그들이 그것을 물가로 끌어내고 앉아서 좋은 것은 모아 그릇에 담고 나쁜 것은 버렸느니라. 세상 끝에도 이러하리라. 천사들이 와서 의인들 가운데서 사악한 자들을 갈라내어 불타는 용광로 속에 던져 넣으리니 거기서 통곡하며 이를 갊이 있으리라, 하시니라.(마 13:47~50)

10절__물들의 근원 - 물들1과 물들2, 백성들과 무리들과 민족들과 언어들의 근원, 영적으로는 율법아래 있는 음행하는 이스라엘을 말합니다. 아브라함의 씨들이 우리 이방인들의 믿음의 근원이 되기 때문입니다: 땅은 형태가 없고 비어 있으며 어둠은 깊음의 표면 위에 있고 하나님의 영은 **물들**의 표면 위에서 움직이시니라.(창 1:2) 하나님께서 마른 육지를 땅이라 부르시고 물들이 함께 모인 것을 바다들이라 부르시니라.(창 1:10) 네가 본 물들 곧 음녀가 앉아 있는 물들은 백성들과 무리들과 민족들과 언어들이니라.(계 17:15) 그것들이 내 거룩한 산 모든 곳에서 상하게 하거나 멸하지 아니하리니 이는 물들이 바다를 덮는 것 같이 주를 아는 지식이 땅에 충만할 것이기 때문이니라.(사 11:9)

11절__쑥(Wormwood) - 하나님께서 이방신을 따르는 자들에게 내리시는 고난과 재난을 말합니다: 너희 가운데 남자나 여자나 가족이나 지파가 이 날 주 우리 하나님으로부터 마음을 돌리고 가서 이 민족들의 신들을 섬길까 염려하며 또 너희 가운데 쓴 것과 쑥을 내는 뿌리가 생길까 염려하노라.(신 29:18) 낯선 여자의 입술은 벌집같이 꿀을 떨어뜨리며 그녀의 입은 기름보다 미끄러우니라. 그러나 그녀의 마지막은 쑥같이 쓰고 양날 달린 검같이 날카로우며(잠 5:3~4) 주가 말하노라. 그 까닭은 그들이 내가 그들 앞에 세운 내 법을 버리고 내 음성에 순종하지 아니하며 그 안에서 걷지 아니하고 오히려 자기들의 마음에서 상상한 것을 따라 걸으며 자기들의 조상들이 자기들에게 가르쳐 준 바알들을 따라 걸었기 때문이라. 그러므로 만군의 주 곧 이스라엘의 하나님이 이같이 말하노라. 보라, 내가 그들 곧 이 백성에게 쑥을 먹이고 쓸개 물을 주어 마시게 하며 또 그들을 흩어 버리고 그들의 뒤를 따라 칼을 보내어 마침내 그들을 소멸시키리라.(렘 9:13~16) 그러므로 만군의 주가 그 대언자들에 대하여 이같이 말하노라. 보라, 신성을 더럽히는 일이 예루살렘의 대언자들로부터 나와 온 땅으로 들어갔으므로 내가 그들에게 쑥을 먹이고 쓸개 물을 마시게 하리라.(렘 23:15) 내가 나의 고난과 나의 재난 곧 쑥과 쓸개를 기억하며 내 혼이 여전히 그것들을 기억하므로 내 속에서 겸손하게 되었도다.(애 3:19~20) 판단의 공의를 쑥으로 바꾸며 땅에서 의를 버리는 자들아(암 5:7) 그분께서 나를 쓴 것으로 배불리시고 쑥으로 취하게 하셨으며 또 조약돌로 내 이를 부러뜨리시고 재로 나를 덮으셨도다. 주께서 내 혼을 평강에서 멀리 떠나게 하시니 내가 형통함을 잊었나이다.(애 3:15~17)

> 1) 다섯째 천사가 나팔을 불매 내가 보니 별 하나가 하늘로부터 땅으로 떨어졌는데 그가 바닥없는 구덩이의 열쇠를 받았더라. 2) 그가 바닥없는 구덩이를 여니 그 구덩이에서 큰 용광로의 연기 같은 연기가 올라오매 해와 대기가 그 구덩이의 연기로 인해 어두워지며

다니엘 예언

열 왕 →	로마(넷째 짐승)			한 시기		때	성도들 왕국 소유
	교황			홍수	전쟁		
	일곱 왕						
33~381년	381(가톨릭 국교) ----------→ 1763년						
	한 때			두 때		반 때	끝
	428년 ←----- (1290년) -----→ 1717년						
	428년 ←----- (1335년) -------→ 1763년						
7봉인~ 넷째나팔	다섯째 나팔 ~ 여섯째 나팔 ~ 마지막 나팔			일곱 병			

↳ 작은 뿔의 활동 시간(파괴자 통치) : 바닥없는 구덩이의 열쇠 = 깊음의 열쇠

1절__천사들 - 실제로 존재하는 천사들(영들)입니다: 또 천사들에 관하여는 이르시기를, 그분께서는 자신의 **천사들**을 영들로 삼으시고 자신의 사역자들을 불꽃으로 삼으시느니라.(히 1:7) 그분께서 어느 때에 천사들 중의 누구에게, 내가 네 원수들을 네 발받침으로 삼을 때까지 내 오른편에 앉아 있으라, 하셨느냐? 그들은 다 구원의 상속자가 될 자들을 위해 섬기라고 보내어진 섬기는 영들이 아니냐?(히 1:13~14) 내가 하나님과 주 예수 그리스도와 선택 받은 천사들 앞에서 네게 명하노니 너는 어떤 것도 편파적으로 행하지 말고 편견 없이 이것들을 준수하라.(딤전 5:21) 나그네 대접하기를 잊지 말라. 이로써 어떤 자들이 알지 못하는 가운데 **천사들**을 대접하였느니라.(히 13:2)

1절__별 하나가 하늘로부터 땅으로 떨어졌는데(fell; 쓰러뜨리다, 넘어 뜨리다) - 예수님께서 올라가셔서 통치하심으로 반역하는 천사가 하늘에서 땅으로 쫓겨난 것입니다: 곧 네가 본, 내 오른손에 있는 일곱 별과 일곱 금 등잔대의 신비라. 일곱 별은 일곱 교회의 천사들이요 네가 본 일곱 등잔대는 일곱 교회니라.(계 1:20) 아무도 꾸며 낸 겸손과 천사 숭배로 너희를 속여 너희 보상을 빼앗지 못하게 하라. 그런 사람은 자기가 보지 아니한 그것들 속으로 들어가 자기의 육신적 생각으로 말미암아 헛되이 우쭐대며 머리를 붙들지 아니하느니라. 그러나 이 머리로부터 온 몸이 마디와 힘줄에 의해 영양을 공급받고 서로 결합하여 하나님께서 자라게 하시는 대로 자라느니라.(골 2:18~19) 그분께서 그들에게 이르시되, 사탄이 하늘로부터 번개같이 **떨어지는(fell)** 것을 내가 보았노라.(눅 10:18)

▌쫓겨난 천사 = 처소를 떠난 천사 = 어둠에 있는 천사 = 사탄

(벧후 2:4) For if God spared not the angels that sinned, but cast them down to hell, and delivered them into chains of darkness, to be reserved unto judgment;(**일반적 성경 번역**: 하나님께서 죄를 지은 천사들을 아끼지 아니하사 지옥에 던지시고 어둠의 사슬에 넘겨주어 심판 때까지 예비해 두셨으며) ▶ 다시 번역: **하나님께서 죄의 천사들을 아끼지 아니하사 지옥 아래로 던지시고 어둠의 목걸이로 전달하여 심판 때까지 예약(약속)하여 두셨으며**

(유 1:6) And the angels which kept not their first estate, but left their own habitation, he hath reserved in everlasting chains under darkness unto the judgment of the great day.(**일반적 성경 번역**: 또 자기들의 처음 신분을 지키지 아니하고 자기들의 처소를 떠난 천사들을 큰 날의 심판 때까지 영존하는 사슬로 묶어 어둠 밑에 예비해 두셨는데) ▶ 다시 번역: **자기들의 왼쪽 거처를 유지하지 아니하고 떠난 천사들을 큰 날의 심판 때까지 어둠 아래 목걸이로 예약(약속)해 두셨는데**

1절_바닥없는 구덩이의 열쇠를 받았더라.(him was given key of the bottomless pit) - 예수님께서 땅1(바닥없는 구덩이)의 열쇠를 쫓겨난 천사에게 부여하셨다는 뜻입니다. 땅1의 공간에는 용들이 거하는 곳입니다: 땅은 형태가 없고 비어 있으며 어둠은 깊음의 표면 위에 있고 하나님의 영은 물들의 표면 위에서 움직이시니라.(창 1:2) 나는 살아 있는 자라. 전에 죽었으나, 보라, 내가 영원무궁토록 살아 있노라. 아멘. 또한 내가 지옥(hell)과 사망(death)의 열쇠들을 가지고 있노라.(계 1:18) 거룩한 이, 진실한 이, 다윗의 열쇠를 가진 이가 이것들을 말하노니 그가 열면 아무도 닫지 못하고 그가 닫으면 아무도 열지 못하느니라.(계 3:7)

2절_큰 용광로의 연기 같은 연기가 올라오매 - 아래에서 올라오는 연기는 깊음의 나라에 사는 뱀, 리워야단의 분노의 영이 올라오는 것입니다: 네가 낚시 바늘로 리워야단을 끌어낼 수 있겠느냐?~그의 콧구멍에서는 끓는 솥이나 가마솥에서 나오는 것 같이 연기가 나오는도다.(욥 41:1,~20) 그러나 사악한 자들은 멸망하고 주의 원수들은 어린양의 기름같이 되리니 그들은 소멸되고 연기로 소멸되어 사라지리로다.(시 37:20) 게으른 자는 그를 보내는 자들에게 마치 이에 식초 같고 눈에 연기 같으니라.(잠언 10:26) 그에게 이르기를, 조심하고 조용히 하라. 시리아와 함께 한 르신과 르말랴의 아들의 맹렬한 진노로 인하여 또 이같이 연기를 내며 불타는 이 두 개의 나뭇조각 꽁지로 인하여 두려워하거나 낙심하지 말라.(사 7:4) 그 날은 주께서 원수 갚으시는 날이요 시온에 대한 논쟁으로 인해 보응하시는 해니라. 그것의 시내들은 변하여 역청이 되며 그것의 먼지는 유황이 되고 그것의 땅은 불붙는 역청이 되리라. 그것이 밤에나 낮에나 꺼지지 아니하고 그것의 연기는 영원히 올라가리니 대대로 그것이 피폐하게 되어 그것을 지나가는 자가 영원무궁토록 없으리라.(사 34:8~10) 이제 그들이 더욱더 죄를 지어 자기들의 은으로 자기들을 위하여 형상들을 부어 만들되 자기들이 깨달은 대로 우상들을 만들었는데 그 모든 것은 장인들의 작품이라, 그들이 그것들을 가리켜 말하기를, 희생물을 드리는 자들은 송아지들과 입을 맞출 것이라, 하는도다. 그러므로 그들은 아침 구름 같고 사라지는 새벽이슬 같으며 타작마당에서 회오리바람에 날리는 겨 같고 굴뚝에서 나는 연기 같으리라.(호 13:2~3) 그 날들에 내가 내 영을 내 남종과 여종들 위에 부어 주리니 그들이 대언하리라. 또 내가 위로 하늘에서는 이적들을 보이며 아래로 땅에서는 표적들을 보이리니 곧 피와 불과 연기로다.(행 2:18~19)

3절__메뚜기 - 연약한 인간을 삼키는(죽이는) 무리들입니다: 땅 위에서 작지만 지혜가 뛰어난 것 네 가지가 있나니 곧 강하지 않은 백성이지만 여름에 먹을 것을 예비하는 개미와 약한 국민이지만 자기 집을 바위 속에 짓는 산토끼와 왕이 없어도 모두가 떼를 지어 나아가는 **메뚜기**와 자기 손으로 지탱하며 왕궁에 거하는 거미니라.(잠 30:24~29)

3절__전갈 - 왕의 수하에 있으면서 사람들을 학대하는 악한 자들입니다: 청년들의 조언에 따라 그들에게 대답하여 이르되, 내 아버지는 너희 멍에를 무겁게 하였으나 나는 거기에 더하리라. 내 아버지는 채찍으로 너희를 벌하였으나 나는 전갈로 너희를 벌하리라, 하니라.(대하 10:14) 이스라엘 왕 요아스가 유다 왕 아마샤에게 사람을 보내어 이르되, 레바논의 가시나무가 레바논의 백향목에게 전갈(이스라엘 왕 요아스의 사람)을 보내어 말하기를, 네 딸을 내 아들에게 아내로 주라, 하였더니 레바논의 들짐승이 지나가다가 그 가시나무를 짓밟았느니라.(대하 25:18) 사람의 아들(에스겔 선지자)아, 비록 찔레와 가시가 너와 함께하며 네가 전갈들 가운데 거할지라도 너는 그들을 두려워하지 말고 그들의 말을 두려워하지 말지어다. 그들이 비록 반역하는 집이라 할지라도 그들의 말을 두려워하지 말며 그들의 모습에 놀라지 말지어다.(겔 2:6) 보라, 내가 너희에게 뱀과 전갈을 밟으며 원수의 모든 능력을 제압할 권능을 주노니 어떤 방법으로도 너희를 해칠 것이 전혀 없으리라.(눅 10:19)

4절__풀이나 푸른 것 - 풀은 모든 연약한 육체입니다. 푸른 풀은 하나님을 따르려고 하는 연약한 백성입니다: 모든 육체는 풀과 같고 사람의 모든 영광은 풀의 꽃과 같으니라.(벧전 1:24) 그러므로 그 도시들의 거주민들이 힘이 약하여 놀라고 당황하였나니 그들은 마치 들의 풀 같고 푸른 채소 같으며 지붕의 풀 같고 자라기도 전에 말라 버린 곡식 같았느니라.(왕하 19:26) 땅이 그 안에 거하는 자들의 사악함으로 인하여 어느 때까지 애곡하며 모든 들판의 채소가 시들리이까? 짐승들과 새들이 소멸되었사오니 이는 그들이 말하기를, 그분께서 우리의 마지막 끝을 보지 못하시리라, 하였기 때문이니이다.(렘 12:4) 백성과 또 그분으로 인해 슬피 울며 애통하는 여자들의 큰 무리가 그분을 따라오더라. 그러나 예수님께서 그들을 향해 돌이키시며 이르시되, 예루살렘의 딸들아, 나를 위해 울지 말고 너희와 너희 자녀들을 위해 울라. 보라, 날들이 이르리니 그때에 그들이 말하기를, 수태하지 못하는 자와 해산하지 못한 태와 젖 먹이지 못한 젖이 복이 있다, 하리라. 그때에 그들이 산들에게 말하기 시작하여 이르기를, 우리 위에 무너지라, 하며 작은 산들에게 이르기를, 우리를 덮으라, 하리라. 그들이 푸른 **나무(예수님)**에 이런 일들을 행할진대 마른 것에는 무슨 일이 행해지리요? 하시니라.(눅 23:27~32)

7절__머리에 금과 같은 관 - 24장로가 하나님 앞에 던진 금관(계 4:4~10)입니다. 하나님께 권한을 받아 행한다는 증표입니다. 사탄도 하나님의 승인을 받아야만 합니다. 사탄의 전략은 하나님께 사람들의 죄를 낱낱이 일러바쳐 법에 따른 승인을 받아 내서 심히 악하게 그 일을 집행하는 것입니다: 주께서 사탄에게 이르시되, 네가 내 종 욥을 깊이 살펴보았느냐? 그와 같이 완전하고 곧바르며 하나님을 두려워하고 악을 멀리하는 자가 땅에 없느니라, 하시니라. 이에 사탄이 주께 응답하여 이르되, 욥이 까닭 없이 하나님을 두려워하나이까? 주께서 그와 그의 집과 그의 모든 소유를 사방에서 울타리로 두르지 아니하셨나이까? 주께서 그의 손이 하는 일에 복을 주시니 그 땅에서 그의 재산이 불어났나이다. 그러나 이제 주의 손을 내미사 그의 모든 소유에 대소서. 그리하시면 그가 주의 얼굴 앞에서 주를 저주하리이다, 하매 주께서 사탄에게 이르시되, 보라, 그의 모든 소유가 네 권능 안에 있거니와 다만 그에게는 네 손을 내밀지 말라, 하시니 이에 사탄이 주 앞에서 물러가더라.(욥 1:8~12)

10절__꼬리의 쏘는 침 - 하나님의 명령과 법을 지키지 않는 악한 자들(대언자)의 죄악을 뜻합니다: 오 사망아, 너의 쏘는 것이 어디 있느냐? 오 무덤아, 너의 승리가 어디 있느냐? 사망의 **쏘는 것은 죄**요, 죄의 힘은 율법이니라.(고전 15:55~56) 그러나 만일 네가 주 네 하나님의 음성에 귀를 기울이지 아니하여 내가 이 날 네게 명령하는 그분의 모든 명령과 법규를 지켜 행하지 아니하면 이 모든 저주가 네게 임하고 너를 따라 잡으리니~ 그는 네게 꾸어 줄지라도 너는 그에게 꾸어 주지 못하리니 그는 머리가 되고 너는 꼬리가 되리라.(신 28:15~44) 백성이 자기를 치는 이에게로 돌아오지 아니하며 만군의 주를 찾지 아니하는도다. 그러므로 주께서 하루에 이스라엘로부터 머리와 꼬리와 가지와 골풀을 끊으실 터인데 나이 들고 존귀한 자는 그 머리요, 거짓말을 가르치는 대언자는 그 꼬리니라.(사 9:13~15)

11절__바닥없는 구덩이의 천사 - 깊음의 나라에 거하는 천사(악한 영, 악한 천사, 거짓 사도, 사탄)들입니다: 그러한 자들은 거짓 사도요 속이는 일꾼이며 자기를 그리스도의 사도로 가장하는 자들이니라. 그것은 결코 놀랄 일이 아니니 **사탄도 자기를 빛의 천사로 가장하느니라.** 그러므로 그의 사역자들 또한 의의 사역자로 가장한다 하여도 그것은 결코 큰일이 아니니라. 그들의 마지막은 그들의 행위대로 되리라.(고후 11:13~15)

11절__히브리말로는 아바돈이나 그리스말로는 아폴리온 - 아바돈의 뜻 '무저갱에서 올라오는 황충들의 왕' 요즘 아이들이 하는 게임을 보면 아폴리온을 '영혼의 분쇄자'라고 합니다. 사탄은 자신의 악한 영으로 세상의 아이들의 영혼을 정말 처참하게 분쇄하고 있습니다.

15절__어느 해(a year) 어느 달(a month) 어느 날(a day) 어느 시(an hour) - 다니엘서의 작은 뿔이 활동하는 시기입니다. 하나님의 백성이 악한 교황(가톨릭 기독교)이란 장막에 거하는 기간 중 엄청난 화를 불러 드리는 때입니다. 사악한 자에게 거하는 가장 고통의 때입니다.

   1) **일 년(a year)**: 주께서 내게 이같이 이르시되, 품꾼의 햇수에 따라 **일 년 (a year) 내에 게달의 모든 영광이 사라질 것이요**, 게달 자손의 용사들 곧 활 쏘는 자들의 남은 수가 줄어들리라. 주 이스라엘의 하나님이 그것을 말하였느니라, 하셨느니라.(사 21:16~17) 내가 무엇을 가지고 주 앞에 가며 높으신 하나님 앞에서 절을 할까? 내가 번제 헌물과 **일 년(a year)** 된 송아지를 가지고 그분 앞에 갈까? 주께서 수천의 숫양이나 수만의 강물 같은 기름을 기뻐하실까? **내가 내 범법으로 인하여 내 맏아들을, 내 혼의 죄로 인하여 내 몸의 열매를 드릴까?**(미 6:6~7) 자, 이제 너희가 말하기를, 오늘이나 내일 **우리가 어떤 도시에 가서 한 해(a year)동안 거기 머물며 사고팔고 하여 이득을 얻으리라**, 하거니와 내일 있을 일을 너희가 알지 못하는도다. 너희 생명이 무엇이냐? 그것은 곧 잠시 나타났다가 그 뒤에 사라져 버리는 수증기니라.(약 4:13~14)

   2) **한 달(a month)**: 야곱이 자기 외삼촌 라반의 딸 라헬과 자기 외삼촌 라반의 양들을 보고 가까이 가서 우물 아귀에서 돌을 옮기고 자기 외삼촌 라반의 양 떼에게 물을 먹이며 라헬에게 **입 맞추고** 소리 내어 울며 자기가 그녀의 아버지의 형제요, 리브가의 아들임을 라헬에게 고하였더니 그녀가 달려가서 자기 아버지에게 고하매 라반(시리아 사람)이 자기 누이의 아들 야곱의 소식을 듣고 달려와서 그를 맞이하여 껴안고 그에게 **입 맞추며** 그를 자기 집으로 데려가니라. 그가 이 모든 일을 라반에게 고하매 **라반이 그에게 이르되, 너는 참으로 내 골육이로다, 하였더라.**

그가 그와 함께 한 달(a month) 동안 거하였더라.(창 29:10~14) 이스라엘의 교만이 자기 얼굴을 향해 증언하나니 그러므로 이스라엘과 에브라임이 자기들의 불법 가운데서 넘어지고 유다도 그들과 함께 넘어지리라. 그들이 자기들의 양 떼와 소 떼를 끌고 가서 주를 찾을지라도 그를 만나지 못하리니 그는 스스로 물러나 그들을 떠났느니라. 그들이 주를 대적하며 배신하였도다. 그들이 낯선 자녀들을 낳았으니 이제 한 달(a month)이 그들과 그들의 몫을 삼키리라.(호 5:4~7)

3) 하루(a day): 이는 우리가 그분 안에서 살며 움직이며 존재하기 때문이라. 너희의 시인들 중의 어떤 사람들도 이르되, 우리 또한 그분의 후손이라, 하였나니 그런즉 우리가 하나님의 후손일진대 하나님의 신격을 결코 사람의 기술이나 고안으로 새긴 금이나 은이나 돌 같은 것으로 생각할 것이 아니니라. 하나님께서 이같이 무지하던 때를 눈감아 주셨으나 이제는 모든 곳에서 모든 사람에게 회개하라고 명령하시나니 이는 그분께서 한 날(a day)을 정하사 그 날에 자신이 정하신 그 사람을 통하여 세상(the world)을 의로 심판하실 터이기 때문이라. 그분께서 그 사람을 죽은 자들로부터 살리심으로써 모든 사람들에게 그 일에 대한 확신을 주셨느니라.(행 17:28~31) 너희가 땅에서 쾌락 가운데 살며 방탕함에 빠져 살육하는 날(a day)에서와 같이 너희 마음을 살찌게 하였도다. 너희가 의인을 정죄하고 죽였으나 그는 너희에게 대항하지 아니하느니라.(약 5:5~6) 세 번 몽둥이로 맞고 한 번 돌로 맞고 세 번 파선을 당하여 한 밤과 한 낮(a day)을 깊음 속에 있었으며 자주 여행하면서 물들의 위험과 강도들의 위험과 내 동포로 인한 위험과 이교도들로 인한 위험과 도시에서의 위험과 광야에서의 위험과 바다에서의 위험과 거짓 형제들 가운데서의 위험을 당하였고 또 지치고 아프고 여러 번 밤을 새우고 굶주리고 목마르고 여러 번 금식하고 추위를 당하고 헐벗었노라.(고후 11:25~27)

4) 한 시간(an hour): 진실로 내가 너희에게 이르노니, 주인이 그를 자기의

모든 재산을 맡을 치리자로 삼으리라. 그러나 그 **악한 종이 마음속으로** 이르기를, 내 주인이 오는 것을 늦추시는구나, 하며 자기 동료 종들을 때리고 술 취한 자들과 함께 먹고 마시기 시작하면 그가 그를 기다리지 않는 날(a day) 그가 알지 못하는 시각(an hour)에 그 종의 주인이 와서 그를 잘라 내고 위선자들과 함께할 그의 몫을 그에게 지정하리니 거기서 슬피 울며 이를 갈 것이 있으리라.(마 24:47~51) 이것을 알지니 곧 그 집 주인이 만일 도둑이 몇 시에 오는 줄 알았더라면 깨어 있어 자기 집이 뚫리지 않게 하였으리라. 그러므로 너희도 준비하고 있으라. 너희가 생각하지 않는 시각(an hour)에 사람의 아들이 오느니라, 하시니라.(눅 12:39~40) 그가 그를 기다리지 않는 날(a day) 그가 알지 못하는 시각(an hour)에 그 종의 주인이 와서 그를 잘라 내고 믿지 않는 자들과 함께할 그의 몫을 그에게 지정하리라.(눅 12:46) 이는 **알지 못하는 사이에 들어온 거짓 형제들** 때문이라. 그들이 그리스도 예수님 안에서 우리가 누리는 우리의 자유를 엿보아 우리를 속박하려고 몰래 들어왔으나 우리가 그들에게 **단 한 시간(an hour)도 굴복하지 아니하였으니** 이것은 복음의 진리가 항상 너희와 함께 있게 하려 함이라.(갈 2:4~5)

17절__유황 - 주께서 이스라엘의 모든 지파 중에서 그를 분리하사 이 율법 책에 기록된 언약의 모든 저주대로 화를 받게 하시리니 그리하면 너희 뒤에 일어날 너희 자손들에게서 나올 세대와 먼 땅에서 오는 타국인이 그 땅의 재앙들과 주께서 그 땅에 내리신 질병들을 보며 말하기를, 거기의 온 땅이 유황이 되고 소금이 되며 또 불에 타서 심지도 못하고 열매 맺지도 못하며 그 안에 아무 풀도 나지 아니함이 마치 주께서 자신의 분노와 진노로 무너뜨린 소돔과 고모라와 아드마와 스보임의 무너짐과 같다, 할 것이요.(신 29:21~23) 그분께서 사악한 자들에게 올가미와 불과 유황과 무서운 폭풍을 비같이 내리시리니 이것이 그들의 잔의 몫이 되리로다.(시 11:6) 그 날은 주께서 원수 갚으시는 날이요, 시온에 대한 논쟁으로 인해 보응하시는 해니라. 그것의 시내들은 변하여 역청이 되며 그것의 먼지는 유황이 되고 그것의 땅은 불붙는 역청이 되리라.(사 34:8~9) 주 하나님이 말하노라. 내가 칼을 불러 내 모든 산에서 두루 그를 치게 하리니 각 사람의 칼이 자기 형제를 치리라. 내가 또 역병과 피로 그를 심판하고 그와 그의 떼와 그와 함께한 많은 백성 위에 넘쳐 흐르는 비와 큰 우박과 불과 유황을 비를 내리듯 내리리라.(겔 38:21~22)

17절__유황으로 된 흉갑 - 질투하시는 하나님의 사랑입니다: 하나님의 전신 갑주를 취하라. 그런즉 서서 진리로 너희 허리를 동여매고 의의 흉갑을 입으며(엡 6:13~14) 그러나 낮에 속한 우리는 정신을 차려 믿음과 사랑의 흉갑을 입고 구원의 소망을 투구로 쓰자.(살전 5:8) 도벳은 옛적부터 정하여졌으며 참으로 그 왕을 위하여 그것이 예비되었도다. 그분께서 그곳을 깊고 넓게 만드셨으며 불과 많은 나무로 그것의 더미를 쌓으셨으니 주의 숨이 유황 시내 같이 그것에 불을 붙이느니라.(사 30:33)

18절__죽임(kill)을 당하니라 - 육체(몸)가 잔인하게 죽임 당한다는 뜻입니다: 그들은 참으로 대언자들을 죽였고(kill) 너희는 그들의 돌무덤을 만드나니 그러므로 진실로 너희가 너희 조상들의 행위를 인정함을 증언하는도다.(눅 11:48) 내가 내 친구인 너희에게 이르노니, 몸을 죽이고(kill) 그 뒤에는 더 이상 아무것도 하지 못하는 자들을 두려워하지 말라.(눅 12:5) 네가 간음하지 말라, 살인하지(kill) 말라, 도둑질하지 말라(눅 18:20) 네(모세)가 어제 이집트 사람을 죽인(kill) 것 같이 나를 죽이려(kill) 하느냐?(행 7:28) 여러 날이 지나서 유대인들이 사울을 죽이려고 의논하였으나(행 9:23) 또 한 음성이 그에게 나서, 베드로야, 일어나 잡아먹으라(kill) 하거늘(행 10:13)

19절__입 - 사악한 말을 하는 입을 말합니다: 너희는 지각이 없는 말이나 노새같이 되지 말지어다. 그것들의 입은 반드시 재갈과 굴레로 붙들어야 하나니 그리하여야 그것들이 네게 가까이 가지 아니하리라.(시 32:9) 의로운 자의 입술은 그분께서 받으실 만한 것을 알거니와 사악한 자의 **입**은 비뚤어진 것을 말하느니라.(잠 10:32) 오 독사들의 세대야, 너희가 악하니 어찌 선한 것들을 말할 수 있겠느냐? **입**은 마음에 가득한 것을 말하느니라.(마 12:34)

---

20) 이 재앙들에 의해 죽임을 당하지 아니하고 남은 사람들은 여전히 자기 손의 행위들을 회개하지 아니하며 마귀들과 또 금과 은과 놋과 돌과 나무로 만든 우상들 곧 보거나 듣거나 걷지 못하는 우상들에게 경배하는 것에서 돌이키지 아니하고 21) 또한 자기들이 행한 살인과 마법과 음행과 도둑질도 회개하지 아니하더라.

다니엘 예언

열 왕 →	로마(넷째 짐승)		한 시기		때	성도들 왕국 소유
	교황		홍수	전쟁		
	일곱 왕					
33~381년	381(가톨릭 국교) ----------→ 1763년		한 때		두 때	반 때	끝
	428년 ←----- (1290년) -----→ 1717년						
	428년 ←----- (1335년) -------→ 1763년						
7봉인~ 넷째나팔	다섯째 나팔 ~ 여섯째 나팔 ~ 마지막 나팔		일곱 병				

↳❶ ↳❷ ↳❸❹ ↳❺ ↳❻ ↳❼ ↳❽ ↳❾ ↳❿

(마 24:7~14) ❶민족이 민족을 왕국이 왕국을 대적하여 일어나고 ❷곳곳에 기근과 역병과 지진이 있으리니 이 모든 것은 ❸고통의 시작이니라. ❹그 때에 그들이 너희를 넘겨주어 고통 받게 하고 너희를 죽이리니 너희가 내 이름으로 인해 모든 민족들에게 미움을 받으리라. ❺그때에 많은 사람이 실족하고 서로 배반하여 넘겨주며 서로 미워하고 ❻많은 거짓 대언자가 일어나 ❼많은 사람을 속이며 불법이 성행하므로 많은 사람의 사랑이 식어지리라. 그러나 ❽끝까지 견디는 자 곧 그는 구원을 받으리라. ❾왕국의 이 복음이 모든 민족들에게 증언되기 위해 온 세상에 선포되리니 그제야 ❿끝이 오리라.

❚ 그들이 나팔을 불어 모든 것을 준비하였으나 아무도 전쟁에 나가지 아

니하나니 이는 내 진노가 그들의 온 무리 위에 임하였기 때문이라. 밖에는 칼이 있고 안에는 역병과 기근이 있으니 들에 있는 자는 칼에 죽고 도시에 있는 자는 기근과 역병이 삼키리라.(겔 7:14~15)

요한계시록 10장

1절__구름으로 옷 입고 - 하나님을 반역하는 많은 무리들로 둘려 쌓여 있다는 뜻입니다: 증인들이 이렇게 큰 구름을 이루며 또한 우리를 둘러싸고 있으니 모든 무거운 것과 너무 쉽게 우리를 얽어매는 죄를 우리가 떨쳐 비리고 인내로 우리 앞에 놓인 경주를 달리며(히 12:1) 그들이 바른 길을 저버리고 보솔의 아들 발람의 길을 따르며 길을 잃었도다. 그는 불의의 삯을 사랑하였으나 자기의 불법으로 인해 책망을 받았으니 곧 말 못하는 나귀가 사람의 음성으로 말하여 그 대언자의 미친 것을 막았느니라. 이들은 물 없는 샘이요 폭풍에 밀려다니는 구름이라. 그들을 위해 어둠의 안개가 영원토록 예비되어 있나니 그들은 헛된 것을 크게 부풀려 말하면서 잘못하며 사는 자들로부터 빠져나와 깨끗하게 된 자들을 육체의 정욕과 심한 방종을 통해 꾀어내느니라.(벧후 2:15~18)

1절__무지개가 있고 - 하나님의 영광의 언약이 그들에게 있다는 뜻입니다: 내가 내 무지개를 구름 속에 두노니 그것이 나와 땅 사이에 맺은 언약의 증표가 되리라.(창 9:13) 사방으로 퍼지는 그 광채의 모양은 비 오는 날 구름 속에 있는 무지개 모양 같았더라. 이것은 주의 영광의 모습을 가진 모양이더라.(겔 1:28)

1절__얼굴은 해 같으며 - 하나님처럼 악을 대적한다는 뜻입니다: 주의 눈은 의로운 자들 위에 거하며 그분의 귀는 그들의 기도에 열려 있으되 주의 얼굴은 악을 행하는 자를 대적하느니라.(벧전 3:12) 주 하나님은 해와 방패가 되시나이다. 주께서 은혜와 영광을 주시며 곧바르게 걷는 자들에게 좋은 것을 아끼지 아니하시리이다.(시 84:11)

1절__발은 불기둥 - 그들은 어둠 즉 저주 아래 있지만 하나님의 인도하심이 있다는 뜻입니다: 그들의 발은 악을 향해 달려가며 피를 흘리려고 서두르느니라.(잠 1:16) 그녀의 발은 사망으로 내려가고 그녀의 걸음은 지옥을 굳게 붙드느니라.(잠 5:5) 그 날에 모세가 맹세하여 이르되, 네가 온전히 주 내 하나님을 따랐은즉 네 발로 밟은 땅은 반드시 영원토록 너와 네 자손의 상속 재산이 되리라, 하였나이다.(수 14:9) 좋은 꼴을 먹은 것이 너희에게 작은 일로 보이므로 너희가 너희의 남은 꼴을 반드시 너희 발로 밟아야 하겠느냐? 깊은 물을 마신 것이 너희에게 작은 일로 보이므로 너희가 나머지 물을 너희 발로 반드시 더럽게 하여야 하겠느냐?(겔 34:18) 내 양 떼로 말하건대 너희가 너희 발로 밟은 것을 그들이 먹으며 너희가 너희 발로 더럽게 한 것을 그들이 마시는도다.(겔 34:19) 또 그들을 낮에는 구름 기둥으로 인도하시고 밤에는 불기둥으로 인도하사 그들이 가야 할 길에서 그들에게 빛을 주셨사오며(느 9:12) 여전히 주께서는 많은 긍휼을 베푸사 그들을 광야에 버리지 아니하셨으며 낮에는 구름 기둥이 그들을 떠나지 아니하고 길에서 그들을 인도하게 하시며 밤에는 불기둥이 떠나지 아니하고 그들에게 빛을 보여 주며 그들이 갈 길을 보여 주게 하셨사오며(느 9:19)

4절__봉인하고 그것들을 기록하지 말라 - 깨닫지 못하게 하신다는 뜻입니다: 그러나, 오 다니엘아, 너는 끝이 임하는 때까지 그 말씀들을 닫아 두고 그 책을 **봉인하라.** 많은 사람이 이리저리 달음질하고 지식이 증가하리라.(단 12:4) 모든 자들의 환상 계시가 너희에게는 **봉인된** 책의 말씀들같이 되었나니 사람들이 학식 있는 자에게 그것을 건네주며 이르기를, 원하건대 이것을 읽으라, 하면 그가 이르기를, 그것이 **봉인되었으므로 내가 읽을 수 없노라**, 할 것이요.(사 29:11)

> ▌**저주의 기간 아래 있을 때 지식이 증가하면:** 지혜가 많으면 근심도 많나니 지식을 늘리는 자는 슬픔을 늘리느니라.(전 1:18) 어떤 사람이 지혜와 지식과 공평으로 수고한다 해도 그런 것으로 수고하지 아니한 사람을 위해 그의 몫으로 그것을 남겨야 하나니 이것도 헛된 것이며 큰 악이로다.(전 2:21)

> 7) 일곱째 천사가 음성을 내는 날들에 즉 그가 나팔을 불기 시작할 때에 하나님의 신비가 그분께서 자신의 종 대언자들에게 밝히 드러내신 것 같이 이루어지리라 하더라.

7절__일곱째 나팔을 불기 시작할 때 하나님의 신비 - 하늘의 사람이 되는 진리의 말씀의 선포를 말합니다: 모든 육체가 같은 육체는 아니니 한 종류는 사람의 육체요, 다른 것은 짐승의 육체요, 다른 것은 물고기의 육체요, 다른 것은 새의 육체라.(고전 15:39) 죽은 자들의 부활도 이와 같으니라. 그것은 썩는 것 가운데 뿌려지고 썩지 않는 것 가운데 일이켜지며(고전 15:42) 본성에 속한 몸으로 뿌려지고 영에 속한 몸으로 일으켜지나니 본성에 속한 몸이 있고 영에 속한 몸이 있느니라.(고전 15:45) 그러나 영에 속한 것이 첫째가 아니요, 본성에 속한 것이 첫째며 그 뒤에 영에 속한 것이니라. 첫째 사람은 땅에서 나서 땅에 속하거니와 둘째 사람은 하늘로부터 나신 주시니라. 땅에 속한 자들은 또한 땅에 속한 그 사람과 같고 하늘에 속한 자들은 또한 하늘에 속하신 그분과 같으니 우리가 땅에 속한 그 사람의 형상을 지닌 것 같이 또한 하늘에 속하신 그분의 형상을 지니게 되리라. 형제들아, 이제 내가 이것을 말하노니 살과 피는 하나님의 왕국을 상속받을 수 없으며 또한 썩는 것은 썩지 않는 것을 상속받지 못하느니라. 보라, **내가 너희에게 한 가지 신비를 보이노니 우리가 다 잠자지(all sleep) 아니하고 마지막 나팔 소리가 날 때에 눈 깜짝할 사이에 순식간에 다 변화되리라.** 나팔 소리가 나매 죽은(dead) 자들이 썩지 아니할 것으로 일어나고 우리가 변화되리니 이 썩을 것이 반드시 썩지 아니함을 입고 이 죽을 것이 반드시 죽지 아니함을 입으리로다.(고전 15:46~53)

열 왕 →	로마(넷째 짐승)			한 시기		때	성도들 왕국 소유
	교황			홍수	전쟁		
	일곱 왕						
33~381년	381(가톨릭 국교) ----------→ 1763년						
	한 때			두 때		반 때	끝
	428년 ←---- (1290년) ------→ 1717년						
	428년 ←---- (1335년) ------→ 1763년						
7봉인~ 넷째나팔	다섯째 나팔 ~ 여섯째 나팔 ~ 마지막 나팔			일곱 병			

↳ 마지막 나팔 불기를 시작할 때

▶ **나 같은 죄인 살리신 (Amazing Grace): 나 같은 죄인 살리신 주 은혜 놀라워 잃었던 생명 찾았고 광명을 얻었네. 큰 죄악에서 건지신 주 은혜 고마워 나 처음 믿은 그 시간 귀하고 귀하다. 이제껏 내가 산 것도 주님의 은혜라 또 나를 장차 본향에 인도해 주시리. 거기서 우리 영원히 주님의 은혜로 해처럼 밝게 살면서 주 찬양 하리라. 아멘**

7절_하나님의 신비 - 하나님께서는 이방인들 가운데서 이 신비의 영광의 풍성함이 무엇인지 자신의 성도들에게 알리려 하시는데 이 신비는 너희 안에 계신 그리스도 곧 영광의 소망이시니라.(골 1:27) 그분께서 이르시되, 하나님의 왕국의 신비들을 아는 것이 너희에게는 허락되었으나 다른 사람들에게는 비유로 되었나니 이것은 그들이 보아도 보지 못하고 들어도 깨닫지 못하게 하려 함이니라.(눅 8:10) 형제들아, 너희가 스스로 지혜로운 것으로 여기지 않게 하기 위하여 이 신비에 대해 너희가 모르기를 내가 원치 아니하노니 그것은 곧 이방인들의 충만함이 이를 때까지 일부가 눈머는 일이 이스라엘에게 생긴다는 것이라.(롬 11: 5) 이제는 밝히 드러났으며 영존하시는 하나님의 명령에 따라 대언자들의 성경 기록들을 통해 믿음에 순종하게 하려고 모든 민족들에게 알려지게 된 신비의 계시에 따라 너희를 굳게 세우실 분 곧 홀로 지혜로우신 하나님께 예수 그리스도를 통해 영광이 영원토록 있기를 원하노라. 아멘(롬 16:26)

7절__하나님의 종 대언자들 - 주께서 자신의 종 대언자들을 통하여 친히 하신 자신의 말씀대로 주께서 갈대아 사람들의 부대와 시리아 사람들의 부대와 모압 족속의 부대와 암몬 자손의 부대를 그에게 보내어 유다를 쳐서 멸하게 하시니라.(왕하 24:2) 분명히 주 하나님은 자신의 은밀한 일을 자신의 종 대언자들에게 계시하지 아니하고는 아무것도 행하지 아니하느니라.(암 3:7) 우리가 또한 주 우리 하나님의 음성에 순종하지 아니하여 그분께서 자신의 종 대언자들을 통해 우리 앞에 세우신 그분의 법들 안에서 걷지 아니하였나이다.(단 9:10) 이제 가서 그들 앞에서 그것을 서판에 기록하고 책에 써서 다가오는 때에 그것이 영원무궁토록 있게 하라. 이것은 반역하는 백성이요, 거짓말하는 자녀들이며 주의 법을 들으려 하지 아니하는 자녀들이니라. 그들이 선견자들에게 이르기를, 보지 말라, 하고 대언자들에게 이르기를, 우리에게 바른 것들을 대언하지 말라. 우리에게 부드러운 것들을 말하며 속이는 것들을 대언하라. 너희는 길에서 벗어나고 행로에서 돌이키라. 또 이스라엘의 거룩하신 이로 하여금 우리 앞에서 떠나 없어지게 하라, 하는도다. 그러므로 이스라엘의 거룩하신 이가 이같이 말하노라. 너희가 이 말을 업신여기고 학대하는 것과 사악한 것을 신뢰하며 그것들을 의지하나니 그러므로 이 불법이 너희에게는 마치 막 무너지려고 터진 담 곧 높은 담에서 부풀어 올라 순식간에 갑자기 부서지는 담같이 되리라. 그가 토기장이의 그릇을 산산조각으로 부수는 것 같이 그것을 부수며 아끼지 아니하리니 이로써 사람이 그 부서진 것 중에서 화덕에서 불을 담거나 구덩이에서 물을 뜰 만한 조각 하나도 얻지 못하리라.(사 30:8~14)

▌**하나님의 종이 아닌 대언자들**: 내가 사마리아의 대언자들에게서 어리석은 것을 보았나니 그들이 바알을 의지하여 대언하고 내 백성 이스라엘로 하여금 잘못하게 하였느니라.(렘 23:13) 또 내가 예루살렘의 대언자들에게서도 무서운 일을 보았노라. 그들은 간음을 행하고 거짓 속에서 걸으며 또 악을 행하는 자들의 손을 강하게 하여 아무도 자기의 사악함에서 돌이키지 아니하게 하나니 그들이 곧 그들 모두가 내게는 소돔 같으며 그것의 거주민들은 고모라 같으니라.(렘 23:14)

8절__네 배는 쓰게 할 터이나 네 입에서는 꿀같이 달리라 - 봉인 된 말씀을 깨닫게 되어 기쁘지만 그 진실로 인해 고통스럽다는 뜻입니다: 또 내게 이르시되, 사람의 아들아, 네 배로 하여금 먹게 하고 내가 네게 주는 이 두루마리로 네 창자를 채우라, 하시기에 내가 그것을 먹으니 그것이 내 입에서 꿀같이 달더라. 이와 같이 그 영께서 나를 들어 올려 데리고 가시기에 내가 쓰라림 속에서 내 영이 뜨거운 가운데 가니라. 그러나 주의 손이 강하게 내 위에 임하여 계시니라.(겔 3:3,14) 그 별의 이름은 쑥이라 하느니라. 그 물들의 삼분의 일이 쑥이 되매 물들이 쓰게 되므로 많은 사람들이 그 물들로 인하여 죽더라(died).(계 8:11) 주의 두려움은 깨끗하여 영원토록 지속되고 주의 판단들은 진실하고 전적으로 의로우니 그것들은 금보다, 참으로 많은 정금보다 더 사모해야 할 것들이며 또 꿀과 벌집보다 더 달도다.(시 19:9~10) 오 내 정혼자야, 네 입술은 벌집같이 꿀을 떨어뜨리며 네 혀 밑에는 꿀과 젖이 있고 네 옷의 향기는 레바논의 향기 같구나(아 4:11)

---

11) 그가 내게 말하기를, 네가 반드시 많은 백성과 민족과 언어와 왕들 앞에서 **다시 대언하여야 하리라**, 하더라.

11절__다시(again) 대언하여야 하리라 - 다시 선포(설명) 해야 하리라.

※ again - 같은 일을 다시 한 번, 다시, 새로, 되돌아와, 본래의 상태로, 다시 그만큼, 같은 분량만큼 더

▌**성경은 계속해서 쓰여 지고 있었습니다 - 각 나라 역사에 기록된 사건도 하나님께서 행하신 일들을 기록한 성경의 일부가 되는 것입니다. 현제 뉴스, 실제로 일어나는 자연현상, 사람들 간의 사건, 사고들이 다 하나님의 행하시는 일들입니다:** 보라, 이제 다윗 왕의 행적은 처음부터 마지막까지 선견자 사무엘의 책과 대언자 나단의 책과 선견자 갓의 책에 기록되어 있되 그의 모든 통치와 그의 권력과 그와 이스라엘과 여러 나라의 모든 왕국에 임한 시대들과 함께 기록되어 있느니라.(대상 29:29~30) 이제 르호보암의 행적은 처음부터 끝까지 대언자 스마야의 책과 선견자 잇도가 만든 계보에 관한 책에 기록되어 있지 아니하냐? 르호보암과 여로보암 사이에 계속해서 전쟁이 있었더라.(대하 12:15) 보라, 이제 그의 나머지 행적과 그의 모든 길은 처음부터 끝까지 유다와 이스라엘의 왕들의 책에 기록되어 있느니라.(대하 28:26) 그의 능력과 권력에 따른 모든 행적과 왕이 모르드개를 위대한 자리로 승진시키고 그의 위대함을 밝히 드러낸 일이 메대와 페르시아 왕들의 연대기 책에 기록되어 있지 아니하냐?(에 10:2)

> 1) 또 내가 **막대기 같은 갈대**를 받으매 그 천사가 서서 이르기를, 일어나 **하나님의 성전과 제단과** 그 안에서 경배하는 자들을 **측량하되**

▶ **다시 대언하기 시작**: 설명하시는 시점을 BC 572년으로 옮기셨습니다. BC606년 1차포로(다니엘 포함), BC597년(에스겔 포함): 에스겔 포로시기 BC597-❶25년 = BC 572년

1절__막대기 같은 갈대, 하나님의 성전과 제단, 측량하되 - 우리가 ❶**포로 된 지 이십오 년이 되는 해** 즉 그 도시가 공격을 받은 뒤 십사 년이 되는 해 곧 그 해의 시작에 그 달 십일 바로 그 날에 주의 손이 내 위에 임하여 나를 거기로 데리고 가시니라. 하나님께서 환상 속에서 나를 이스라엘 땅으로 데리고 가서 심히 높은 산 위에 내려놓으셨는데 그 곁에는 남쪽으로 도시의 형태 같은 것이 있더라. 그분께서 나를 거기로 데리고 가셨는데, 보라, 거기에 모습이 놋의 모습과 같은 사람 하나가 손에 아마 줄과 **측량 갈대**를 가진 채 문에 서 있더라. 그 사람이 내게 이르되, 사람의 아들아, 내가 네게 보여 줄 모든 것을 네 눈으로 보며 네 귀로 듣고 네 마음을 그것들 위에 둘지어다. 내가 그것들을 네게 보여 주려고 너를 여기로 데려왔나니 네가 보는 모든 것을 이스라엘의 집에게 밝히 드러낼지어다, 하더라. 보라, 그 집의 바깥에 돌아가며 벽이 있고 그 사람의 손에는 일 큐빗에 손바닥 너비를 더한 큐빗으로 육 큐빗 길이의 **측량 갈대**가 있더라. 이처럼 그가 그 건축물의 너비를 **측량하니 한 갈대**요, 높이가 **한 갈대**더라.(겔 40:1~5) 이 측량한 것 중에서 너는 길이 이만 오천 갈대와 너비 **만 갈대**를 측량하여 그 안에 **성소와 지성소가** 있게 할지니라.(겔 45:3)

바빌론 BC602 → BC572 → BC539		메대/페르시아 (바빌론, 이집트, 리디아 정복)	그리스				로마		한 시기와 때	성도들 왕국 끝
			왕	왕	왕	왕	→ 열 왕	교황 +일곱 왕		
큰 짐승(왕1)		큰 짐승(왕2)	큰 짐승(왕3)				큰 짐승(왕4)			끝
왕국										

---

2) 성전 밖에 있는 뜰은 내버려 두고 측량하지 말라. 그것을 이방인들에게 주셨은즉 그들이 그 거룩한 도시를 **마흔두 달 동안** 발로 짓밟으리라. 3) 내가 나의 두 증인에게 권능을 주리니 그들이 굵은 베옷을 입고 **천이백육십 일 동안 대언**하리라.

3절__대언하리라 - 모든 대언자와 율법은 요한까지 대언하였나니(마 11:13) 율법과 대언자들은 요한까지요, 그때 이후로는 하나님의 왕국이 선포되어 사람마다 그리로 밀고 들어가느니라.(눅 16:16) 나와 너 이전에 옛적부터 있던 대언자들이 많은 나라들과 큰 왕국들을 향해 전쟁과 재앙과 역병에 대하여 대언하였느니라. 평화를 대언하는 대언자로 말하건대, 그 대언자의 말이 이루어질 때에야 비로소 그 대언자가 알려지며 진실로 주께서 그를 보내셨음이 알려지리라.(렘 28:8~9) 먼저 이것을 알라. 성경 기록의 대언은 결코 어떤 사적인 해석에서 나지 아니하였나니 대언은 옛적에 사람의 뜻으로 말미암아 나오지 아니하였고 오직 하나님의 거룩한 사람들은 성령님께서 자기들을 움직이시는 대로 말하였느니라.(벧후 1:20~21) 타언어들은 믿는 자들을 위한 표적이 아니요, 믿지 않는 자들을 위한 표적이로되 대언은 믿지 않는 자들을 위한 것이 아니요, 믿는 자들을 위한 것이니라.(고전 14:22)

2절__마흔두 달 동안 - 하루(1년, 겔 4:6), 윤달(leap month)은 3년에 한 달, 또는 8년에 석 달의 윤달을 넣습니다. 마흔두 달은 3년 반이 되니 30일을 더하여 계산하면 됩니다.

한 달 × 42 + 윤달 = 30 × 42 + 30 = 1260 + 30 = 1290

1260일 ⇒ 1260년 동안, 마흔두 달 = 1290일 동안 ⇒ 1290년 동안

열 왕 →	로마(넷째 짐승)			한 시기		때	성도들왕국소유
	교황			홍수	전쟁		
	일곱 왕						
33~381년	381(가톨릭 국교) ------> 1763년						
	한 때			두 때	반 때		끝
	428년 ←----- (1290년) -----> 1717년						
	428년 ←----- (1335년) -----> 1763년						
7봉인~4나팔	다섯째 나팔 ~ 일곱 나팔			일곱 병			

1260년 동안 ↓   ↳ 마흔두 달(1290년 동안) 발로 짓밟으리라

대언   예수 그리스도(메시야) 죽음

(BC1230~AD30)

: 세례요한은 예수님께서 활동하시는 시점에 죽었으니 AD30년이 됩니다.

2절__이방인들 - 죄인들, 주님과 관계하지 않고 사는 모든 자들을 말합니다:

하나님을 알지 못하는 이방인들과 같이 욕정의 욕망으로 하지 말고(살전 4:5) 그러므로 기억하라. 너희는 지나간 때에 육체로는 이방인이요, 손으로 육체에 행하는 할례를 받아 할례자라 불리는 자에 의해 무할례자들이라 불리던 자들이라.(엡 2:11) 우리가 색욕과 정욕과 과음과 환락과 연회와 가중한 우상 숭배 속에서 걸어 이방인들이 하고자 하는 바를 행한 것이 우리 삶의 지나간 때로 우리에게 족하도다.(벧전 4:3)

2절__그 거룩한 도시 - 약속의 땅, 가나안 땅, 로마 제국의 땅: 너 사람의 아들

아, 너는 또 기와를 가져다가 네 앞에 놓고 그 위에 그 도시 곧 예루살렘을 그리며 그 도시를 에워싸되 그것을 향하여 보루를 세우고 그것을 향하여 산을 쌓아 올리며 또 그것을 향하여 진을 치고 그것을 향하여 성벽을 부수는 망치들을 사방으로 세우라. 또 너는 철판을 가져다가 너와 그 도시 사이에 두어 철벽으로 삼고 그 도시를 향해 네 얼굴을 고정하라. 그 도시가 에워싸이리니 너는 그 도시를 에워쌀지니라. 이것이 이스라엘의 집에게 표적이 되리라.(겔 4:1~3) 백성의 치리자들은 예루살렘에 거하였으며 백성의 남은 자들도 제비를 뽑아 열 명 중 하나는 데려다가 거룩한 도시 예루살렘에 거하게 하고

십분의 구는 다른 도시들에 거하게 하였더니(느 11:1) 주의 거룩한 도시들이 광야가 되었사오며 시온도 광야가 되고 예루살렘도 황폐하게 되었나이다. (사 64:10) 이에 마귀가 그분을 데리고 거룩한 도시로 올라가 성전 꼭대기에 그분을 세우고(마 4:5) 그분의 부활 뒤에 무덤 밖으로 나와서 거룩한 도시로 들어가 많은 사람에게 보이니라.(마 27:53)

2절__ 발로 짓밟으리라 - 너희가 예루살렘이 군대들에게 에워싸이는 것을 보거든 그것이 황폐함이 가까이 이른 줄 알라. 그때에 유대에 있는 자들은 산들로 도망하고 그것의 한가운데 있는 자들은 밖으로 떠나가며 시골에 있는 자들은 그리로 들어가지 말지어다. 이 날들은 기록된 모든 것을 성취하기 위한 원수 갚는 날들이니라. 오직 그 날들에는 아이 밴 자들과 젖 먹이는 자들에게 화가 있으리로다! 그 땅에 큰 고난이 있고 이 백성에게 진노가 있으리라. 또 그들이 칼날에 쓰러지고 모든 민족들에게 포로로 잡혀 가며 예루살렘은 이방인들의 때가 찰 때까지 **이방인들에게 짓밟히리라.**(눅 21:20~24) 또 너희가 사악한 자들을 밟으리니 내가 이 일을 행하는 그 날에 그들이 너희 발바닥 밑에서 재가 되리라. 만군의 주가 말하노라. 너희는 내가 호렙에서 온 이스라엘을 위하여 내 종 모세에게 명령한 모세의 율법을 법규와 판단의 법도와 함께 기억하라.(말 4:3) 보라, 화덕같이 불태우는 날이 임하나니 참으로 교만한 모든 자와 악하게 행하는 모든 자가 지푸라기가 되리라. 다가오는 그 날이 그들을 불태우고 그들에게 뿌리와 가지를 남기지 아니하리라. 만군의 주가 말하노라.(말 4:1)

3절__ 두 증인(two witnesses) - witness(목격자, 법정에서 증언을 하는 증인) 두 증인은 한 명 두 명이 아닙니다. 다니엘서에 나오는 '큰 형상'(단 2:31)이 한 개가 아니고 역사를 통해 흘러가는 왕의 영들을 말한 것처럼 요한계시록의 두 증인도 두 종류의 영들을 말합니다.

3절__권능(power) - 주의 음성은 권능이 있고 주의 음성은 위엄이 가득하도 다.(시 29:4) 사악한 자가 큰 권능을 가지고 스스로 푸른 월계수같이 뻗어 나 간 것을 내가 보았으나(시 37:35) 하나님의 말씀은 살아 있고 권능이 있으며 양날 달린 어떤 검보다도 예리하여 혼과 영과 및 관절과 골수를 찔러 둘로 나 누기까지 하고 또 마음의 생각과 의도를 분별하는 분이시니(히 4:12) 너희는 마지막 때에 드러내려고 예비된 구원에 이르도록 믿음을 통해 하나님의 권 능으로 보호받고 있느니라.(벧전 1:5) 우리를 부르사 영광과 덕에 이르게 하 신 분을 아는 것을 통해 그분의 신성한 권능이 생명과 하나님의 성품에 속한 모든 것을 우리에게 주셨도다.(벧후 1:3)

3절__굵은 베옷을 입고 - 왕이 그 여인의 말을 듣고 자기 옷을 찢으니라. 그 가 성벽 위로 지나갈 때에 백성이 보니, 보라, 왕이 그의 속살에 굵은 베를 입 었더라.(왕하 6:30) 히스기야 왕이 그것을 듣고는 자기 옷을 찢고 스스로 굵 은 베를 입고 주의 집에 들어가(왕하 19:1) 다윗이 눈을 들어 보매 주의 천사 가 땅과 하늘 사이에 섰고 칼을 빼어 손에 들고 예루살렘을 향해 내밀었으므 로 그때에 다윗과 이스라엘의 장로들이 굵은 베옷을 입고 얼굴을 대고 엎드 리니라.(대상 21:16) 이제 이 달 이십사일에 이스라엘 자손이 모여 금식하며 굵은 베옷을 입고 흙을 뒤집어쓰며(느 9:1) 모르드개가 이루어진 모든 일을 깨닫고는 자기 옷을 찢고 굵은 베옷을 입으며 재를 뒤집어쓰고 도시 한가운 데로 나가서 큰 소리로 비통하게 부르짖으며(에 4:1) 왕의 명령과 그의 칙령 이 이른 모든 지방에서 유대인들이 크게 애곡하고 금식하며 슬피 울고 울부 짖었으며 또 많은 사람이 굵은 베옷을 입고 재에 누웠더라.(에 4:3) 또 내가 금식하며 굵은 베옷을 입고 재를 덮어쓴 채 주 하나님을 향하여 내 얼굴을 고 정하고 기도와 간구로 구하니라.(단 9:3) 이에 니느웨 백성이 하나님을 믿고 금식을 선포하며 그들 중에 가장 큰 자로부터 가장 작은 자에 이르기까지 굵 은 베옷을 입었고 말이 니느웨 왕에게 이르매 그가 자기 왕좌에서 일어나 자 기 몸에서 옷을 벗어 내려놓고는 굵은 베옷으로 몸을 덮고 재 속에 앉았더

라. (요 3:5~6)

4) 이들은 땅의 하나님 앞에 서 있는 두 올리브나무요 두 등잔대니라.

4절__두 올리브나무와 두 등잔대 - 그가 내게 이르되, 네가 무엇을 보느냐? 하매 내가 이르되, 내가 보니, 보소서, 전부 **금으로 된 등잔대**가 있는데 그것의 꼭대기에 잔이 하나있고 그것 위에 일곱 등잔이 있으며 일곱 등잔과 연결된 일곱 관이 이것의 꼭대기에 있나이다. 또 그것의 옆에 ❶**두 올리브나무**가 있는데 하나는 그 잔의 오른쪽에 있고 다른 하나는 그것의 왼쪽에 있나이다, 하니라. 스룹바벨의 손이 이 집의 기초를 놓았은즉 그의 손이 또한 그것을 끝마칠 것이요, 만군의 주께서 나를 너희에게 보내신 줄을 네가 알리라. 누가 작은 일들의 날을 멸시하였느냐? 그들이 스룹바벨의 손에 다림줄과 그 일곱 눈이 함께 있음을 보고 기뻐하리니 그 ❷**일곱 눈은 온 땅을 두루 이리저리 달리는 주의 눈**이라, 하시니라. 그때에 내가 응답하여 그에게 이르되, 그 등잔대의 오른쪽과 왼쪽에 있는 이 두 올리브나무는 무엇이니이까? 하고 또 내가 다시 응답하여 그에게 이르되, 두 금관을 통해 자기들 밖으로 금 기름을 비우는 이 두 올리브나무 가지는 무엇이니이까? 하니 그가 내게 대답하여 이르되, 이것들이 무엇인지 네가 알지 못하느냐? 하매 내가 이르되, 내 주여, 내가 알지 못하나이다, 하니 이에 그가 이르되, 이들은 **기름부음 받은 두 사람들로 온 땅의 주 곁에 서는 자들이니라**, 하더라. (슥 4:2~14)

▌**스룹바벨의 손이 이 집의 기초를 놓았다**: 스룹바벨 뜻은 '바빌론의 후예' '바빌론의 슬픔'. 스룹바벨은 포로로 끌려간 유다 왕 여호야김의 증손자이자 스알디엘의 아들입니다. (여호야김 → 여고니야 → 브다야 → 스룹바벨; 대상 3:16~19) 제2성전의 재건자. 성전건축 사마리아인들 방해 16년 중단. 단 9:25에 나오는 예언의 시작점이 BC521년. 제2성전의 완

성은 BC515년.(에 3:2, 단 9:25)

❶두 올리브나무, 등잔대, 등잔대의 꼭대기에 잔, 잔 위의 일곱 등잔, 일곱 등잔과 연결된 일곱 관 ❷하나님의 일곱 눈(일곱 영, 일곱 등불, 주의 눈; 슥 3:9, 계 4:5, 5:6) ▶ 주께서 모세에게 말씀하여 이르시되 아론에게 말하고 그에게 이르라. 네가 등잔들에 불을 켤 때에는 일곱 등잔이 등잔대 맞은 편으로 빛을 주게 할지니라, 하시매(민 8:1~2)

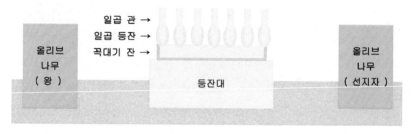

1) **올리브나무(다윗 왕)**: 그러나 나는 하나님의 집에 있는 푸른 올리브나무 같아서 하나님의 긍휼을 영원무궁토록 신뢰하는도다.(시 52:8)
2) **올리브나무(예레미야 선지자)**: 주가 전에 네 이름을 일컬어 좋은 열매 맺는 나무 곧 아름답고 푸른 **올리브나무**라 하였으나 친히 큰 소동 소리와 함께 그 위에 불을 붙이고 그것의 가지들을 꺾었나니 이는 이스라엘의 집과 유다의 집이 바알에게 향을 드림으로 내 분노를 일으켜 자신을 대적하고 악을 행한 것으로 인하여 너를 심은 만군의 주가 너를 치려고 재앙을 선포하였기 때문이라.(렘 11:16~17)

5절~6절__만일 어떤 사람이 그들을 해하고자 하면 그들의 입에서 불이 나와 그들의 원수들을 삼킬 것이요, 또 어떤 사람이 그들을 해하고자 하면 그가 반드시 이런 식으로 죽임을 당하리라. 이들이 하늘을 닫을 권능을 가지고 있으므로 자기들이 대언하는 날들에 비가 내리지 아니하게 하고 또 물들에 대한 권능을 가지고 있으므로 그것들을 피로 변하게 하며 언제든지 자기들이

원하는 때에 모든 재앙으로 땅을 치리로다: 그(엘리사 선지자)가 거기에서 벧엘로 올라 가는데 그가 길에서 올라갈 때에 어린 아이들이 도시에서 나와 그를 조롱하여 그에게 이르되, 너 대머리여 올라가라. 너 대머리여 올라가라, 하므로 그가 돌이켜서 그들을 보고 주의 이름으로 그들을 저주하매 숲에서 암곰 두 마리가 나와 그 아이들 중의 마흔두 명을 찢었더라.(왕하 2:23~24) 엘리야는 우리와 같이 동일한 성정의 지배를 받은 사람이로되 비가 오지 않기를 그가 간절히 기도하니 삼 년 육 개월 동안이나 땅에 비가 오지 아니하였고(약 5:17) 내(다윗 왕) 혼의 대적들은 당황하게 하시고 소멸되게 하시며 나를 해하려 하는 자들은 치욕과 불명예로 덮이게 하소서.~나의 혀도 종일토록 주의 의를 말하리니 나를 해하려 하는 자들이 당황하게 되었고 수치를 당하였나이다.(시 71:13~24) 주께서 군대를 데려와 갑자기 그들 위에 임하게 하실 때에 그들의 집에서 울부짖음이 들리게 하옵소서. 그들이 나를 잡으려고 구덩이를 팠으며 내 발을 해하려고 올무를 놓았나이다.(렘 18:22) 민족들이 많은 물이 몰려오듯 몰려오려니와 하나님께서 그들을 꾸짖으시리니 그들이 산에서 바람 앞에 날리는 겨같이, 회오리바람 앞에 굴러다니는 물건같이 멀리 도망하고 쫓겨 가리라.(사 17:13)

> 7) 그들이 **자기들의 증언을 마칠 때**에 바닥없는 구덩이로부터 올라오는 짐승이 그들을 대적하며 **전쟁을 일으켜** 그들을 이기고 그들을 죽이리니

※ And when they shall have finished their testimony, / the beast that ascendeth out of the bottomless pit shall make war against them, / and shall overcome them, / and kill them.

▶ ①그리고 그들은 그들의 증언을 완료 한다 / ②바닥없는 구덩이로부터 올라오는 짐승이 그들을 대적하여 전쟁을 일으켰다 / ③그리고 그들을 이겼다 / ④그리고 그들을 죽이리니.

열 왕 →	로마(넷째 짐승)		한 시기		때	성도들 왕국 소유
	교황		홍수	전쟁		
	일곱 왕					
33~381년	381(가톨릭 국교) -------→ 1763년					
	한 때		두 때		반 때	끝
	428년 ←---- (1290년) -----→ 1717년					
	428년 ←---- (1335년) -----→ 1763년					
7봉인~4나팔	다섯째 ~ 여섯째 ~ 일곱째 나팔		일곱 병			

←--1260년→↓②←----→---- 1290년 동안 교황 활동 ----→
①세례요한↓ ↓ └전쟁 →③짐승 이김 →④바닥없는 구덩이의 짐승이 성도들을 죽임, 성도들 죽는다
(선지자들) └예수님 하늘 왕국 선포 시작 : 내가 하늘의 왕국의 열쇠들을 네게 주리니
대언 완료   무엇이든지 네가 땅에서 묶으면 그것이 하늘에서 묶일 것이요,
         무엇이든지 네가 땅에서 풀면 그것이 하늘에서 풀리리라(마 16:19)

▌대언자들의 희생의 삶: 주께서 이르시되, 누가 아합을 설득하여 그가 올라가 라못길르앗에서 쓰러지게 할까? 하시니 하나는 이런 식으로 말하고 다른 하나는 저런 식으로 말하였는데 **한 영이 나아와** 주 앞에 서서 이르되, 내가 그를 설득하겠나이다, 하거늘 **주께서** 그(한 영)에게 이르시되, 무엇으로 하겠느냐? 하시니 그(**한 영)가 이르되,** 내가 나가서 그(아합)의 모든 **대언자들의 입에서 거짓말하는 영**이 되겠나이다, 하매 그분(하나님)께서 이르시되, 너는 그(아합)를 설득하겠고 또 이기리라. 나아가서 그와 같이 하라, 하셨나이다. 그러므로 이제 보소서, **주께서 거짓말하는 영을 왕의 이 모든 대언자들의 입에 넣으셨고** 또 주께서 왕에 관하여 화를 말씀하셨나이다, 하니라.(왕상 22:20~23) 또한 내가 주의 음성을 들었는데 이르시기를, 내가 누구를 보내며 누가 우리를 위하여 갈까? 하시더라. 그때에 내(이사야 선지자)가 이르되, 내가 여기 있나이다. 나를 보내소서, 하였더라. **그분께서 이르시되,** 가서 이 백성에게 말하기를, 참으로 너희가 듣되 깨닫지 못하고 참으로 너희가 보되 알지 못하느니라, 하며 이 백성의 마음을 우둔하게 하고 그들의 귀를 둔하게 하며 그들의 눈을 닫을지니 이것은 그들이 그들의 눈으로 보고 귀로 듣고 마음으로 깨달아 회심하여 고침을 받지 못하게 하려 함이라, 하시기에

내(이사야 선지자)가 이르되, 주여, 어느 때까지니이까? 하매 그분께서 **대답하시되**, 도시들이 피폐하게 되어 거주민이 없으며 가옥들에는 사람이 없고 이 땅은 완전히 황폐하게 되며 또 주가 사람들을 멀리 옮겨서 이 땅 한가운데에 버림당하는 일이 심히 많을 때까지니라. 그러나 그 땅 안에 여전히 십분의 일이 있을 것이요, 그것이 돌아와서 먹을 것이 되리라. 보리수나무와 상수리나무가 자기 잎을 떨어뜨려도 그것들의 본체는 그것들 안에 남아 있는 것 같이 그 거룩한 씨가 그것의 본체가 되리라, 하시더라. (사 6:8~13) 내가 진실로 너희에게 말하노니 여자가 낳은 자 중에 **세례 요한보다 큰 이가 일어남이 없도다 그러나 천국에서는 극히 작은 자라도 저보다 크니라. 세례 요한의 때부터 지금까지 천국은 침노를 당하나니 침노하는 자는 빼앗느니라.**(마 11:11~12) 하나님께서 자신이 미리 아신 자신의 백성을 버리지 아니하셨나니 너희가 성경 기록이 엘리야에 대해 말하는 것을 알지 못하느냐? 그가 이스라엘을 대적하며 하나님께 중보하여 이르되, 주여, 그들이 주의 대언자들을 죽이고 주의 제단들을 파해쳤으며 나만 홀로 남았거늘 그들이 내 생명도 찾나이다, 하나 그에게 주신 하나님의 대답이 무어라 말하느냐? 내가 나를 위하여 바알의 형상에게 무릎을 꿇지 아니한 사람 칠천 명을 남겨 두었노라, 하나니 그런즉 이와 같이 이 현 시대에도 은혜의 선택에 따라 남은 자가 있느니라. 만일 은혜로 된 것이면 그것이 더 이상 행위에서 난 것이 아니니 그렇지 않으면 은혜가 더 이상 은혜가 아니니라. 그런즉 어떠하냐? 이스라엘은 자기가 구하는 것을 얻지 못하였으나 선택 받은 자는 얻었고 그 나머지는 이 날까지 눈멀게 되었으니 이것은 기록된바, 하나님께서 그들에게 잠들게 하는 영과 보지 못할 눈과 듣지 못할 귀를 주셨도다, 함과 같으니라. 또 다윗이 이르되, 그들의 밥상이 그들에게 올무와 함정과 걸림돌과 보응이 되게 하시고 그들의 눈이 어두워져서 그들이 보지 못하게 하시며 그들의 등이 항상 굽게 하소서, 하느니라. 그러므로 내가 말하노니, 그들이 실족함으로 넘어지게 되었느냐? 결코 그럴

수 없느니라. 오히려 그들의 넘어짐을 통해 구원이 이방인들에게 이르렀으니 이것은 그들이 질투하게 하려 함이니라.(롬 11:2~11)

7절__바닥없는 구덩이로부터 올라오는 짐승 - 깊음의 나라에 거하는 용들, 사탄, 옛 뱀을 말합니다.

8절__큰 도시, 그 도시, 주께서 십자가에 못 박히신 곳 - 약속의 땅, 로마 제국을 뜻합니다: 그분께서 자기 십자가를 지고 해골의 장소라 하는 곳으로 나아가셨는데 이곳은 히브리어로 골고다라 하더라.(요 19:17) 그분께서 예루살렘으로 가실 때에 사마리아와 갈릴리의 한가운데로 지나가시니라.(눅 17:11)

> 9) 백성들과 족속들과 언어들과 민족들에서 나온 자들이 그들의 죽은 몸을 사흘 반 동안 구경하며 그들의 죽은 몸을 **무덤**에 두지 못하게 하리로다.

9절__그들의(their) - 예수님 = 하나님의 일곱 영 = 일곱 뿔과 일곱 눈 = 일곱 왕과 주의 눈 = 그들: 또 내가 보니, 보라, 왕좌와 네 짐승의 한가운데와 장로들의 한가운데에 전에 죽임을 당한 것 같은 어린양께서 서 계시더라. 그분께 일곱 뿔과 일곱 눈이 있었는데 이것들은 온 땅 안으로 보내어진 하나님의 일곱 영이라.(계 5:6) 네가 본 열 뿔은 열 왕인데 그들이 아직 아무 왕국도 받지 못하였으나 그 짐승과 더불어 한 시간 동안 왕으로서 권능을 받느니라.(계 17:12) 누가 작은 일들의 날을 멸시하였느냐? 그들이 스룹바벨의 손에 다림줄과 그 일곱 눈이 함께 있음을 보고 기뻐하리니 그 일곱 눈은 온 땅을 두루 이리저리 달리는 주의 **눈**이라, 하시니라.(슥 4:10)

9절__죽은 몸(dead bodies) - 하늘로부터 버림 받은 자, 하늘로부터 버림 받은 예수님, 거룩하신 하나님께서 사망의 몸을 입으신 것 자체가 저주 인 것입니다, 십자가에 못 박히신 것도 저주아래 놓으신 것입니다: 이제 여섯 시부터 아홉 시까지 어둠이 온 땅을 덮었더라. 아홉 시쯤에 예수님께서 큰 소리로 외쳐 이르시되, 엘리, 엘리 라마 사박다니? 하시니 이것은 곧, 나의 하나님이여, 나의 하나님이여, 어찌하여 나를 버리셨나이까?라는 말이라.(마 27:45~47) 그러므로 주가 유다 왕 여호야김에 대하여 이같이 말하노라. 다윗의 왕좌에 앉을 자가 그에게 없겠고 그의 시체(dead body)는 버림을 받아 낮에는 열기를, 밤에는 서리를 맞으리라.(렘 36:30) 곧 송아지의 조각들 사이로 지나간 유다의 통치자들과 예루살렘의 통치자들과 내시들과 제사장들과 그 땅의 온 백성을 내가 내주되 심지어 그들의 원수들의 손과 그들의 생명을 찾는 자들의 손에 그들을 내주리니 그들의 시체(dead bodies)가 하늘의 날짐승들과 땅의 짐승들에게 먹이가 되리라.(렘 34:19~20) 주 곧 이스라엘의 하나님이 이 도시의 집들과 유다 왕들의 집들 곧 쌓아 올린 산들과 칼로 말미암아 무너진 집들에 관하여 이같이 말하노라. 그들이 갈대아 사람들과 싸우러 오지만 그것은 내가 내 분노와 격노 중에 죽인 사람들의 시체들(dead bodies)로 그 집들을 채우기 위한 것이니 그들의 모든 사악함으로 인하여 내가 이 도시에게 내 얼굴을 숨겼노라.(렘 33:4~5)

9절__사흘 반: 하늘로부터 버림 받은 예수님의 공생애 삼년 반(하루=1년)

▌**삼년 반 동안 무화과나무에서는 아무것도 얻지 못하셨다**: 그분께서 또한 이 비유를 말씀하시되, 어떤 사람이 자기 포도원에 무화과나무 한 그루를 심게 하고 와서 그것의 열매를 구하였으나 하나도 찾지 못하니라. 이에 그가 자기의 포도원지기에게 이르되, 보라, 내가 이 삼 년 동안 와서 이 무화과나무에서 열매를 구하되 하나도 찾지 못하였으니 그것을 베어 버리라. 어찌하여 그것이 땅을 버리게 하겠느냐? 하매 그가 대답하여 그에게 이르되, 주인이여, 내가 그것의 주위를 파고 그것에 거름을

줄 때까지 금년에도 그것을 그대로 두소서. 만일 그것이 열매를 맺으면 좋으려니와 그렇지 않으면 그 뒤에 그것을 베어 버리소서, 하였느니라, 하시니라.(눅 13:6~9) 빌라도가 자기가 아무것도 이기지 못하고 도리어 폭동이 일어나려는 것을 보고 물을 **가져다가 무리 앞에서 손을 씻으며** 이르되, 나는 이 의로운 사람의 피에 대하여 무죄하니 너희가 그것과 상관하라, 하매 이에 **온 백성이 응답하여 이르되, 그의 피가 우리와 우리 자손에게 임하리이다, 하니라.** 이에 그가 바라바는 그들에게 놓아주고 예수님은 채찍질하고 십자가에 못 박게 넘겨주니라.(마 27:25~26) 백성과 또 그분으로 인해 슬피 울며 애통하는 여자들의 큰 무리가 그분을 따라오더라. 그러나 예수님께서 그들을 향해 돌이키시며 이르시되, 예루살렘의 딸들아, 나를 위해 울지 말고 너희와 너희 자녀들을 위해 울라, 보라, 날들이 이르리니 그때에 그들이 말하기를, 수태하지 못하는 자와 해산하지 못한 태와 젖 먹이지 못한 젖이 복이 있다, 하리라. 그때에 그들이 산들에게 말하기 시작하여 이르기를, 우리를 덮으라, 하리라. 그들이 푸른 나무에 이런 일들을 행할진대 마른 것에는 무슨 일이 행해지리요? 하시니라.(눅 23:27~31)

9절__무덤 - 사망(death)의 악한 무리들, 죽은(death) 자들의 무리를 말합니다: 오 사망(death)아, 너의 쏘는 것이 어디 있느냐? 오 무덤아, 너의 승리가 어디 있느냐?(고전 15:55) 무덤이 주를 찬양하지 못하고 죽음(death)이 주를 찬송하지 못하며 구덩이로 내려가는 자들이 주의 진리를 바라지 못하되(사 38:18) 오 주여, 내 원수들로 인하여 주의 의 안에서 나를 인도하시고 내 얼굴 앞에서 주의 길을 곧게 하소서. 그들의 입에는 신실함이 없사오니 그들의 속은 심히 사악하고 그들의 목구멍은 열린 돌무덤이요, 그들은 혀로 아첨하나이다.(시 5:8~9) 오 주여, 주께서 내 혼을 무덤에서 끌어올리시고 나를 지켜 살게 하사 내가 구덩이로 내려가지 아니하게 하셨나이다.(시 30:3) 곧 동산에서 희생물을 드리고 벽돌 제단에서 분향하며 내 얼굴 앞에서 계속해서 내 분노를 일으키는 백성이라. 그들은 무덤들 사이에 머물며 기념비가 있는데 거하고 돼지고기를 먹으며 가증한 것들의 국을 그릇에 담으면서(사 65:3~4) 주가 말하노라, 오 이스라엘의 집아, 보라, 내가 한 민족을 먼 곳에서 데려와 너희 위에 임하게 하리니 그것은 강한 민족이요, 오래된 민족이라, 네가 그 민족의 언어를 알지 못하며 그들의 말하는 것을 깨닫지 못하느니라. 그들의 화살 통은 열린 돌무덤 같고 그들은 다 용사들이니(렘 5:15~16) 그러므로 그들에게 대언하여 이르기를, 주 하나님이 이같이 말하노라. 보라, 오 내 백성아, 내가 너희 **무덤들을 열고** 너희로 하여금 너희 무덤들에서 나오게 하며 너희를 이스라엘 땅으로 데려가리라.(겔 37:12)

9절__무덤에 두지 못하게 하리로다: 이에 그들이 그분을 잡고자 하나 아무도 그분께 손을 대지 아니하였으니 이는 그분의 때가 아직 이르지 아니하였기 때문이더라.(요 7:30) 예수님께서 성전에서 가르치실 때에 성전 보고에서 이 말씀들을 하셨으나 아무도 그분께 손을 대지 아니하였으니 이는 그분의 때가 아직 이르지 아니하였기 때문이더라.(요 8:20)

10절__선물 - 영들, 성령, 은사: 이에 베드로가 그들에게 이르되, 회개하고 너희 각 사람이 예수 그리스도의 이름으로 침례를 받아 죄들의 사면을 얻으라. 그리하면 너희가 성령님을 선물로 받으리니 이 약속은 너희와 자손과 멀리 떨어져 있는 모든 사람 곧 주 우리 하나님께서 부르실 모든 사람을 향한 것이니라.(행 2:38~39) 내가 대언하는 선물이 있고 모든 신비와 모든 지식을 이해하며 또 모든 믿음이 있어 산을 옮길 수 있을지라도 사랑이 없으면 내가 아무것도 아니요,(고전 13:2) 너희가 믿음을 통해 은혜로 구원을 받았나니 그것은 너희 자신에게서 난 것이 아니요 하나님의 선물이니라.(엡 2:8) 형제들아, 이제 나는 영적 선물들에 관하여 너희가 모르기를 원치 아니하노라.(고전 12:1) 이제 선물은 여러 가지나 같은 성령이시고 직무는 다르나 같은 주시며 활동은 여러 가지나 모든 것 안에 모든 것을 행하시는 같은 하나님이 계시되 각 사람에게 성령의 나타나심을 주신 것은 그것으로 말미암아 모두가 유익을 얻게 하려 하심이라.(고전 12:4~7)

11절__사흘 반이 지난 뒤에 하나님으로부터 온 생명의 영께서 그들 속에 들어가시므로 그들이 자기 발로 일어서니 - 예수님과 잠든 자들이 부활하여 함께 하나님께 올려졌습니다: 예수님께서 다시 큰 소리로 외치시고 숨을 거두시니라. 이에, 보라, 성전의 휘장이 위에서 아래까지 둘로 찢어지고 땅이 진동하며 바위들이 터지고 무덤들이 열리니 잠든 성도들의 많은 몸이 일어나 그분의 부활 뒤에 무덤 밖으로 나와서 거룩한 도시로 들어가 많은 사람에게 보이니라.(마 27:50~53) 그러나 이제 그리스도께서 죽은(dead) 자들로부터 일어나사 잠든 자들의 첫 열매가 되셨도다. 사망(death)이 사람을 통해 임한 것 같이 죽은(dead) 자들의 부활도 사람을 통해 임하였나니 아담 안에서 모든 사람이 죽는(die) 것 같이 그리스도 안에서 모든 사람이 살게 되리라.(고전 15:20~22)

11절__큰 두려움이 임하더라 - 지키던 자들이 그를 두려워하여 떨며 죽은 사람같이 되었더라. 천사가 여자들에게 응답하여 이르되, 너희는 두려워하지 말라. 십자가에 못 박히신 예수님을 너희가 찾는 줄 내가 아노라.(마 28:4~5) 이에 예수님께서 그들에게 이르시되, 두려워하지 말라. 가서 내 형제들에게 갈릴리로 가라고 말하라. 거기서 그들이 나를 보리라, 하시니라.(마 28:10) 그러나 너희 길로 가서 그분의 제자들과 베드로에게 그분께서 너희보다 먼저 갈릴리로 가시나니 그분께서 너희에게 말씀하신 대로 너희가 거기서 그분을 볼 것이라고 고하라, 하니라. 그들이 떨며 놀라서 급히 나와 돌무덤에서 도망하고 두려워서 아무에게 아무 말도 하지 못하더라.(막 16:7~8)

12) 그들이 하늘로부터 자기들에게, 이리로 올라오라, 하고 말씀하시는 큰 음성을 듣고 **구름 속에서 하늘로 올라가니** 그들의 **원수들이** 그들을 **바라보더라.**
13) 그 시각에 큰 지진이 나서 그 도시의 십분의 일이 무너지고 그 지진으로 사람들 중의 칠천 명이 죽었더라. 그 남은 자들이 놀라며 하늘의 하나님께 영광을 돌리더라

12절__구름 속에서 하늘로 올라가니 - 참으로 요한은 물로 침례를 주었으되 너희는 이제부터 많은 날이 지나지 아니하여 성령님으로 침례를 받으리라, 하시느니라. 그러므로 그들이 함께 왔을 때에 그분께 여쭈어 이르되, 주여, 주께서 이때에 그 왕국을 이스라엘에게 다시 회복시켜 주고자 하시나이까? 하매 그분께서 그들에게 이르시되, 그 **때**(time)나 그 **시기**(season)는 아버지께서 자신의 권능 안에 두셨으니 너희가 알 바 아니요, 오직 성령님께서 너희에게 임하신 뒤에 너희가 권능을 받고 예루살렘과 온 유대와 사마리아에서 그리고 땅의 맨 끝 지역까지 이르러 나를 위한 증인이 되리라, 하시니라. 이것들을 말씀하신 뒤에 그분께서 그들이 보는 동안 들려 **올라가시니 구름이 그분을 받아들여** 그들이 보지 못하게 하더라. 그분께서 올라가실 때에 그들 **이 똑바로 하늘을 바라보고** 있는데, 보라, 흰옷 입은 두 남자가 그들 곁에 서며 또 그들이 이르되, 너희 갈릴리 사람들아, 너희가 어찌하여 서서 하늘을 바라보느냐? 너희를 떠나 하늘로 들려 올라가심을 본 그대로 오시리라, 하니라.(행 1:5~11)

열 왕 →	로마(넷째 짐승)		한 시기(season)		때	성도들 왕국 소유
	교황		홍수	전쟁		
	일곱 왕					
33~381년	381(가톨릭 국교) -------→ 1763년					
(time)때→	한 때		두 때		반 때	끝
	428년 ←---- (1290년) ----→ 1717년					
	428년 ←---- (1335년) -----→ 1763년					
7봉인~4나팔	다섯째 ~ 여섯째 ~ 일곱째 나팔		일곱 병			

예수님 ┘ ←성도들과 전쟁→ ←--- 성도들의 인내와 믿음 필요 ----→
올라가심

성도들을 이김: 그들이 그 짐승에게 권능을 준 용에게 경배하고 또 그 짐승에게 경배하여 이르되, 누가 이 짐승과 같으냐? 누가 능히 그와 전쟁을 하겠느냐? 하더라. 또 용이 그에게 큰 것들을 말하며 신성모독하는 입을 주고 또 마흔두 달 동안 지속할 권능을 주매 그가 입을 벌려 하나님을 대적하며 모독하되 그분의 이름과 그분의 성막과 하늘에 거하는 자들을 모독하더라. 또 그가 **성도들과 전쟁하여 그들을 이기는 것을 허락받고** 모든 족속과 언어와 민족들을 다스리는 권능을 받았으므로 땅에 거하는 모든 자들 곧 **세상의 창건 이후로 죽임을 당한 어린양의 생명책에 이름이 기록되지 않은 자들이 그에게 경배하리라.** 누구든지 귀가 있거든 들을지어다. 포로로 끌고 가는 자는 포로로 끌려갈 것이요, 칼로 죽이는(killeth) 자는 반드시 칼로 죽임(killed)을 당하리니 여기에 성도들의 인내와 믿음이 있느니라.(계 13:4~10) 아버지나 어머니를 나보다 더 사랑하는 자는 내게 합당하지 아니하고 아들이나 딸을 나보다 더 사랑하는 자도 내게 합당하지 아니하며 또 자기 십자가를 지고 내 뒤를 따르지 아니하는 자도 내게 합당하지 아니하니라. 자기 생명을 찾는 자는 그것을 잃을 것이요, 나로 인하여 자기 생명을 잃는 자는 그것을 찾으리라.(마 10:37~39) 제자들의 혼을 굳건하게 하며 그들을 권면하여 믿음 안에 거하게 하고 또 우리가 반드시 많은 환난을 거쳐 하나님의 왕국에 들어가야 하리라 하더라.(행 14:22)

▌**파괴된 하나님의 성전 - 성도들: 너희가 하나님의 성전인 것과 하나님의 영께서 너희 안에 거하시는 것을 너희가 알지 못하느냐?**(고전 3:16) **너희는 살아 계신 하나님의 성전이니라.** 하나님께서 이르시되, 내가 그들 가운데 거하고 그들 가운데 거닐며 나는 그들의 하나님이 되고 그들은 내 백성이 되리라.(고후 6:16)

12절__원수 - 원수는 내 집 안에 있습니다: 내가 땅에 화평을 보내러 온 줄로 생각하지 말라. 나는 화평이 아니라 검을 보내러 왔노라. 사람이 자기 아버지를 딸이 자기 어머니를 며느리가 자기 시어머니를 대적하여 불화하게 하려고 내가 왔나니 사람의 원수들이 그의 집안에 속한 자들이리라.(마 10:34~36) 너희 간음하는 남자들과 간음하는 여자들아, 세상과 친구가 되는 것이 하나님과 원수 되는 것인 줄 너희가 알지 못하느냐? 그러므로 누구든지 세상의 친구가 되고자 하는 자는 하나님의 원수가 되느니라.(약 4:4)

---

14) 둘째 화는 지나갔으며, 보라, **셋째 화가 속히 임하는도다. 15) 일곱째 천사**가 나팔을 불매 하늘에 큰 음성들이 있어 이르되, 이 세상 왕국들이 우리 주와 그분의 그리스도의 왕국들이 되었고 그분께서 영원무궁토록 통치하시리로다, 하니

14절__셋째 화(woe) - 역병: 1347년 흑사병(악성 전염병): 1346년 중국에서 발병 → 아시아 전역 → 중동 → 북유럽 → 전 이탈리아 → 1348년 프랑스 → 스페인 → 잉글랜드 → 1351년 유럽 인구의 4분의 1에서 3분의 2가량 사망 → 이후 300년에 걸쳐 흑사병 100차례 이상 주기적으로 창궐 → **1700년대 완전히 사라짐.**

열 왕 →	로마(넷째 짐승)		한 시기		때	성도들 왕국 소유
	교황		홍수	전쟁		
	일곱 왕					
33~381년	381(가톨릭 국교) ----------→ 1763년					
	한 때		두 때		반 때	끝
	428년 ←----- (1290년) -----→ 1717년					
	428년 ←----- (1335년) -----→ 1763년					
7봉인~4나팔	다섯째 나팔 ~ 여섯째 나팔 ~ 일곱째 나팔		일곱 병			
	화 1(Woe) ~ 화 2(woe) ~ 화 3(woe)					

일곱째 천사 → 하늘에 큰 음성들 : 이 세상 왕국들이 우리 주와 그분의 그리스도의 왕국들이 되었고 그분께서 영원무궁토록 통치하시리로다.

땅 - 나 같은 죄인 살리신 (Amazing Grace): 나 같은 죄인 살리신 주 은혜 놀라워 잃었던 생명 찾았고 광명을 얻었네. 큰 죄악에서 건지신 주 은혜 고마워 나 처음 믿은 그 시간 귀하고 귀하다. 이제껏 내가 산 것도 주님의 은혜라

또 나를 장차 본향에 인도해 주시리. 거기서 우리 **영원히** 주님의 은혜로 해처럼 밝게 살면서 주 찬양 하리라. **아멘**

▌아담 안에서 모든 사람이 죽는 것 같이 그리스도 안에서 모든 사람이 살게 되리라. 그러나 각 사람이 자기 차례대로 되니 먼저는 첫 열매인 그리스도요, 그 다음은 그리스도께서 오실 때에 그분께 속한 사람들이라. 그때에 끝이 오리니 곧 **그분께서 모든 치리와 모든 권세와 권능을 물리치시고 왕국을 하나님 곧 아버지께 넘겨 드리실 때라. 그분께서 모든 원수를 그분의 발아래 두실 때까지 그분께서 반드시 통치해야 하나니 멸망 받을 마지막 원수는 사망이니라.** 그분께서 모든 것을 그분의 발아래 두셨다고 말씀하실 때에 모든 것을 그분 아래 두신 분은 예외인 것이 분명하도다. 모든 것이 그분께 굴복 당할 때에는 아들도 모든 것을 자기 아래 두시는 분께 친히 복종하시리니 이것은 하나님께서 모든 것 안에서 모든 것이 되려 하심이라. (고전 15:22~28)

15절__큰 음성(한 음성) - 천둥, 영들이 듣는 소리, 영이 없는 자는 그분의 음성을 소리를 들을 수 없습니다: 이제 온 백성이 침례를 받았을 때에 예수님께서도 침례를 받으시고 기도하시는데 하늘이 열리며 성령님께서 몸의 형태로 비둘기같이 그분 위에 내려오시고 **하늘로부터 한 음성이 나서 이르시되,** 너는 내 사랑하는 아들이라. 내가 너를 매우 기뻐하노라, 하시니라. (눅 3:21~22) 아버지여, 아버지의 이름을 영화롭게 하옵소서, 하시니 이에 하늘로부터 음성이 나서 이르시되, 내가 이미 그것을 영화롭게 하였고 다시 영화롭게 하리라, 하시니라. 그러므로 곁에 서서 그것을 들은 사람들은 **천둥이 쳤다고도 하며** 다른 사람들은 이르기를, 천사가 그에게 말하였다, 하니 예수님께서 응답하여 이르시되, **이 음성은 나 때문에 나지 아니하고 너희를 위해 났느니라.** (요 12:28~30) 사자가 부르짖는 것 같이 **큰 음성으로 외치니 그가 외칠 때에 일곱 천둥이 자기 음성을 내어 말하더라.** (계 10:3)

16) 하나님 앞에서 자기 자리에 앉아 있던 스물네 장로가 엎드려 얼굴을 대고 하나님께 경배하며 17) 이르되, 오 주 하나님 전능자여, 지금도 계시고 전에도 계셨으며 **앞으로 오실 주께 우리가 감사를 드림은 주께서 친히 주의 큰 권능을 취하시고 통치하셨기 때문**이니이다. 18) 민족들이 분노하매 주의 진노가 이르렀고 죽은 자들의 때가 이르렀으니 이것은 그들이 심판을 받게 하려 하심이요, 또 주께서 주의 종 대언자들과 성도들과 또 작은 자든지 큰 자든지 주의 이름을 두려워하는 자들에게 보상을 주려 하심이며 또 땅을 멸하는 자들을 멸하려 하심이니이다, 하더라. 19) 하늘에 있는 하나님의 성전이 열렸는데 그분의 성전 안에 **그분의 상속 언약 궤가 보이며** 또 번개들과 음성들과 천둥들과 지진과 큰 우박이 있더라.

▶ 주께서 호령과 천사장의 음성과 하나님의 나팔 소리와 함께 친히 하늘로부터 내려오시리니 → 그리스도 안에서 죽은 자들이 먼저 일어나고 → 그 뒤에 살아서 남아 있는 우리가 그들과 함께 구름들 속으로 채여 올라가 공중에서 주를 만나리라 → 그리하여 우리가 항상 주와 함께 있으리라. 그러므로 이 말씀들로 서로 위로하라.(살전 4:16)

19절__그분의 상속 언약 궤가 보이며 - 황소와 염소의 피와 암송아지의 재를 부정한 자에게 뿌려 육체를 거룩히 구별하고 정결하게 하거든 하물며 영원하신 성령을 통해 자신을 점 없이 하나님께 드린 그리스도의 피는 죽은 행위로부터 너희 양심을 얼마나 더 많이 깨끗하게 하여 살아계신 하나님을 섬기게 하겠느냐? 이런 까닭에 그분께서는 새 상속 언약 아래 있던 범법들을 구속하시려고 죽으심으로써 부르심을 받은 자들이 영원한 상속 유업의 약속을 받게 하려 하심이라. 상속 언약이 있는 곳에는 또한 반드시 상속 언약하는 자의 죽음이 필히 있어야 하나니 상속 언약은 사람들이 죽은 뒤에라야 효력이 있고 상속 언약하는 자가 살아 있는 동안에는 아무 힘이 없느니라. 이러므로 첫 상속 언약도 피 없이 봉헌되지 아니하였나니 모세가 율법에 따라 온 백성에게 모든 훈계를 말한 뒤에 송아지와 염소의 피를 물과 주홍색 양털과 우슬초와 함께 취하여 그 책과 온 백성에게 뿌리며 이르되, 이것은 하나님께서 너희에게 명하신 상속 언약의 피라, 하였고 또한 성막과 섬기는 일에 쓰는 모든 그릇에 피를 뿌렸느니라. 율법에 따라 거의 모든 것이 피로써 깨끗하게 되나니 피 흘림이 없은즉 사면이 없느니라. (히 9:13~22)

요한계시록 12장

2절__아이 - 첫 아이는 예수님이십니다. 그리고 예수 그리스도를 따르는 자들이 아이라 불러지는 것입니다: 여자가 산고를 겪으면 자기 때가 이르렀으므로 근심하거니와 아이를 낳으면 곧바로 세상에 사람이 난 기쁨으로 인해 다시는 그 고통을 기억하지 아니하느니라. (요 16:21) 진실로 헤롯과 본디오 빌라도가 이방인들과 이스라엘 백성과 더불어 함께 모여 주께서 기름 부으신 주의 거룩한 아이 예수님을 대적하며 무엇이든지 주의 손과 주의 계획이 미리 작정하사 이루고자 하신 것을 다 행하려 하였나이다. (행 4:27~28) 주의 손을 내밀어 병을 낫게 하시고 또 표적들과 이적들이 주의 거룩한 아이 예수님의 이름으로 이루어지게 허락하옵소서, 하더라. (행 4:30) 또한 그들이 아브라함의 씨라고 해서 다 아이들은 아니기 때문이라. 오직, 이삭 안에서 네 씨가 부름을 받으리라, 하셨으니 (롬 9:7) 형제들아, 이제 우리는 이삭과 같이 약속의 아이들이니라. (갈 4:28) 그런즉 형제들아, 이처럼 우리는 노예 여자의 아이가 아니요 자유로운 자의 아이니라. (갈 4:31) 자신의 크게 기뻐하시는 뜻에 따라 우리를 예정하사 예수 그리스도를 통해 자신의 아이로 입양하심으로써 자신의 은혜 안에서 그분께서 그 사랑하시는 자 안에서 우리를 받아 주셨으니 그 사랑하시는 자 안에서 우리가 그분의 풍성한 은혜에 따라 그분의 피를 통해 구속 곧 죄들의 용서를 받았도다. (엡 1:5~7) 보라, 나와 및 주께서 내게 주신 아이들이 이스라엘 안에서 표적들과 이적들이 되었나니 그것들은 시온 산에 거하시는 만군의 주로부터 나온 것이니라.(사 8:18) 그들은 알지도 못하고 깨달으려 하지도 아니하며 어둠 속에 다니나니 땅의 모든 기초가 궤도를 벗어났도다. 내가 말하기를, 너희는 신들이라. 너희는 다 지극히 높으신 이의 아이들이라, 하였으나 너희는 사람들같이 죽을 것이요, 통치자들 중의 하나같이 넘어지리로다.(시 82:5~7)

2절__아이를 배어 해산의 고통을 겪는 가운데 울부짖으며 출산하려고 진통을 겪더라 - 시온이라는 여자가 언약의 아이 예수님을 낳기 위해 고통과 아픔을 겪는다는 뜻입니다: 우리가 그곳의 명성을 들었으므로 우리의 손이 약하게 되었고 해산하는 여인의 고통과 진통의 아픔이 우리를 사로잡았도다.(렘 6:24) 그녀가 진통을 겪기 전에 해산하고 자기의 고통이 임하기 전에 사내아이를 낳았으니 누가 그러한 일을 들었느냐? 누가 이러한 일들을 보았느냐? 땅이 하루에 만들어져서 열매를 내겠느냐? 혹은 한 민족이 순식간에 태어나겠느냐? 시온은 진통하자마자 자기 자녀들을 낳았도다.(사 66:7~8) 내가 소리를 들었는데 그것은 산고를 겪는 여자의 소리 같고 첫아이를 낳는 여자의 고통 소리 곧 시온의 딸의 소리 같았도다. 그녀가 스스로 탄식하며 자기 손을 펼치고 이르기를, 이제 내게 화가 있도다! 살인자들로 인하여 내 혼이 지쳤도다. 하는도다.(렘 4:31)

2절__진통 - 죽음의 고통: 이에 헤롯이 자기가 지혜자들에게 우롱 당한 줄 알고 심히 노하여 사람을 보내 자기가 지혜자들에게 부지런히 물은 때를 기준으로 베들레헴과 그것의 모든 지경 내에 있던 두 살 아래의 모든 아이들을 죽이니라. 이에 대언자 예레미야를 통해 말씀하신 것이 성취되었으니 일렀으되, 라마에서 거기서 애통하고 슬피울며 크게 애곡하는 소리가 들렸는데 이것은 라헬이 자기 아이들로 인하여 슬피 우는 것이라. 그들이 있지 아니하므로 그녀가 위로 받기를 원치 아니하였도다, 하였느니라. 그러나 헤롯이 죽으매, 보라, 이집트에서 주의 천사가 꿈에 요셉에게 나타나 이르되, 일어나 어린아이와 그의 어머니를 데리고 이스라엘 땅으로 들어가라. 어린아이의 생명을 찾던 자들이 죽었느니라, 하니 그가 일어나 어린아이와 그의 어머니를 데리고 이스라엘 땅으로 들어가니라.(마 2:16~21)

---

3) 하늘에 또 다른 이적이 나타나니라. 보라, 일곱 머리와 열 뿔을 가진 큰 붉은 용이 있는데 그의 머리들 위에 일곱 개의 관이 있으며 4) 그의 꼬리가 하늘의 별들 중 삼분의 일을 끌어다가 땅에 내던지더라. 용이 막 해산하려고 하는 그 여자 앞에 서서 그녀의 ①아이가 태어나면 곧 그 아이를 삼키고자 하더라. 5) 여자가 사내아이를 낳았는데 이 아이는 철장으로 모든 민족들을 다스릴 자더라. ② 그녀의 아이가 채여 올라가 하나님께 이르고 그분의 왕좌에 이르더라. 7) ③하늘에 전쟁이 있더라. 미가엘과 그의 천사들이 용과 싸우매 용과 그의 천사들도 싸우나 8) 이기지 못하고 또 하늘에서 자기들의 처소를 더 이상 찾지 못하더라. 9) ④그 큰 용 즉 저 옛 뱀 곧 마귀라고도 하고 사탄이라고도 하며 온 세상을 속이는 자가 내쫓기더라. 그가 땅으로 내쫓기니 그의 천사들도 그와 함께 내쫓기니라. 10) 또 내가 들으니 하늘에 큰 음성이 있어 이르되, 이제 구원과 힘과 우리 하나님의 왕국과 그분의 그리스도의 권능이 임하였도다. 우리 형제들을 고소하는 자 곧 우리 하나님 앞에서 밤낮으로 그들을 고소하던 자가 쫓겨났도다. 11) ⑤그들이 어린양의 피와 자기들의 증언의 말로 그를 이기었으며 그들은 죽기까지 자기 생명을 사랑하지 아니하였도다. 12) 그러므로 하늘들과 그것들 안에 거하는 자들아, 너희는 즐거워하라. ⑥땅과 바다에 거하는 자들에게 화가 있으리로다! 마귀가 자기 때가 조금만 남은 줄 알므로 크게 진노하여 너희에게로 내려갔도다, 하더라. 13) 용이 자기가 땅으로 내쫓긴 것을 보고 사내아이를 낳은 그 여자를 핍박하더라. 14) 그 여자가 큰 독수리의 두 날개를 받았으니 이것은 그녀가 광야 곧 그녀의 처소로 날아가 거기서 그 뱀의 얼굴을 피하여 ⑦한 때와 두 때와 반 때 동안 양육 받게 하려 함이라. 15) ⑧뱀이 자기 입에서 여자의 뒤로 물을 홍수같이 내뿜어 그녀를 홍수에 떠내려가게 하려 하되 16) 땅이 여자를 도와 자기 입을 벌려 용이 그의 입에서 내뿜은 홍수를 삼키니 17) 용이 여자에게 진노하여 그녀의 씨 중에서 남은 자들 곧 하나님의 명령들을 지키고 예수 그리스도의 증언을 가진 자들과 ⑨전쟁을 하려고 가니라.

열 왕 →	로마(넷째 짐승)		한 시기		때	성도들 왕국 소유
	교황		홍수	전쟁		
	일곱 왕		⑧	⑨		
33~381년	381(가톨릭 국교) ----------→ 1763년					

⑦→

AD 1년

	한 때		두 때	반 때	끝
	428년 ←----- (1290년) -----→ 1717년				
	428년 ←----- (1335년) -----→ 1763년				
7봉인~4나팔	다섯째 나팔 ~ 일곱째 나팔		일곱 병		

↳⑥←--- 땅 : 용의 때(1290년 동안) --→

① ② ⑤땅의 형제들 : 어린양의 피와 증언의 말로 자기 생명을 사랑하지 아니하여 죽었더라

↳③하늘의 전쟁 : 예수님 하늘왕국 올라가심, (미가엘과 그의 천사들) ↔ (용과 용의 천사들)

↳④용과 용의 천사들이 내쫓기더라.(에덴 안에서 밤낮으로 형제들을 고소하던 자가 쫓겨났다)

←------------------- 여자는 안전하게 거함 -------------------→

┃ 통치자 미가엘 천사장: 페르시아 왕국의 통치자가 이십일 일 동안 나를 막았으나, 보라, 우두머리 통치자들 중의 하나인 미가엘이 와서 나를 도와주었느니라. 내가 거기서 페르시아의 왕들과 함께 머물러 있었느니라.(단 10:13) 그러나 내가 진리의 성경 기록에 적힌 것을 네게 보여 주리니 이 일들에서 나와 함께 버티는 자는 너희의 통치자 미가엘 외에 아무도 없느니라.(단 10:21) 그때에 네 백성의 자손들을 위하여 일어서는 큰 통치자 미가엘이 일어날 것이요, 또 고난의 때가 있으리니 그것은 민족이 있은 이래로 그때까지 결코 없었던 고난일 것이며 그때에 네 백성이 구출을 받되 책에서 발견된바 기록된 모든 자가 구출을 받으리라.(단 12:1)

15절__홍수(food) - 악한 무리들, 영과 혼을 상하게 하는 무리들, 미혹의 영들을 말합니다: 보라, 주께는 힘 있고 강한 자가 있어 그가 우박 폭풍같이, 파괴하는 폭풍우같이, 넘쳐흐르는 강한 물들의 홍수같이 손으로 그들을 땅에 던지리니(사 28:2) 그러므로 그들이 서쪽에서부터 주의 이름을 두려워하고 해 뜨는 곳에서부터 그분의 영광을 두려워하리니 원수가 홍수같이 올 때에 주의 영께서 군기를 들어 올리사 그를 치시리로다.(사 59:19)

3절__치명적인 상처가 나으매 - 우상 숭배, 간음을 말합니다: 주가 이같이 말하노라. 네 상처는 고칠 수 없으며 네 부상은 중하도다. 네 사정을 변호하여 너를 싸맬 자가 없으며 너를 고칠 약도 네게 없도다. 너를 사랑하는 모든 자들이 너를 잊었고 너를 찾지 아니하나니 네 불법이 많으므로 내가 원수의 상처와 잔인한 자의 징계로 너를 상하게 하였느니라. 네 죄들이 늘어났느니라. 너는 어찌하여 네 고난으로 인해 부르짖느냐? 네 불법이 많으므로 네 슬픔을 치료할 수 없나니 네 죄들이 늘어났으므로 내가 이 일들을 네게 행하였느니라. 그러므로 너를 삼키는 모든 자들은 삼켜지며 네 모든 대적들 즉 그들 각 사람은 포로가 되고 너를 노략하는 자들은 노략물이 되며 너를 먹이로 취하는 모든 자들은 내가 탈취물로 주리라. 주가 말하노라. 그들이 너를 쫓겨난 자라 부르며 이르기를, 이자는 아무도 찾지 않는 시온이라, 하였으므로 내가 네게 건강을 회복시켜 주며 네 상처들을 낫게 하리라. 주가 이같이 말하노라. 보라 내가 야곱의 장막들의 포로 된 자들을 다시 데려오고 그의 거처에 긍휼을 베풀리니 그 도시가 자기의 폐허더미 위에 세워지고 그 궁궐이 그것의 방식대로 남게 되리라.(렘 30:12~19) ※ 참조 구절 - 미가 1:1~9

▌ **상처를 입으신 주 하나님:** 수확할 때가 지나고 여름이 끝났으나 우리는 구원을 받지 못하였도다. 내 백성의 딸의 상처로 인하여 나도 상하였으며 암담하게 되고 놀라움에 사로잡혔도다.(렘 8:20~21) 주께서 이같이 말씀하시기를, 보라. 내가 이번에는 그 땅의 거주민들을 무릿매로 내던지고 그들을 괴롭게 하여 그 일이 그러한 줄을 그들이 알게 하리라, 하시느니라. 내 상처로 인하여 내게 화가 있도다! 내 상처가 심하나 내가 말하기를, 참으로 이것이 고통일지라도 내가 반드시 그것을 감당하여야 하리라, 하였도다.(렘 10:19)

3절__상처 - 누구든지 여자와 간음하는 자는 명철이 부족한 자니라. 그것을 행하는 자는 자기 자신의 혼을 망하게 하며 상처와 불명예를 얻고 자기의 치욕을 씻지 못하리라. 한 남자(하나님)의 격노는 질투이므로 원수 갚는 날에 그가 용서하지 아니하고 어떤 대속물도 중히 여기지 아니하며 네가 많은 선물을 줄지라도 그가 만족하여 쉬지 아니하리라.(잠 6:32~34) 어리석은 자의 입은 그의 멸망이 되며 그의 입술은 그의 혼의 올무가 되느니라. 소문을 퍼뜨리는 자의 말들은 상처들과 같아서 배 속의 가장 안쪽 부분들로 내려가느니라.(잠 18:7~8) 사람의 영이 그의 병약함을 지탱하려니와 상처 입은 영은 누가 감당하리요?(잠 18:14) 재난이 누구에게 있느냐? 슬픔이 누구에게 있느냐? 다툼이 누구에게 있느냐? 재잘거림이 누구에게 있느냐? 까닭 없는 상처가 누구에게 있느냐? 붉은 눈이 누구에게 있느냐? 오랫동안 포도주에 머무는 자들에게 있고 섞은 포도주를 구하러 다니는 자들에게 있느니라.(잠 23:29) ※ 포도주(은사, 영적인 것) 섞은 포도주(마법, 영을 부리는 것)

14절~15절__짐승의 행적 - 왕들의 연대기 책과 교황의 연대기 책에 기록해 놓으셨습니다, 역사는 진실을 말해 줄 것입니다: 이제 바아사의 나머지 행적과 그가 행한 일과 그의 권력은 이스라엘 왕들의 연대기 책에 기록되어 있지 아니하냐?(왕상 16:5)

▎너는 너를 위하여 어떤 새긴 형상도 만들지 말고 또 위로 하늘에 있는 것이나 아래로 땅에 있는 것이나 땅 아래 물속에 있는 것의 어떤 모습이든지 만들지 말며(출 20:4) 너는 그들의 신들에게 절하지 말며 그들을 섬기지도 말고 그들의 행위를 본받지 말며 오직 그들을 철저히 뒤엎고 그들의 형상들을 완전히 부술지니라.(출 23:24) 그 땅의 모든 거주민을 너희 앞에서 몰아내며 그들의 모든 그림과 부어 만든 모든 형상을 멸하고 그들의 모든 산당을 완전히 허물며(민 33:52) 오히려 너희는 그들의 제단들을 멸하고 그들의 형상들을 깨뜨리며 그들의 작은 숲들을 베어 낼

지니라.(출 34:13)

15절__경배 - 너는 다른 신에게 경배하지 말라. 주는 질투라는 이름을 가진 질투하는 하나님이니라.(출 34:14) 또 네가 하늘을 향해 눈을 들어 해와 달과 별들 곧 하늘의 온 군대를 보고 끌려가 그것들에게 경배하며 그것들을 섬길까 염려하노니 그것들은 주 네 하나님께서 온 하늘 아래 모든 민족들을 위하여 나누어 놓으신 것이니라.(신 4:19) 네가 만일 주 네 하나님을 완전히 잊어버리고 다른 신들을 따라 걸으며 그들을 섬기고 그들에게 경배하면 내가 이 날 너희에게 증언하노니 너희가 반드시 멸망할 것이니라.(신 8:19) 참으로 너희가 몰록의 장막과 너희의 신 렘판의 별 곧 너희가 경배하려고 만든 형상들을 들고 다녔은즉 내가 너희를 바빌론 너머로 끌고 가리라, 함과 같으니라.(행 7:43)

▎**사도 바울은 알았다, 원수가 교회 안에 있다는 것을, 용이 일어 날 것을:** 형제들아, 우리 주 예수 그리스도의 오심과 우리가 그분께로 함께 모이는 것으로 말미암아 이제 우리가 너희에게 간청하노니 너희는 영으로나 말로나 혹은 우리에게서 왔다는 편지로나 그리스도의 날이 가까이 이르렀다 해서 쉽게 마음이 흔들리거나 불안해지지 말라. 아무도 어떤 방법으로든 너희를 속이지 못하게 하라. **먼저 떨어져 나가는 일이 일어나고 저 죄의 사람 곧 멸망의 아들이 드러나지 아니하면 그날이 이르지 아니하리라. 그는 대적하는 자요, 또 하나님이라 불리거나 혹은 경배 받는 모든 것 위로 자기를 높이는 자로서 하나님처럼 하나님의 성전에 앉아 자기가 하나님인 것을 스스로 보이느니라.** (살후 2:1~4)

16절__손 위의 표와 네 눈 사이의 표 - 마음 판에 새기는 하나님의 말씀입니다: 너는 네 마음을 다하고 혼을 다하고 힘을 다하여 주 네 하나님을 사랑하라. 이 날 내가 네게 명령하는 이 말씀들을 네 마음속에 두고 너는 그것들을 네 자녀들에게 부지런히 가르치며 네가 네 집에 앉을 때에든지, 길을 걸을 때에든지, 누울 때에든지, 일어날 때에든지 그것들을 말할 것이며 너는 또 그것들을 네 손에 매어 표적으로 삼고 네 눈 사이에 두어 이마의 표로 삼으며 또 네 집의 기둥과 네 문에 기록할지니라.(신 6:1~9) 너희는 나의 이 말들을 너희 마음과 너희 혼에 두며 또 그것들을 너희 손에 매어 표적으로 삼고 너희 눈 사이에 붙여 이마의 표로 삼으며(신 11:18) 너를 위해 네 손 위에 표적과 네 눈 사이의 기념물로 삼고 주의 율법이 네 입에 있게 하라. 내 자손들 중의 처음 난 모든 자는 대속하나니 너는 그것을 네 손 위의 표와 네 눈 사이의 표로 삼으라.(출 14:1~16)

---

18) 여기에 지혜가 있으니 지각이 있는 자는 그 짐승의 수를 세어 볼지니라. 그것은 어떤 사람의 수요, 그의 수는 육백육십육이니라

※ Here is wisdom. Let him that hath understanding count the number of the beast: for it is the number of a man; and his number is Six hundred threescore and six.
  ▶ 여기에 지혜가 있다. 그는 짐승의 수(번호)를 세어서 알 수 있다. 그것은 어떤 사람의 수(번호)이다. 그의 수(번호)는 육백육십육이다.
※ understanding – 남의 말을 단어의 의미를 중요성 등을 사람을 이해하다, 알다

18절__사람(a man) - 하나님께서 'count'하라고 하신 '사람'이란? **바다의 물고기와 공중의 날짐승과 가축과 온 땅과 땅에서 기는 모든 기는 것을 지배하는 자가 바로 사람입니다:** 하나님께서 이르시되, 우리가 우리의 형상으로 우리의 모양에 따라 **사람**(man)을 만들고 그들이 바다의 물고기와 공중의 날짐승과 가축과 온 땅과 땅에서 기는 모든 기는 것을 **지배하게 하자**, 하시고 이처럼 하나님께서 자신의 형상으로 그를 창조하시고 그들(them)을 남성(male)과 여성(female)으로 창조하시니라. 하나님께서 그들에게 복을 주시고 하나님께서 그들에게 이르시되, 다산하고 번성하여 땅을 채우라. 땅을 정복하라. 또 바다의 물고기와 공중의 날짐승과 땅 위에서 움직이는 모든 생물

을 지배하라, 하시니라.(창 1:26~28) 주께서 향기로운 냄새를 맡으시고 주께서 마음속으로 이르시되, 내가 다시는 사람으로 인하여 땅을 또 저주하지 아니하리니 이는 사람이 마음에서 상상하는 바가 어려서부터 악하기 때문이라. 내가 다시는 전에 행한 것 같이 모든 생물을 또 치지 아니하리니(창 8:21) **사람**이 무엇이기에 주께서 그를 생각 속에 깊이 두시나이까? **사람**의 아들이 무엇이기에 주께서 그를 찾아 오시나이까? 주께서 그를 천사들보다 조금 낮게 만드시고 그에게 영광과 존귀로 관을 씌우셨나이다. 주께서 그로 하여금 주의 손으로 지으신 것들을 **지배하게 하시고** 모든 것을 그의 발아래 두셨사오니 참으로 **모든 양과 소의 들의 짐승들**이며 **공중의 날짐승과 바다의 물고기와 바다들의 행로들을 지나다니는 모든 것이니이다.** 오 주 우리 주여, 주의 이름이 온 땅에 어찌 그리 뛰어나신지요!(시 8:4~9)

> ▶ **바다의 물고기 + 공중의 날짐승 + 가축 + 온 땅 + 땅에서 기는 모든 것 - 하나님을 반역하는 악한 사람들의 부류들입니다:** 강도들의 장막들은 형통하고 하나님을 격노하게 하는 자들은 안전하니 하나님께서 그들의 손에 풍성히 가져다 주시는도다. 그러나 이제 **짐승들**에게 물어보아라. 그것들이 너를 가르치리라. **공중의 날짐승들**에게 물어보라. 그것들이 네게 일러 주리라. 혹은 **땅**에게 말하라. **땅**이 너를 가르치리라. **바다의 물고기들**이 네게 밝히 알려 주리라. 이 모든 것들을 통해 주의 손이 이 일을 이루신 줄을 누가 알지 못하느냐? 모든 생물의 혼과 모든 인간의 숨이 그분의 손에 있느니라.(욥 12:6~10) 내가 내 질투 속에서 내 진노의 불 속에서 말하였노니 반드시 그 날에 이스라엘 땅에 큰 떨림이 있어서 **바다의 물고기와 하늘의 날짐승과 들의 짐승과 땅 위에서 기는 모든 기는 것**과 지면에 있는 모든 **사람**이 내 앞에서 떨며 산들이 무너져 내리고 가파른 곳이 쓰러지며 모든 성벽이 땅에 무너지리라.(겔 38:19~20) 그들이 맹세하고 거짓말하며 살인하고 도둑질하며 간음을 행함으로 터져서 피와 피가 닿는도다. 그러므로 그 땅이 애곡하며 그 안에 거하는 모든 **사람**

이 들의 짐승들과 하늘의 날짐승들과 더불어 쇠약할 것이요, 참으로 **바다의 물고기들도 없어지리라.**(호 4:2~3) 오 주 내 하나님이여, 나의 거룩한 이여, 주께서는 영원부터 계시지 아니하시나이까? 우리가 죽지 아니하리이다. 오 주여, 주께서 심판하시려고 그들을 정하셨나이다. 오 능하신 하나님이여, 주께서 바로잡아 주시려고 그들을 세우셨나이다. 주께서는 눈이 정결하셔서 악을 보지 못하시며 또 불법을 보지 못하시거늘 어찌하여 배신하는 자들을 바라만 보시고 사악한 자가 자기보다 더 의로운 자를 삼키는데도 주의 혀를 억제하시나이까? 또 주께서는 어찌하여 **사람들을 바다의 물고기 같게 하시며 자기들을 다스릴 치리자도 없는 기어 다니는 것들 같게 하시나이까?** 그들은 낚시로 그들 모두를 끌어올리고 자기들의 그물로 그들을 잡으며 자기들의 끄는 그물로 그들을 모으고 그런 까닭에 기뻐하고 즐거워하나이다.(합 1:12~15) 주가 말하노라. 내가 그 땅에서 모든 것을 철저히 소멸시키리라. 내가 **사람**과 **짐승**을 소멸시키고 **하늘의 날짐승과 바다의 물고기**를 소멸시키며 **사악한 자**와 더불어 걸려 넘어지게 하는 것을 소멸시키고 그 **땅**에서 **사람**을 끊으리라.(습 1:2~3)

18절__여기에 지혜가 있으니 지각이 있는 자는 그 짐승의 삶을 세어(count) 볼지니라. 그것은 짐승들에게 허락한 하나님의 권능의 수 육백육십육이니라 - 성소 안 제단의 금(솔로몬 = 지배자 = 통치자), 하나님께서 성소 안에서 주님의 일 즉 저주를 집행할 자의 권능의 수 = 사람의 수 = 모든 짐승들을 지배하고 다스릴 자들의 수: 이제 한 해에 솔로몬에게 들어온 금의 무게는 **육백육십육** 달란트였는데(왕상 10:14) 이제 한 해에 솔로몬에게 들어온 금의 무게는 **육백육십육** 달란트였는데(대하 9:13) 당신은 가서 다윗 왕에게 들어가 그분께 아뢰기를, 오 내 주 왕이여, 전에 왕께서 왕의 여종에게 맹세하여 말씀하시되, 네 아들 솔로몬이 반드시 나를 이어 통치하고 내 왕좌에 앉으리라, 하지 아니하셨나이까?(왕상 1:13) 그녀가 그에게 이르되, 내 주여, 왕께서 전에 주 왕의 하나님을 두고 왕의 여종에게 맹세하여 이르시기를 네 아들 솔로몬이 반드시 나를 이어 통치하고 내 왕좌에 앉으리라, 하셨거늘(왕상 1:17)

솔로몬 성전의 실체

❶ **하나님의 명령**: 네가 내게 돌로 제단을 만들고자 하거든 '**다듬은 돌로 그 것을 쌓지 말라.**' 네가 돌 위로 네 연장을 들면 그것을 이미 더럽혔느니라.(출 20:25)

▶ **솔로몬 성전**: 왕이 명령하니 그들이 큰 돌과 값비싼 돌과 '**다듬은 돌**' 을 가져다가 그 집의 기초를 놓았더라.(왕상 5:17) 이제 너희에게 청하노리 이 날부터 거슬러 올라가고 **주의 성전에 돌**(a stone)이 돌(a stone) 위에 놓이기 전부터 거슬러 올라가 깊이 생각할지니라.(학 2:15)

❷ **하나님의 명령** - 그가 순금으로 긍휼의 자리를 만들되 그것의 '**길이가 이 큐빗 반, 너비가 일 큐빗 반**'이 되게 하며(출 37:6)

▶ **솔로몬 성전** - 또 그가 주의 언약 궤를 두기 위해 그 집의 내부에 하나님께서 말씀하시는 곳을 예비하였는데 하나님께서 **말씀하시는 곳의 앞부분은 '길이가 이십 큐빗이요, 너비가 이십 큐빗이요'**, 높이가 이십 큐빗이더라. 그가 순금으로 그것을 입혔고 마찬가지로 백향목으로 된 제단에도 **입혔더라.** 이처럼 솔로몬이 그 집의 내부를 순금으로 입히고 하나님께서 말씀하시는 곳 앞에 금사슬로 칸막이를 만들어 그것을 금으로 입히며 온 집을 금으로 입혀 마침내 온 집을 완성하니라. 그가 또 **하나님께서 말씀하시는 곳** 옆에 있던 제단을 온통 금으로 입혔더라.(왕상 6:19~22)

❸ **하나님의 명령** - 너는 '**계단으로 내 제단에 오르지 말지니**'(출 20:26)

▶ **솔로몬 성전** - 가운데층 방의 문은 그 집의 오른쪽에 있었으며 그들이 '**나선식 계단으로 가운데층 방으로 올라갔고**' 가운데 층 방에서 셋째

층 방으로 올라갔더라.(왕상 6:8)

❹ **하나님의 명령** - 긍휼의 자리 양 끝에 '**금으로 그룹 두 개를 만들되 한 덩어리로 두들겨서 그것들을 만들고**'(출 37:7)

▶ 솔로몬 성전 - 그가 하나님께서 말씀하시는 곳 안에 '**올리브나무로 두 그룹을 만들었는데 각각의 높이가 십 큐빗이더라. 또 그가 금으로 그룹들을 입혔으며**'(왕상 6:23, 28)

❺ **하나님의 명령** - '기술자의 손으로 만든 것 즉 새기거나 부어 만든 형상 곧 주께 가증한 것'을 만들어 은밀한 곳에 두는 자는 저주를 받으리라, 할 것이요. 온 백성은 응답하여, 아멘, 할지니라.(신 27:15)

▶ 솔로몬 성전 - 그가 그 두 문도 올리브나무로 만들었으며 또 그것들에 '**그룹과 종려나무와 핀 꽃들을 새기**'고 그것들을 금으로 입히며 그룹과 종려나무들에 금을 깔았더라. 또 그가 두 문을 전나무로 만들었더라. 또 그가 **한 문의 두 문짝**을 접히게 하였고 다른 문의 두 문짝도 접히게 하였고 **다른 문의 두 문짝도** 접히게 하였으며 그 위에 '그룹과 종려나무와 핀 꽃들을 새기고' 그 새긴 곳에 맞게 그것들을 금으로 덮었더라. (왕상 6:32, 34~35)

❻ **하나님의 명령** - 너는 **시팀나무로 만들어** 금을 입힌 네 기둥에 그 휘장을 걸며 (출 26:32)

▶ 솔로몬 성전 - 또 그가 **올리브나무로 만든 문들을** 하나님께서 말씀하시는 곳의 입구로 만들었는데 그 문들의 인방과 양옆 기둥이 벽의 오분의 일을 차지하였더라. (왕상 6:31)

❼ **하나님의 명령** - 모세가 이스라엘 자손에게 이르되, 보라, 주께서 유다 지파에 속한 훌의 손자 우리의 아들 브살레엘을 지명하여 부르시고 지혜와 명철과 지식과 온갖 종류의 기술에서 하나님의 영으로 그를 충만하게 하사(출 35:30~31)

▶ 솔로몬 성전 - 솔로몬의 건축자들과 히람의 건축자들과 돌을 네모나게 만드는 자들이 그 돌들을 다듬었고 이처럼 그들이 그 집을 건축하

기 위해 재목과 돌들을 예비하였더라. (왕상 5:18)

솔로몬 성전 안에서 행한 일들

❶ **솔로몬 성전의 실체** - 그 집의 전 앞에 있던 주랑의 길이는 그 집의 너비와 같이 이십 큐빗이요, 그것의 너비는 집 앞에서 십 큐빗이었더라. 그가 그 집을 위해 **폭이 좁은 채광창들**을 만들었더라. 또 그가 그 집의 벽에 맞대어 돌아가며 **방들**을 만들되 돌아가며 그 집의 벽 곧 전과 하나님께서 말씀하시는 곳의 벽에 맞대어 돌아가며 방들을 만들었더라. **맨 아래층 방**의 너비는 오 큐빗이요, **가운데 층 방**의 너비는 육 큐빗이며 **셋째 층 방**의 너비는 칠 큐빗이었으니 이것은 그가 그 집의 벽 바깥쪽에 폭이 좁아지는 받침대들을 돌아가며 만들어 그 집 벽에 들보들을 고정시키지 아니하려 함이더라. (왕상 6:3~6)

▶ **하나님께서 보여주신 것** - 그때에 그분께서 내게 이르시되, 사람의 아들아, 이스라엘의 집 원로들이 **어두운 곳에서 저마다 자기 형상을 둔 방들**에서 행하는 것을 네가 보았느냐? 그들이 이르기를, 주께서 우리를 보지 아니하신다. 주께서 그 땅을 버리셨다, 하느니라. 그때에 그분께서 나를 데리고 북쪽을 향한 주의 집 문의 입구에 이르셨는데, 보라, 거기에 여자들이 앉아서 **담무스를 위하여 슬피 울고** 있더라. 그분께서 나를 데리고 주의 집의 안뜰에 이르셨는데, 보라, 주의 성전의 문에 **주랑과 제단 사이에 스물다섯 명가량**이 있더라. 그들이 자기들의 등은 주의 성전을 향하게 하고 자기들의 얼굴은 동쪽을 향하게 한 채 **동쪽을 바라보며 태양에게 경배**하더라. 그때에 그분께서 내게 이르시되, 오 사람의 아들아, 네가 이것을 보았느냐? 유다의 집이 여기에서 **가증한 일들**을 범하나니 그들이 이 일들을 범하는 것이 그들에게 가벼운 일이냐? 그들이 그 땅을 폭력으로 채우고 또 돌이켜서 내 분노를 일으켰나니, 보라, 그들이 나뭇가지를 자기들의 코에 두었느

니라.(겔 8:12, 14, 16~17) ※ 기둥의 들보를 고정 시키지 않은 방들. 방에는 25명 정도가 생활. 하나님을 등지고 자기들의 옛 땅을 향하여 바라보며 날마다 북쪽으론 담무스를 위해 남쪽으론 태양신을 위해 경배했다. 누가? 이스라엘 원로들.

❷ 솔로몬 성전의 실체 - 또 그가 올리브나무로 만든 문들을 하나님께서 말씀하시는 곳의 입구로 만들었는데 그 문들의 인방과 양옆 **기둥이 벽의 오분의 일을 차지하였더라.**(왕상 6:31)

▶ 하나님께서 보여 주신 것 - 그분께서 손의 형체를 내미사 내 머리털 타래로 나를 잡으시매 그 영께서 나를 들어 땅과 하늘 사이로 올리시고 하나님의 환상 속에서 나를 데리고 예루살렘으로 가서 북쪽을 바라보는 **안쪽 문의 입구**에 이르시니라. 거기에는 **질투의 형상 곧 질투를 일으키는 형상의 자리**가 있더라. 그때에 그분께서 내게 이르시되, 사람의 아들아, 이제 눈을 들어 북쪽을 향한 길을 바라보라, 하시기에 내가 눈을 들어 북쪽을 향한 길을 바라보니, 보라, 제단 문에서 **북쪽으로 어귀에 질투의 이 형상**이 있더라. (겔 8:3, 5)

❸ 솔로몬 성전의 실체 - 또 그가 그 두 문을 전나무로 만들었더라. 또 그가 **한 문의 두 문짝을 접히게** 하였고 **다른 문의 두 문짝도 접히게** 하였으며 그 위에 그룹과 **종려나무와 핀 꽃들을 새기고** 그 새긴 곳에 맞게 그것들을 금으로 덮었더라. (왕상 6:34~35)

▶ 하나님께서 보여 주신 것 - 그때에 그분께서 내게 이르시되, 사람의 아들아, 이제 그 벽을 뚫으라, 하시기에 내가 그 벽을 뚫었더니, 보라, 한 문이 있더라. 그분께서 내게 이르시되, 들어가 그들이 여기에서 행하는 사악하고 가증한 일들을 보라, 하시기에 내가 들어가 보니, 보라, **온갖 형태의 기어 다니는 것과 가증한 짐승과 이스라엘의 집의 모든 우상이 벽의 사방에** 그려져 있고 (겔 8:8~10)

❹ 성전은 누구의 정성으로 지었는가?: 솔로몬 왕이 일꾼들을 모집한 까닭은 이러하니 곧 그가 주의 집과 **자기 집**과 밀로와 **예루살렘 성벽**과 하솔

과 므깃도와 게셀을 **건축하고자 하였기 때문**이라. 전에 이집트 왕 파라오가 게셀을 탈취하여 불태우고 그 도시에 거하던 가나안 족속을 죽이며 그 도시를 자기 딸 곧 솔로몬의 아내에게 예물로 주었더라. **이스라엘 자손에 속하지 아니한** 아모리 족속과 헷 족속과 브리스 족속과 히위 족속과 여부스 족속 중에서 남아 있던 모든 백성들 곧 그들의 뒤를 이어 그 땅에 남아 있던 그들의 자손 즉 **이스라엘 자손이 능히 진멸하지 못한 자들, 그들에게도 솔로몬이 노예로서 조공을 바치게** 하여 이 날까지 이르게 하되 이스라엘 자손 중에서는 솔로몬이 아무도 노예로 삼지 아니하였으니 오직 그들은 군사와 그의 신하와 통치자와 대장과 그의 병거를 다스리는 자와 기병이 되었더라. (왕상 9:15~22)

▌**두로왕 히람은 누구인가?**: 보소서, 주의 원수들이 소동을 일으키고 주를 미워하는 자들이 머리를 들었나이다.~그들이 한 마음으로 함께 협의하고 주를 대적하여 동맹하였으니 이들은 곧 에돔의 장막들과 이스마엘 족속과 모압에 속한 자들과 하갈 사람들이며 그발과 암몬과 아말렉이요, 두로의 거주민들과 함께한 블레셋 사람이요, 앗수르도 그들과 연합하여 롯의 자손을 도왔나이다. 셀라(시 83:2~8) 또 두로의 딸이 예물을 가지고 거기에 있으리니 심지어 백성 가운데 부자들도 네 호의를 간청하리로다. 왕의 딸은 그 속이 온통 영화로우니 그녀의 옷은 세공한 금으로 이루어졌도다. 그녀가 수놓은 옷을 입고 왕께로 인도되며 그녀의 뒤를 따르는 그녀의 동료 처녀들도 왕께로 인도되리니 그들이 기쁨과 즐거움과 더불어 인도되고 왕의 궁궐에 들어가리로다. (시 45:12~15) 그 날에 두로가 한 왕의 날수에 따라 칠십년 동안 잊힐 것이요, **칠십 년이 끝난 뒤에 두로가 창녀같이 노래하리라. 오랫동안 잊힌 창녀여, 너는 하프를 가지고 도시를 돌아다니며 달콤한 곡조로 많은 노래를 불러서 사람들이 너를 다시 기억하게 할지니라. 칠십 년이 끝난 뒤에 주께서 두로를 돌아 보시리니 그녀가 자기의 몸값을 받는 일로 되돌**

아와 지면에 있는 세상의 모든 왕국과 음행을 벌일 것이로되 그녀의 상품과 몸값은 주께 거룩한 것이 되어 그것을 간직하거나 쌓아 두지 아니하리라. (사 23:15~18)

열 왕 →	로마(넷째 짐승)		한 시기		때	성도들 왕국 소유
	교황		홍수	전쟁		
	일곱 왕					
33~381년	381(가톨릭 국교) -----> 1763년					
한 때			두 때		반 때	끝
428년 <----- (1290년) -----> 1717년						
428년 <----- (1335년) -------> 1763년						
7봉인~4나팔	다섯째 나팔 ~ 일곱 나팔		일곱 병			

70년이 끝난 뒤에 --→ 모든 왕국과 음행을 벌임
하프를 가지고 도시를 돌아다니며
달콤한 곡조로 많은 노래를 부름.

▶ **예루살렘이 바빌론의 포로로 있었던 70년**: 주가 이같이 말하노라. 바빌론에서 칠십 년이 찬 뒤에 내가 너희를 돌아보고 너희를 향한 나의 선한 말을 이행하여 너희를 이곳으로 돌아오게 하리니(렘 29:10) 곧 그의 통치 제일년에 나 다니엘이 책들을 통하여 주의 말씀이 대언자 예레미야에게 임하사 알려 주신 그 햇수를 깨닫되 곧 그분께서 예루살렘이 황폐한 가운데 칠십 년을 채우시리라는 것을 깨달으니라.(단 9:2) 그 땅의 온 백성과 제사장들에게 말하여 이르라. 너희가 그 칠십 년 동안 오월과 칠월에 금식하고 애곡할 때에 조금이라도 나를 위하여 곧 나를 위하여 금식하였느냐?(슥 7:5)

▶ **주 자기들의 하나님을 버리고 다른 신들을 붙들며 그들에게 경배한 솔로몬**: 솔로몬 왕이 파라오의 딸을 포함하여 많은 **이방 여인들**을 사랑하였으니 곧 **모압 족속과 암몬 족속과 에돔 족속과 시돈 사람들과 헷 족속의 여인들이라.** 그 민족들에 관하여는 주께서 이스라엘 자손에게 이르시되, **너희는 그들에게로 들어가지 말며 그들도 너희에게로 들어오지 못하게 하라.** 그들이 반드시 너희 마음을 돌려 자기들의 신들을 따르게 하리라, 하셨으나 솔로몬이 사랑에 빠져 이들에게 굳게 붙었더라.(왕상

11:1~2) 이는 솔로몬이 시돈 사람들의 여신 아스다롯을 따르고 암몬 족속의 가증한 신 밀곰을 따랐기 때문이라. **솔로몬이 주의 눈앞에서 악을 행하고** 자기 아버지 다윗이 전적으로 주를 따른 것같이 따르지 아니하며 그때에 모압의 가증한 신 그모스를 위하여 예루살렘 앞의 산에 산당을 건축하고 또 암몬 자손의 가증한 신 몰렉을 위해서도 그와 같이 하였으며 그가 또 자기의 모든 이방 아내들을 위해서도 그와 같이 하였는데 그들이 자기들의 **신들에게 분향하며 희생물을 드렸더라.** (왕상 11:5~8)

하나님께서 성경에서 세어(count) 보라 하신 것이 무엇일까요? — 하나님께선 생각을 마음을 삶을 세셨습니다.(count)

1. 레 25:52) 만일 희년까지 남은 햇수가 적으면 그는 그 **사람과 함께 세어 (count)** 자기의 햇수대로 자기를 속량하는 값을 그 사람에게 도로 줄 것이며

2. 민 23:10) 누가 능히 야곱의 티끌을 셀 수 있으며 **이스라엘의 사분의 일을 셀 수**(count) 있으리요? 나는 의로운 자의 죽음(death)으로 죽기(die)를 원하며 나의 마지막이 그의 마지막과 같기를 바라는도다! 하매

3. 삼상 1:16) **Count** not thine handmaid for a daughter of Belial: for out of the abundance of my complaint and grief have I spoken hitherto. ▶ **당신의 여종을 타락한 천사의 딸로 세지 마소서.** 내가 지금까지 많은 원망과 슬픔 속에서 말하였나이다, 하매

4. 욥 19:15) They that dwell in mine house, and my maids, **count** me for a stranger: I am an alien in their sight. ▶ 그들은 내 집에 거하는 자들과 내 여종들이며, **낯선 사람을 위해 나를 세십시오:** 나는 그들의 눈 앞에서 외인이 되었도다.

5. 욥 31:4) 그분께서 내 길들을 보시며 **내 모든 것을 세지**(count) **아니하시느냐?**

6. 시 139:17~18) 오 하나님이여, **주의 생각들이** 또한 내게 어찌 그리 보배로운지요! 그것들을 합친 것이 어찌 그리 큰지요! **내가 그것들을 세려(count) 할진대 그것들의 수가 모래보다 더 많나이다.** 내가 깰 때에도 여전히 주와 함께 있나이다.

7. 시 139:22) I hate them with perfect hatred: I **count** them mine enemies. ▶ 내가 그들을 완전한 미움으로 미워하오며 **나는 그들 나의 원수를 센다.**

8. 미 6:11) Shall I **count** them pure with the wicked balances, and with the bag of deceitful weights? ▶ 내가 **사악한 저울과 속이는 추를 담은 자루를 지니고 다니는 자들을 깨끗한 것으로 세겠느냐?**

9. 행 20:24) But none of these things move me, neither **count** I my life dear unto myself, so that I might finish my course with joy, and the ministry, which I have received of the Lord Jesus, to testify the gospel of the grace of God. ▶ 하지만 이 일들 중 어떤 것도 나를 움직이지 못하며 또한 **나 자신에게 내 인생을 세지(count)** 아니하노니 이것은 내가 나의 달려갈 길과 주 예수님께 받은 사역 곧 하나님의 은혜의 복음을 증언하는 일을 기쁨으로 끝마치고자 함이라.

10. 빌 3:8) Yea doubtless, and I **count** all things but loss for the excellency of the knowledge of Christ Jesus my Lord: for whom I have suffered the loss of all things, and do count them but dung, that I may win Christ, ▶ 의심할 여지없이, **나는 모든 형편을 센다.** 그러나 나의 하나님 예수 그리스도의 지식의 각하를 위하여 손실을 입고: 그를 위하여 내가 모든 상황의 손실을 겪어야만 한다. 그리고 그것을 배설물로 세며, 나는 그리스도로 이길 수 있다.

11. 빌 3:13) Brethren, I **count** not myself to have apprehended: but this one thing I do, forgetting those things which are behind, and reaching forth unto those things which are before, ▶ 형제들아, 나는 **나 자신을 세지**

아니 하고 단지 이 한 가지 일을 행하나니 곧 뒤에 있는 그것들은 잊어버리고 앞에 있는 그것들에 도달하려고 나아가

12. 살후 1:11) Wherefore also we pray always for you, that our God would **count** you worthy of this calling, and fulfil all the good pleasure of his goodness, and the work of faith with power: ▶ 그러므로 우리도 항상 너희를 위하여 기도함은 우리의 **하나님께서 이 소명의 부르심으로 세실 것이며** 자신의 선하심의 모든 선한 기쁨과 또 믿음의 일을 권능으로 성취하시게 하려 함이며

13. 살후 3:15) Yet **count** him not as an enemy, but admonish him as a brother. ▶ 그러나 **그를 원수로 세지 말고** 형제로서 권고하라.

14. 딤전 6:1) Let as many servants as are under the yoke **count** their own masters worthy of all honour, that the name of God and his doctrine be not blasphemed. ▶ 멍에 아래 있는 많은 종들은 다 자기 주인들을 모든 **공경(존경)을 받기에 자격이 있는 자로 셀지니** 이것은 하나님의 이름과 그분의 교리가 모독을 받지 않게 하려 함이라.

15. 몬 1:17) If thou **count** me therefore a partner, receive him as myself. ▶ 그러므로 네가 나를 **동반자로** 여기거든 마치 **나를 세듯이 그를 세어라.**

16. 약 1:2) My brethren, **count** it all joy when ye fall into divers temptations; ▶ 내 형제들아, 너희가 여러 가지 시험에 빠질 때에 **모든 기쁨을 세어보라**

17. 약 5:11) Behold, we **count** them happy which endure. Ye have heard of the patience of Job, and have seen the end of the Lord; that the Lord is very pitiful, and of tender mercy. ▶ 보라, **참는 자들을 우리가 기쁨으로 세나니.** 너희가 욥의 인내를 들었고 주께서 주신 결말을 보았거니와 주께서는 지극히 동정심이 많으시며 친절한 긍휼을 베푸는 분이시니라.

18. 벧후 2:13) And shall receive the reward of unrighteousness, as they that **count** it pleasure to riot in the day time. Spots they are and blemishes,

sporting themselves with their own deceivings while they feast with you;

▸ 대낮에 방탕하는 것을 낙으로 여기므로 불의를 세어(count) 보아야 한다.
그들이 너희와 함께 잔치를 할 때에 자기들의 속임수로 즐기니 그들은 점과
흠이요.

19. 벧후 3:9) The Lord is not slack concerning his promise, as some
men **count** slackness; but is longsuffering to us-ward, not willing that any
should perish, but that all should come to repentance. ▸ **주께서는 자신의
약속에 대해 어떤 사람들이 느슨하게 세는 것 같이 느슨하게 세지 아니하시
며** 오직 우리를 향하여 오래 참으사 아무도 멸망하지 아니하고 모두 회개에
이르기를 원하시느니라.

요한계시록 14장

2절__많은 물들(물들1과 물들2)의 소리 같고 큰 천둥소리와도 같더라 - 악한
많은 무리들의 소리 같기도 하고 하나님의 소리와도 같다는 말씀입니다: 네
가 본 물들 곧 음녀가 앉아 있는 물들은 백성들과 무리들과 민족들과 언어들
이니라.(계 17:15) 높이 계신 **주께서는 많은 물들의 소리보다 강하시며** 참으
로 바다의 강한 파도들보다 강하시니이다.(시 93:4) 사무엘이 번제 헌물을
드릴 때에 블레셋 사람들이 이스라엘과 싸우려고 가까이 왔으나 그 날에 주
께서 큰 천둥으로 블레셋 사람들에게 천둥소리를 내사 그들을 무찌르시니
그들이 이스라엘 앞에서 패하므로(삼상 7:10) 그분께서 위로부터 보내사 나
를 붙잡아 주시고 **많은 물들에서 나를 끌어내셨으며** 나의 강한 원수와 나를
미워한 자들에게서 나를 건지셨나니 내가 감당하기에 그들이 너무 강하였도
다.(시 18:16) 주의 음성이 물들 위에 있도다. 영광의 **하나님께서 천둥소리
를 내시나니 주께서 많은 물들 위에 계시도다.**(시 29:3) 이스라엘의 하나님

의 영광이 동쪽 길에서부터 임하더라. 그분의 음성은 **많은 물들의 소리** 같았고 땅은 그분의 영광으로 말미암아 빛나더라.(겔 43:2) **많은 물들 위에 앉은 큰 음녀가 받을 심판을 내가 네게 보여 주리라.**(계 17:1)

3절__새 노래 - 우리는 날마다 새롭게(new) 그분을 만나야 하고 새 노래를 올려 드려야 합니다: 너희는 주를 찬양하라. **새 노래로 주께 노래하며** 성도들의 회중 안에서 그분을 찬양할지어다.(시 149:1) 바다로 내려가는 자들과 그 안에 있는 모든 것들과 섬들과 거기에 사는 거주민들아, 너희는 **새 노래로 주께 노래하며** 땅 끝에서부터 노래로 그분을 찬양하라.(사 42:10)

4절__하나님과 어린양께 첫 열매가 된 자들 - 그리스도께서 죽은 자들로부터 일어나사 **잠든 자들의 첫 열매가 되셨도다.**(고전 15:20) 각 사람이 자기 차례대로 되리니 **먼저는 첫 열매인 그리스도요,** 그 다음은 그리스도께서 오실 때에 그분께 속한 사람들이라.(고전 15:23) 그들뿐 아니라 **우리 자신 곧 성령의 첫 열매를 소유한 우리까지도** 속으로 신음하며 양자 삼으심(롬 8:23) 그분께서 자신의 뜻에 따라 진리의 말씀으로 우리를 낳으셨으니 이것은 **우리가 그분의 창조물 중의 첫 열매 종류가 되게 하려 하심이라.**(약 1:18)

7절__그분의 심판의 시간 - 음녀, 하나님이 아닌 다른 신들을 섬기는 자들에게 원수 갚으시는 시간입니다: 그분의 심판들은 참되고 의로우니 그분께서 음행으로 땅을 부패시킨 그 큰 음녀를 심판하시고 또 자신의 종들의 피의 원수를 그녀의 손에 갚으셨도다, 하더라.(계 19:2) 다만 네가 네 강퍅함과 뉘우치지 아니하는 마음에 따라 진노의 날 곧 하나님의 의로운 **심판**이 나타나는 그 날에 닥칠 진노를 네게 쌓아 올리는도다.(롬 2:5) 율법 밖에서 죄를 지은 자들은 또한 다 율법 밖에서 멸망하고 율법 안에서 죄를 지은 자들은 다 율법으로 **심판**을 받으리니(롬 2:12) 결혼은 모든 것 가운데 존귀한 것이요 잠자리는 더럽히지 말아야 하거니와 음행을 일삼는 자들과 **간음하는 자들은 하**

나님께서 심판하시리라.(히 13:4) 지금 있는 하늘들과 땅은 주께서 같은 말씀으로 보관하여 간직하사 **경건치 아니한 사람들의 심판과 멸망의 날에 불사르기 위해 예비해 두셨느니라.**(벧후 3:7) 이것은 모든 사람에게 **심판을 집행하사** 그들 가운데 경건치 아니한 모든 자들이 경건치 아니하게 범한 모든 경건치 아니한 행위와 또 경건치 아니한 **죄인들이 그분을 대적하여 말한 모든 거친 발언에 대하여 그들을 정죄하려 하심**이라, 하였느니라.(유 1:15) 하나님의 집에서 **반드시 심판을 시작할 때가 이르렀나니** 만일 그것이 우리에게서 먼저 시작되면 하나님의 복음에 순종하지 아니하는 자들의 마지막은 어떠하겠느냐?(벧전 4:17)

8절__포도즙 - 하늘로부터 오는 영적인 모든 은사를 말합니다: 그들이 와서 시온의 높은 곳에서 찬송하며 **여호와의 은사 곧 곡식과 새 포도주와 기름과** 어린 양의 떼와 소의 떼에 모일 것이라 그 심령은 물댄 동산 같겠고 다시는 근심이 없으리로다 할지어다.(렘 31:12) 행음과 포도주와 새 포도즙이 마음을 빼앗아 가느니라.(호 4:11) 침상에서 울부짖을 때에도 자기 마음을 다하여 내게 부르짖지 아니하였으니 그들은 곡식과 포도즙을 위해 모이고 나를 거역하는도다.(호 7:14) 술 취한 자들아, 너희는 깨어 울지어다. 포도주를 마시는 모든 자들아, 너희는 새 포도즙으로 인하여 울부짖을지어다. 그것이 너희 입에서 끊어졌도다.(욜 1:5)

19절__포도즙 틀 - 약속의 땅, 로마 제국을 말씀하시는 것입니다: 주께서 내 한가운데서 내 모든 용사를 발아래 밟으시며 나를 치려고 집회 무리를 부르사 내 젊은이들을 짓밟으셨나니 **주께서 처녀 곧 유다의 딸을 포도즙 틀에서 밟듯 밟으셨도다.**(애 1:15) 그가 거기에 울타리를 두르고 그것의 돌을 주워 내고 최상품의 포도나무를 거기에 심고 그것의 한가운데에 망대를 세우고 또 그 안에 **포도즙 틀**을 만들었도다. 포도원이 포도 내기를 그가 바랐는데 그것이 들포도를 내었도다.(사 5:2) 에돔에서 나오며 물들인 옷을 입고 보스라에서 나오는 이자는 누구냐? 의복이 영화롭고 자신의 큰 능력으로 다니는 이 자는 누구냐? 의 안에서 말하는 나니 곧 구원하는 능력이 있는 자니라. 어찌하여 주의 의복이 붉으며 주의 옷이 포도즙 틀을 밟는 자와 같으니이까? 백성들 중에서 나와 함께한 자가 없이 **내가 홀로 포도즙 틀을 밟았노라.** 내가 친히 분노하여 그들을 밟고 친히 격노하여 그들을 짓밟으리니 그들의 피가 내 옷에 튀어 내 모든 의복을 더럽히리라.(사 63:1~3)

요한계시록 15장

2절__짐승과 그의 형상과 그의 표와 그의 이름의 수를 이기고 승리한 자들 - 믿음의 싸움에서 승리한 이들은 하늘 왕국을 그리스도와 함께 다스릴 자들입니다: 이기는 자는 모든 것을 상속받으리니 나는 그의 하나님이 되고 그는 나의 아들이 되리라.(계 21:7)

4절~8절__오 주여, 누가 주를 두려워하지 아니하며 주의 이름을 영화롭게 하지 아니하오리이까? 오직 주만 거룩하시나이다. 주의 심판들이 드러났으므로 모든 민족들이 나아와 주 앞에 경배하리이다, 하더라. 그 뒤에 내가 바라보니, 보라, 하늘에 있는 증언의 성막의 성전이 열리고 일곱 재앙을 가진 일곱 천사가 그 성전에서 나오는데 그들은 순결하며 흰 아마포 옷을 입고 가슴에 금띠를 띠었더라. 네 짐승들 중의 하나가 영원무궁토록 살아 계시는 하나님의 진노를 가득히 담은 일곱 금병을 일곱 천사에게 주니라. 그 성전이 하나님의 영광과 그분의 권능으로부터 나오는 연기로 가득 차매 일곱 천사의 일곱 재앙이 이루어질 때까지는 아무도 능히 그 성전에 들어가지 못하더라.

1절__또 내가 들으니 그 성전에서 큰 음성이 나서 일곱 천사에게 이르되, 너희 길로 가서 하나님의 진노의 병들을 땅에 쏟아 부으라, 하더라.

일곱 병 = 마지막 일곱 재앙 = ❶홍수와 ❷전쟁

열 왕 →	로마(넷째 짐승)		한 시기		때	성도들 왕국 소유
	교황		❶홍수	❷전쟁		
	일곱 왕			(war)		
33~381년	381(가톨릭 국교) ----------→ 1763년					
	한 때		두 때		반 때	끝
	428년 ←----- (1290년) ------→ 1717년					
	428년 ←----- (1335년) -------→ 1763년					
7봉인~ 넷째나팔	다섯째 나팔 ~ 여섯째 나팔 ~ 마지막 나팔		일곱 병			

❶ **홍수1**: 1881년 영국의 웨스트코트와 호르트 '공인 본문' 9,970군데 **수정 (삭제, 추가)** → 1937년 히틀러 수하에서 일하던 키텔이 '전통 마소라 본문'을 페이지마다 평균 15~20 군데씩 수정하여 '비블리아 헤브라이카'를 편찬. → 1967~1977년 판 '슈트트가르트 비블리아 헤브라이카'로 개정 출간되었다. 구약성경 전체를 놓고 볼 때 약 **20,000군데가 수정.** 프로테스탄트들과 침례교인들 '공인 본문' 사용. 로마 가톨릭 교회는 처음부터 '소수 본문' 사용. '소수 본문'에는 처녀 탄생, 신성, 대속, 삼위일체 및 기타 여러 가지 중요한 성경에 대한 **잘못된 교리 내용이 포함**되어 있다. ※ 출처: 킹제임스 흠정역 성경전서 성경개관

❷ **전쟁(war)**: 1914년 4월~1918년 11월 제1차 세계대전 → 1939~1945년 제2차 세계대전 → 1948년 5월15일 1차 중동전쟁 → 1956년 10월 2차 중동전쟁 → 1967년 3차 중동전쟁(6일 전쟁) → 1973년 10월 16일 4차 중동전쟁(키프러스 전쟁) → 1982년 레바논 침공 → 1994년 이슬람 사원에서 기도중인 39명 팔레스틴 학살 → 1995년 이스라엘 라빈총리 암살→ 2003년~2010년 이라크 전쟁 → 2004년 와지르스탄 전쟁 → 2004

년~2007년 사다흐 분쟁, 중앙아프리카 공화국 오지 전쟁 → 2004년 코
트디부아르, 프랑스 전쟁 → 2005년 차드 전쟁 → 2006년 이스라엘 레
바논 전쟁, 소말리아 전쟁 → 2007년 러시아 그루지아 전쟁, 이스라엘
하마스 전쟁

▎**지진:** 1855년 일본 지진 → 1976년 루마니아 지진 → 1976년 중국의 당
산대지진 → 1989년 10월 17일 로마프리타 지진 → 1906년 샌프란시스
코 지진 → 1995년 1월 17일 일본 고베 지진 → 1996년 12월 13일 강원도
영월군서면 지진 → 1999년 1월 25일 콜롬비아지진 → 1999년 8월 17일
터키지진 → 1999년 9월 7일 그리스 지진 → 1999년 9월 21일 대만 지진
→ 1999년 9월 30일 멕시코 지진 → 2009년 4월 7일 라퀼라 지역 지진.

2절__악취 - 어리석게 행하는 모든 행동과 말, 교만한 행위와 말들입니다: 그
러므로 하눈이 다윗의 신하들을 붙잡아 그들의 수염 절반을 깎고 그들의 의
복 한가운데를 도려내되 볼기가 있는 데까지 도려내고 그들을 내보내니라.~
암몬 자손이 자기들이 다윗 앞에서 악취를 내었음을 보고 사람을 보내어 벧
르홉의 시리아 사람들과 소바의 시리아 사람들의 보병 이만 명과 또 마아가
의 왕에게서 천 명과 이스돕에서 만 이천 명을 고용하니라.(삼하 10:4,6) 내
어리석음으로 인하여 내 상처들이 악취를 내며 썩었나이다.(시 38:5) 주가
이같이 말하노라. 내가 버린 네 어머니의 이혼 증서가 어디 있느냐? 내가 어
느 채권자에게 너희를 팔았느냐? 보라, 너희는 너희 불법들로 인하여 너희
자신을 팔았고 너희 어머니는 너희 범법들로 인하여 버림을 받았느니라. 어
찌하여 내가 왔을 때에 아무도 없었느냐? 어찌하여 내가 부를 때에 응답하는
자가 아무도 없었느냐? 과연 내 손이 짧아져서 구속하지 못하겠느냐? 내게
건져 낼 능력이 없느냐? 보라, 내가 꾸짖은즉 바다가 마르며 강들이 광야가
되고 강들의 물고기가 물이 없으므로 목말라 죽어 악취를 내느니라.(사
50:1~2)

3절_첫째 천사가 가서 자기 병을 땅에 쏟아 부으매 짐승의 표를 가진 사람들과 그의 형상에게 경배한 자들에게 악취가 나며 몹시 아픈 헌데가 생기더라 - **신대륙에서 예수회(가톨릭의 수도회) 선교사 추방**: 1767년 에스파냐, 1768년 나폴리, 시칠리, 파르마 등에서 재산 몰수되고 추방 → 인도, 아시아, 아메리카 대륙의 선교활동 힘들어짐 → 1800년경 예수회 선교구의 붕괴

3절_둘째 천사가 자기 병을 바다에 쏟아 부으매 바다가 죽은(dead) 사람의 피같이 되어 모든 살아 있는 혼이 바다에서 죽더라(died) - **유럽대륙을 휩쓴 나폴레옹 전쟁(1796~1815년)**: 또 그가 자기 궁궐의 장막들을 바다들 사이의 영화롭고 거룩한 산에 세울 터이나 그의 끝이 이르겠고 아무도 그를 도와주지 아니하리라.(단 11:45) 그분께서 다시 돌이키시고 우리를 불쌍히 여기시며 우리의 불법들을 누르시리니 주께서 그들의 모든 죄를 바다의 깊음 속에 던지시리이다.(미 7:19) 주께서 그 강들을 불쾌히 여기셨을까? 주께서 그 강들에게 분노하셨나이까? 주께서 그 바다에게 진노하셨으므로 주의 말들을 타시며 주의 구원의 병거들을 타셨나이까? 지파들에 관한 맹세 곧 주의 말씀에 따라 주의 활이 아주 활집에서 나왔나이다. 셀라. 주께서 강들로 땅을 쪼개셨나이다.(합 3:8~9)

4절_셋째 천사가 자기 병을 강들과 물들의 근원들 위에 쏟아 부으매 그것들이 피가 되더라. 내가 들으니 물들의 천사가 이르되, 오 지금도 계시고 전에도 계셨고 앞으로도 계실 주여, 주께서 이렇게 심판하시오니 의로우시니이다. 그들이 성도들과 대언자들의 피를 흘렸으므로 주께서 그들에게 피를 주어 마시게 하셨사오니 그것이 그들에게 마땅하나이다, 하더라 - 1881년 영국의 웨스트코트와 호르트 '공인 본문' 9,970군데 수정(삭제, 추가) → 1937년 히틀러 수하에서 일하던 키텔이 '전통 마소라 본문'을 페이지마다 **평균 15~20 군데씩 수정**하여 '비블리아 헤브라이카'를 편찬. → 1967~1977년판 '슈트르가르트 비블리아 헤브라이카'로 개정 출간되었다. 구약성경 전체를 놓고 볼 때

약 20,000군데가 수정

8절~9절__넷째 천사가 자기 병을 해 위에 쏟아 부으매 해가 사람들을 불로 태울 권능을 받아서 사람들을 큰 열기로 태우니 - **홀로코스트 2차 세계대전 (1945년~해방 될 때 까지) 아우슈비츠의 유대인 포로수용소에서 600만 명 죽임 당함:** 주의 말씀이 내게 임하니라. 이르시되, 사람의 아들아, 이스라엘의 집이 내게 찌꺼기가 되었나니 그들은 다 용광로 한가운데 있는 놋과 주석과 쇠와 납이며 심지어 은 찌꺼기로다. ~ 그런즉, 보라, 내가 너희를 예루살렘 한가운데로 모으리라. 그들이 은과 놋과 쇠와 납과 주석을 모아 용광로 한가운데 넣고 그 위에 불을 내뿜어 녹히는 것 같이 내가 친히 분노하고 격노하는 가운데 너희를 모아 거기에 두고 녹이리라. 참으로 내가 너희를 모아 내 진노의 불 속에서 너희 위에 불을 내뿜을 터인즉 너희가 그것의 한가운데서 녹되 은이 용광로 한가운데서 녹는 것 같이 너희가 그것의 한가운데서 녹으리니 나 주가 내 격노를 너희 위에 부은 줄을 너희가 알리라. 또 주의 말씀이 내게 임하니라. 이르시되, 사람의 아들아, 그녀에게 이르기를, 너는 깨끗하게 되지 않은 땅이요, 격노의 날에 비를 얻지 못한 땅이로다, 하라. 그녀의 한가운데에는 그녀의 대언자들의 음모가 있는데 그것은 곧 울부짖는 사자가 먹이를 약탈하는 것 같도다. 그들이 혼들을 삼키며 보물과 귀중한 것들을 탈취하고 그녀의 한가운데서 그녀에게 과부를 많이 만들었도다. 그녀의 제사장들이 내 율법을 범하고 내 거룩한 것들을 더럽히며 거룩한 것과 속된 것을 전혀 구분하지 아니하고 부정한 것과 정결한 것의 차이를 보이지 아니하며 자기 눈을 가려 내 안식일을 보지 아니하였으므로 내가 그들 가운데서 더럽혀졌느니라. 거기의 한가운데 있는 그녀의 통치자들은 먹이를 약탈하는 이리들 같아서 정직하지 않은 이득을 얻기 위해 피를 흘리며 혼들을 멸하노라, 하였으며 그 땅의 백성은 학대를 행하고 강탈을 행하며 가난한 자와 궁핍한 자를 괴롭히고 참으로 나그네를 부당하게 학대하였도다. 그 땅을 위해 내 앞에서 울타리를 세우며 무너진 곳에 서서 나로 하여금 그것을 멸하지 못하게 할 한 사람을 내가 그들 가운데서 찾았으나 아무도 찾지 못하였노라. 그러므로 내가 내 격노를 그들 위에 부으며 내 진노의 불로 그들을 소멸시켜 그들의 길을 그들의 머리에 보응하였느니라. 주 하나님이 말하노라.(겔 22:17~22)

10절__다섯째 천사가 자기 병을 짐승의 자리 위에 쏟아 부으매 그의 왕국이 어둠으로 가득하고 그들이 아픔으로 인하여 자기 혀를 깨물며 또 자기의 아픔과 헌데로 인하여 하늘의 하나님을 모독하고 자기 행실을 회개하지 아니하더라 - 1854년 마리아의 무염시태(죄 없이 잉태됨)를 선언 → 1864년 '유설표'를 공표, 로마 가톨릭 교회가 승인하지 않는 종교, 양심, 언론, 과학적 발견의 자유를 정죄함, 교황이 세상 통치자들의 세속권세 가졌다고 함→ 1870년 교황의 절대무오류성 선언 → 1894년 시오니즘 운동, 제 1차 세계 대전 교황이 평화를 위하여 중재했다는 공로를 인정받음, 성모 승천 교리 선포 → 1950년 마리아의 몽소승천 선언, '착하신 교황'이라고 불림. → 1965년 마리아를 '교회의 어머니'라 부름

❚ 이제 형제들아, 너희의 치리자들과 마찬가지로 너희도 알지 못하여 그리한 줄 내가 아노라. 그러나 하나님께서 자신의 모든 대언자들의 입을 통하여 미리 보여 주신 그 일들 곧 그리스도께서 고난당하실 일들을 이같이 성취하셨느니라. 그런즉 너희는 회개하고 회심하라. 그리하면 새롭게 하는 때가 주의 앞으로부터 이를 때에 너희 죄들이 말소될 것이요. 또 그분께서 예수 그리스도 곧 너희에게 미리 선포된 분을 보내시리라. 하나님께서 세상이 시작된 이래로 자신의 모든 거룩한 대언자들의 입을 통하여 말씀하신 때 곧 모든 것을 회복하시는 때까지는 하늘이 반드시 그분을 받아들여야 하느니라.(행 3:17~21)

11절__하늘의 하나님을 모독하고 자기 행실을 회개하지 아니하더라: 심판 때에 니느웨 사람들이 이 세대와 함께 일어나 이 세대를 정죄하리니 이는 그

들이 요나의 선포로 인해 **회개**하였기 때문이거니와, 보라, 요나보다 더 큰 이가 여기 있느니라. (마 12:41)

12절_큰 강 유프라테스 - 홍수 상황, 더럽혀진 강 즉 하나님의 말씀을 잘 못 해석하게 가르치는 신학을 말하는 것입니다: 강 하나가 에덴에서 나가 동산을 적시고 거기서부터 갈라져 네 개의 근원이 되었는데(창 2:10) 셋째 강의 이름은 힛데겔이니라. 그것은 곧 아시리아의 동쪽으로 가는 강이고 넷째 **강은 유프라테스니라.** (창 2:14)

13절_개구리 같은 부정한 영 셋이 용의 입과 짐승의 입과 거짓 대언자의 입에서 나오더라 - 거짓된 자기 상상의 예언과 거짓된 악한 영들로부터 받은 환상과 변질시킨 가감한 자기 유익을 위한 말씀의 가르침들입니다: 사악한 자의 입과 속이는 자의 입이 열려서 나를 치며 그들이 거짓말하는 혀로 나를 비방하고 또 미워하는 말로 나를 에워싸며 까닭 없이 나를 대적하여 싸웠나이다. 나의 사랑으로 인하여 그들이 내 대적이 되었사오나 나는 스스로 기도할 뿐이니이다. 그들이 내게 선을 악으로 갚으며 증오로 나의 사랑을 갚았사오니 주께서 사악한 자를 그 위에 세우시며 사탄이 그의 오른쪽에 서게 하옵소서. (시 109:2~5) 주가 말하노라. 어느 누가 내가 보지 못하도록 자신을 은밀한 곳에 숨길 수 있느냐? 주가 말하노라. 내가 하늘과 땅을 가득 채우지 아니하느냐? 내가 그 대언자들이 말한 바를 들었거니와 그들이 내 이름으로 거짓들을 대언하며 이르기를, 내가 꿈을 꾸었다. 내가 꿈을 꾸었다, 하는도다. 이일이 어느 때까지 거짓들을 대언하는 대언자들의 마음속에 있겠느냐? 참으로 그들은 자기 마음의 속임수로 말하는 대언자들이로다. 그들은 자기 조상들이 바알로 인해 내 이름을 잊은 것 같이 저마다 자기 이웃들에게 자기 꿈들을 말하여 내 백성으로 하여금 내 이름을 잊게 하려고 생각하는 도다. 주가 말하노라. 꿈을 꾼 대언자는 꿈을 말하며 내 말을 가진 자는 신실히 내 말을 말할지니라. 알곡에 비하면 겨가 무엇이냐? 주가 말하노라. 내 말이 불 같지 아니하냐? 바위를 산산조각 부수는 쇠망치 같지 아니하냐? 주가 말하노라. 그런즉, 보라, 각각 자기 이웃에게서 내 말들을 도둑질하는 대언자들을 내가 대적하노라.(렘 23:24~31)

---

14) 그들은 마귀들의 영들로서 기적들을 행하며 땅과 온 세상의 왕들에게 나아가 하나님 곧 전능자의 저 큰 날에 있을 전쟁(battle)을 위하여 그들을 모으더라. 15) 보라, 내가 도둑같이 오나니 깨어 있어 자기 옷을 지키고 벌거벗고 다니지 아니하여 그들에게 자기 수치를 보이지 아니하는 자는 복이 있도다. 16) 그가 히브리말로 아마겟돈이라 하는 곳으로 그들을 함께 모으더라.

14절__전능자의 저 큰 날에 있을 전쟁(battle)을 위하여 그들을 모으더라. ❶ **아마겟돈 전쟁(battle) - 히브리말로 아마겟돈, 팔레스타인의 도시 므깃도의 언덕이라는 뜻입니다, 이스라엘 평원지역 안에 위치하고 있는 팔레스틴 최고의 전략적 요충지 므깃도:** 우상들은 헛된 것을 말하며 점치는 자들은 거짓을 보고 거짓 꿈들을 이야기하므로 그들이 헛되이 위로하나니 그러므로 그들이 양 떼같이 자기들의 길로 가며 목자가 없어서 근심하였느니라. 내 분노가 목자들을 향해 타오르므로 내가 염소들을 벌하였노라. 만군의 주가 자신의 양 떼 곧 유다의 집을 돌아보았으며 그들을 전쟁(battle)에 쓰는 자신의 훌륭한 말같이 되게 하였노라. 모퉁잇돌이 그에게서, 못이 그에게서, 전쟁(battle)의 활이 그에게서, 학대하는 모든 자가 다 같이 그에게서 나왔느니라. 그들이 전쟁(battle)에서 거리의 진흙 속에서 자기 원수들을 짓밟는 용사들 같이 될 것이요, **주가 그들과 함께 하므로 그들이 싸워서 말 위에 탄 자들을 당황하게 하리라.**(슥 10:2~5) 보라, 주의 날이 이르리니 사람들이 네게서 노략한 물건들을 네 한가운데서 나누리라. **내가 모든 민족들을 모아 예루살렘을 대적하여 전쟁(battle)하게 하리니** 그런즉 그 도시가 함락되며 집들이 강탈을 당하고 여인들이 강간을 당하며 그 도시의 반이 포로가 되려니와 백성의 남은 자들은 그 도시에서 끊어지지 아니하리라. ❷**그때에 주께서 나아**

가사 그 민족들과 싸우시되 전에 전쟁(battle)의 날에 싸우신 것 같이 하시리라.(슥 14:1~3)

열 왕 →	로마(넷째 짐승)		한 시기		때		성도들 왕국 소유
	교황	홍수	전쟁			
	일곱 왕		(war)			
33~381년	381(가톨릭 국교) --------→ 1763년				❶	❷	
	한 때		두 때	반 때		끝
	428년 ←----- (1290년) ------→ 1717년			(battle)		
	428년 ←----- (1335년) --------→ 1763년					
7봉인~ 4나팔	다섯째 나팔 ~ 여섯째 나팔 ~ 마지막 나팔		일곱 병			

많은 노래를 부르는 두로 ←----→―❶→

경쟁자들 간의 투쟁. 문제들에 맞선 싸움 = 아마겟돈 전쟁(battle)

█ 만일 나팔이 분명하지 못한 소리를 내면 누가 전쟁(battle)을 준비하리요?(고전 14:7)

> 17) 일곱째 천사가 자기 병을 공중에 쏟아 부으매 큰 음성이 하늘의 성전에서 왕좌로부터 나서 이르되, 다 이루어졌도다, 하더라. 18) **음성들과 천둥들과 번개들**이 있었고 또 **큰 지진**이 있었는데 지진이 얼마나 크고 강력한지 사람들이 땅 위에 있은 이래로 그와 같은 것이 없었더라. 19) 그 큰 도시가 세 조각으로 갈라지고 민족들의 도시들도 무너지며 또 큰 바빌론이 하나님 앞에 기억되어 그분께서 그녀에게 자신의 맹렬한 진노의 포도즙 잔을 주시니라. 20) 또 **모든 섬이 사라지고 산들도 보이지 아니하더라**. 21) 또 무게가 각각 일 달란트나 되는 큰 **우박**이 하늘에서 나와 사람들 위에 떨어지매 사람들이 우박의 재앙으로 인하여 하나님을 모독하니 이는 그것의 재앙이 지극히 컸기 때문이더라.

█ **하나님을 따르는 자**: 그분께서 이르시되, 받아 주는 때에 내가 네 말을 들었고 구원의 날에 내가 너를 구조하였노라. 하시나니, 보라, 지금이 받아 주시는 때요, 보라, 지금이 구원의 날이로다. 이 사역이 비난을 받지 않게 하려고 우리가 어떤 일에서도 실족거리를 주지 아니하며 오직 모든 일에서 우리 자신을 하나님의 사역자로 입증하되 많은 인내와 고

난과 궁핍과 곤경과 매 맞음과 옥에 갇힘과 소동과 수고와 깨어 있음과
금식 가운데서 그리고 순수함과 지식과 오래 참음과 친절함과 성령
님과 거짓 없는 사랑과 진리의 말씀과 하나님의 권능과 오른손과 왼손
에 든 의의 병기로 그리하며 영예와 치욕으로 그리하고 나쁜 평판과 좋
은 평판으로 그리하였나니 우리는 속이는 자 같으나 진실하고 무명한
자 같으나 진실하고 무명한 자 같으나 유명하며 죽는 자 같으나, 보라,
우리가 살고 징계를 받는 자 같으나 죽임을 당하지 아니하며 근심하는
자 같으나 항상 기뻐하고 가난한 자 같으나 많은 사람을 부요하게 하며
아무것도 없는 자 같으나 모든 것을 소유한 자로다.(고후 6:2~10)

열 왕 →	로마(넷째 짐승)		한 시기	때	성도들 왕국 소유
	교황		홍수	전쟁	
	일곱 왕			(war)	
				(17절~21절)	
33~381년	381(가톨릭 국교) ----------→ 1763년			반 때	
	한 때		두 때	└전쟁(battle)	끝
	428년 ←------ (1290년) ------→ 1717년				
	428년 ←------ (1335년) -------→ 1763년				
7봉인~ 4나팔	다섯째 나팔~여섯째 나팔~마지막 나팔		일곱 병		

모든 왕국과 음행을 벌이는 두로 ←----→
(battle)(17절~21절)

요한계시록 17장

5절_신비 - 형제들아, 너희가 스스로 지혜로운 것으로 여기지 않게 하기 위
하여 이 신비에 대해 너희가 모르기를 내가 원치 아니하노니 그것은 곧 이방
인들의 충만함이 이를 때까지 일부가 눈머는 일이 이스라엘에게 생긴다는
것이라. 그리하여 온 이스라엘이 구원을 받으리라. 이것은 기록된바, 시온에
서 구출자가 나와 야곱에게서 경건치 아니한 것을 돌이키리니 내가 그들의
죄들을 제거할 때에 이것이 그들을 향한 내 언약이니라, 함과 같으니라. 복
음에 관하여는 그들이 너희로 인해 원수된 자들이지만 선택에 대하여는 그

들이 조상들로 인해 사랑받는 자들이니 하나님의 선물들과 부르심에는 뜻을 돌이키는 일이 없느니라. 너희가 지나간 때에는 하나님을 믿지 아니하였으나 이제는 그들이 믿지 아니함을 통해 긍휼을 얻게 하려 함이라. 하나님께서 그들 모두를 믿지 아니하는 데 가두어 두신 것은 친히 모든 사람에게 긍휼을 베풀고자 하심이라. 오 깊도다. 하나님의 지혜와 지식의 부요함이여! 그분의 판단들은 헤아릴 수 없으며 그분의 길들은 찾지 못할 것이로다! 누가 주의 생각을 알았느냐? 누가 그분의 조언자가 되었느냐? 누가 그분께 먼저 드려서 다시 보답을 받겠느냐? 모든 것이 그분에게서 나오고 그분으로 말미암으며 그분께로 돌아가나니 영광이 그분께 영원토록 있기를 원하노라. 아멘.(롬 11:25~36) 이제는 밝히 드러났으며 영존하시는 하나님의 명령에 따라 대언자들의 성경 기록들을 통해 믿음에 순종하게 하려고 모든 민족들에게 알려지게 된 신비의 계시에 따라 너희를 굳게 세우실 분 곧 홀로 지혜로우신 하나님께 예수 그리스도를 통해 영광이 영원토록 있기를 원하노라. 아멘.(롬 16:26~27)

5절__큰 바빌론, 땅의 창녀들, 가증한 것들의 어미 - 큰 용 = 이집트 왕 파라오 = 옛 뱀 = 여자 마법사 = 헷 족속 = 두로 = 왼쪽에 있는 그룹, 처소를 떠난 천사 = 타락한 천사장 = 간음하는 자: 내가 복이 아니라 화를 내리려고 이 도시를 향해 내 얼굴을 고정하였노라. 주가 말하노라. 그것이 바빌론 왕의 손에 넘어가리니 그가 그것을 불로 태우리라, 하라.(렘 21:10) 화살들을 번쩍이게 하고 방패들을 모으라. 주께서 메대 사람들의 왕들의 영을 일으키셨으니 그분의 계획은 바빌론을 치고 멸망시키는 것이로다. 그것은 주께서 원수 갚으시는 것이며 자신의 성전을 위해 원수 갚으시는 것이로다.(렘 51:11) 말하여 이르기를, 주 하나님이 이같이 말하노라. 보라, 이집트 왕 파라오야, 내가 너를 대적하노라. 너는 네 강들 한가운데 누워 있는 큰 용이라(겔 29:3) 우리가 바빌론을 치료하고자 하였으되 그녀가 치료되지 아니하였은즉 그녀를 버리고 우리 각 사람이 자기 본향으로 돌아가자. 그녀에 대한 심판이 하늘에까지

이르고 창공에까지 올라갔도다. (렘 51:9)

5절__땅의 창녀들 - 이스라엘의 헛된 우상숭배, 간음하는 자와 창녀의 씨, 여자 마법사의 아들들, 아브람의 씨들입니다: 의로운 자가 멸망할지라도 그것을 마음에 두는 자가 없고 긍휼이 풍성한 자들이 끌려갈지라도 의로운 자가 다가올 재앙을 피하여 끌려간 줄로 깊이 생각하는 자가 없도다. 그는 화평 속으로 들어갈 것이요, 자기의 곧바름 속에서 걷는 자들은 다 자기 침상에서 안식하리로다. 그러나 여자 마법사들의 아들들아, 간음하는 자와 **창녀들의 씨야, 너희는 여기로 가까이 나아오라.** 너희가 누구를 향해 너희 자신을 과시하느냐? 너희가 누구를 향해 입을 크게 벌리며 혀를 내미느냐? 너희는 범법의 자식이요, 거짓의 씨가 아니냐? 너희가 모든 푸른 나무 밑에서 우상들과 더불어 너희 자신을 불태우며 바위 낭떠러지 밑의 골짜기에서 자녀들을 죽이는도다.(사 57:1~5) 신실하던 도시가 어찌 창녀가 되었는가! 판단의 공의가 거기에 충만하고 의가 거기에 거하더니 이제는 살인자들뿐이로다(사 1:21) 이는 **마술의 여주인 곧 잘생긴 창녀가** 많은 행음을 벌였기 때문이라. 그녀가 자기의 행음으로 민족들을 팔며 자기의 마술로 가족들을 파느니라. (나 3:4) 그 날에 두로가 한 왕의 날수에 따라 칠십 년 **동안 잊힐 것이요, 칠십년이 끝난 뒤에** 두로가 창녀같이 노래하리라. 오랫동안 잊힌 창녀여, 너는 하프를 가지고 도시를 돌아다니며 달콤한 곡조로 많은 노래를 불러서 사람들이 너를 다시 기억하게 할지니라.(사 23:15~16) 창녀는 깊은 도랑이요(잠 23:27)

5절__가증한 것들의 어미(MOTHER) - 헷 족속: 그러므로 오 창녀(예루살렘의 연인들)야, 주의 말을 들을 지어다. 주 하나님이 이같이 말하노라. 네 더러움이 쏟아져 나왔고 네 사랑하는 자들과 네 가증한 것들의 모든 우상과 벌인 네 행음을 통해 또 네가 그들에게 준 네 자녀들의 피로 말미암아 네 벌거벗은 것이 드러났으니~ 너는 자기 남편과 자녀들을 심히 싫어하는 어머니의 딸이요, 너는 네 자매들 곧 자기 남편과 자녀들을 심히 싫어한 자들의 자매니라. **너희 어머니(mother)는 헷 족속이요, 너희 아버지는 아모리 족속이었으며** 네 언니는 자기 딸들과 함께 네 왼쪽에 거하는 사마리아요, 네 동생은 자기 딸들과 함께 네 오른쪽에 거하는 소돔이니라. (겔 16:35~36, 45~46)

▋ **헷 족속**: 주께서 아브람과 언약을 맺으며 이르시되, 내가 이 땅을 이집트의 강에서부터 저 큰 강 곧 유프라테스 강까지 네 씨에게 주었노리 곧 겐 족속과 그니스 족속과 갓몬 족속과 **헷 족속과** 브리스 족속과 르바 족속과 아모리 족속과 가나안 족속과 기르가스 족속과 여부르 족속의 땅이니라, 하시니라. (창 15:18~20) 마므레 앞 막벨라에 있던 에브론의 밭 곧 그 밭과 그 안에 있던 굴과 그 밭과 사방 모든 경계에 있던 모든 나무가 **헷의 자손들 앞에서 즉 그의 도시의 문에 들어온 모든 사람 앞에서 아브라함의 소유로 확정되니라.**~ 사라를 마므레 앞 막벨라의 밭 굴에 묻었는데 바로 그곳은 **가나안 땅에 있는 헤브론이니라.** 그 밭과 그 안에 있는 굴을 **헷의 아들들이 아브라함을 위하여 소유 매장지로 확정하였더라.** (창 23:17~20) 아브라함이 숨을 거두니라.~ 그의 아들들인 이삭과 이스마엘이 막벨라의 굴에 그를 묻으니라. 이 굴은 헷 족속 소할의 아들 에브론의 밭에 있으며 마므레 앞에 있는데 **그 밭은 아브라함이 헷의 아들들에게서 산 것이더라.** 아브라함과 그의 아내 사라가 거기 묻히니라. (창 25:7~10)

7절__그 천사가 내게 이르되, 네가 어찌하여 놀라느냐? 내가 그 여자의 신비와 그녀를 나르는 짐승 곧 일곱 머리와 열 뿔을 가진 짐승의 신비를 네게 말하여 주리라.

▋ **열 뿔(열 왕)** - ❶ 영국 ❷ 프랑스 ❸ 포르투칼 ❹ 스페인 ❺ 스위스 ❻ 독일 ❼ 헤룰리(HERULI) ❽ 롬바르드(LOMBARDS) ❾ 아프리카북부

(VANDALS) ⑩ 동고트족(OSTROGOTHS): 또 이 왕국에서 나온 열 뿔은 앞으로 일어날 열 왕이요, 그들 뒤에 다른 왕이 일어날 터인데 그는 먼저 있던 자들과 다르고 또 세 왕을 정복하리라.(단 7:24)

←─────────── 신비 = 그 여자 = 일곱 머리 : 다니엘 7장 예언 ───────────→			
바빌론	메대, 페르시아	그리스	로마 : 열 뿔(열 왕)
사자 머리1개	곰 머리 1개	표범 머리 4개	짐승 머리 1개

8절__네가 본 그 짐승은 전에 있었다가 지금은 없으나 앞으로 바닥없는 구덩이에서 올라와 멸망으로 들어갈 자니라. 땅에 거하는 자들로서 세상의 창건 이후로 이름이 생명책에 기록되지 않은 자들이 전에 있었다가 지금은 없으나 여전히 있는 그 짐승을 보고 놀라리라.

깊음 (바닥없는 구덩이)	┌────────────────────────────────					(깊음)┐ 교황 ↓ 멸망
	애굽	아시리아	바빌론	메대, 페르시아	그리스	로마

9절__여기에 지혜 있는 생각이 있으니 그 일곱 머리는 그 여자가 앉아 있는 일곱 산이라.

10절__또 일곱 왕이 있는데 다섯은 망하였고 하나는 있으며 다른 하나는 아직 오지 아니하였으되 그가 오면 반드시 잠시 동안 머물리라.

깊음 (바닥 없는 구덩이)	←──────────────── 일곱 산 ────────────────→						
				요한이 환상을 받을 때 ┐			
	애굽 왕	아시리아 왕	바빌론 왕	페르시아 왕	그리스 왕	로마 왕	교황
	←──────────────── 일곱 왕 ────────────────→						
					(1290년 동안)잠시 동안 ←──────		
	←──────────────────────────────────────→						
	다섯은 망했다					하나는 있으며	앞으로 올

11절__전에 있었다가 지금은 없는 그 짐승은 곧 여덟째며 그 일곱에 속한 자라. 그가 멸망으로 들어가느니라.

깊음 (바닥 없는 구덩이)	일곱 산						
	애굽 왕	아시리아 왕	바빌론 왕	페르시아 왕	그리스 왕	로마 왕	교황
	일곱 왕						
					(1290년 동안)잠시 동안 ←------→		
	다섯은 망했다					하나는 있으며	앞으로 올
	하나	둘	셋	넷	다섯	여섯	일곱 →
첫째	둘째	셋째	넷째	다섯째	여섯째	일곱째	여덟째 → / 멸망

12절__ 네가 본 열 뿔은 열 왕인데 그들이 아직 아무 왕국도 받지 못하였으나 그 짐승과 더불어 한 시간 동안 왕으로서 권능을 받느니라. 이들이 한 생각을 가지고 자기들의 권능과 힘을 그 짐승에게 주리라.

깊음 (바 닥 없 는 구 덩 이)	일곱 산 / 요한이 환상을 받을 때 ┐						
	애굽 왕	아시리아 왕	바빌론 왕	페르시아 왕	그리스 왕	로마 왕	교황
	일곱 왕						
							왕의 권능
					열 뿔(열 왕) → 가톨릭교회		
					(1290년 동안)잠시 동안 ← 1시간 →		
	다섯은 망했다					하나는 있으며	앞으로 올
	하나	둘	셋	넷	다섯	여섯	일곱
첫째	둘째	셋째	넷째	다섯째	여섯째	일곱째	여덟째→ / 멸망

　아무 왕국 → 왕으로서 권능(왕 같은 교황): 네가 본 두 뿔 달린 숫양은 메대와 페르시아의 왕들이요, 거친 숫염소는 그리스의 왕이며 그의 두 눈 사이의 큰 뿔은 첫째 왕이니라. 이제 그것이 꺾이고 그것 대신에 네 개가 일어났은즉 네 왕국이 그 민족으로부터 일어나되 그의 권세만은 못하리라. 그들의 왕국(their kingdom)의 마지막 때 곧 범법자들이 가득할 즈음에 사나운 얼굴을 하고 숨겨진 글의 뜻을 깨닫는 한 왕이 일어나리라. 그의 권세가 강할 터이나 자기의 권세로 말미암은 것은 아니니라. 그가 놀랍게 파괴하고 형통하며 꾸준히 행하고 강한 자들과 거룩한 백성을 멸하리라.(단 8:20~24) 하나님께서 자신의 뜻을 이루려는 것을 그들의 마음에 두사 동의하게 하시고 하나님의 말씀들이 이루어질 때까지 그들의 왕국(their kingdom)을 그 짐승에게 주게 하셨느니라.(계 17:17)

■ **왕으로서 권능:** "서양 중세의 카톨릭 교회는 바로 세계였다. **로마 교황청은 세계정부였으며 교황은 서유럽 전체 국가들의 왕**이었다.~ 특히 13세기 들어 교회의 권한은 그 절정에 달했다. 교회의 권한은 세속에까지 확대되어 교회가 모든 것을 결정하기에 이르렀다."(중앙일보 1994년 11월 18일자) "이전의 나라들은 모두 정치적 군주 국가였으나, **교황 로마는 정치적 절대 군주 국가이면서도 종교적 군주 국가**라는 점에서 크게 다르다. 이전의 왕국들은 사람의 몸을 다스렸으나 **교황은 사람의 영혼까지 다스린다.**"(Daniel by Ford, Desmond, p.152)

13절__이들이 한 생각을 가지고 자기들의 권능과 힘을 그 짐승에게 주리라

깊음	←----------------------------- 일곱 산 -----------------------------→								
(바닥없는 구덩이)	애굽 왕	아시리아 왕	바빌론 왕	페르시아 왕	그리스 왕	로마 왕 →	교황(짐승)		
					----------------------- 왕의 권능				
				(1290년 동안)잠시 동안 ←-- 1시간 --→					
				열 뿔(열 왕) → 가톨릭교회					
	←----------------------------- 일곱 왕 -----------------------------→								
	←----------------- 다섯은 망했다 -----------------→				하나는 있으며	앞으로 올		멸
	하나	둘	셋	넷	다섯	여섯	일곱		망
	첫째	둘째	셋째	넷째	다섯째	여섯째	일곱째	여덟째	

14절__이들이 어린양과 전쟁을 하려니와 어린양께서 그들을 이기시리니 그분은 주들의 주시요 왕들의 왕이시며 또 그분과 함께 있는 자들은 부르심을 받고 선정된 신실한 자들이니라, 하더라.

열 왕 →	로마(넷째 짐승)		한 시기		때	성도들 왕국 소유
	교황		홍수	전쟁		
	일곱 왕					
33~381년	381(가톨릭 국교) --------→ 1763년					
	한 때		두 때	반 때	끝	
	428년 ←------ (1290년) ------→ 1717년					
	428년 ←------ (1335년) ------→ 1763년					
7봉인~4나팔	다섯째 나팔 ~ 여섯째 나팔 ~ 일곱째 나팔		일곱 병			

↳ 하늘 전쟁 : 예수님 부활 ⇒ 어린양 + 그분과 함께 있는 자들 ←(war)→ 그들 ⇒ 어린양 승리
　　　　　　　　　　　(미가엘과 그의 천사들)　　　　　(용과 용의 천사들)

15절__또 그가 내게 이르되, 네가 본 물들 곧 음녀가 앉아 있는 물들은 백성들과 무리들과 민족들과 언어들이니라.

16절__네가 본 열 뿔 곧 짐승 위에 있는 이것들이 그 ①음녀를 미워하여 황폐하게 하고 벌거벗게 하며 그녀의 살을 먹고 그녀를 불로 태우리라.

17절__하나님께서 자신의 뜻을 이루려는 마음을 그들에게 주사 동의하게 하시고 하나님의 말씀들이 이루어질 때까지 그들의 왕국을 그 짐승에게 주게 하셨느니라.

열 왕 →	로마(넷째 짐승)		한 시기	때		성도들 왕국 소유
	교황	홍수	전쟁			
	일곱 왕		(war)			
				←①→		
33~381년	381(가톨릭 국교) --------→ 1763년		두 때	반 때		끝
	한 때			전쟁(battle)		
	428년 ←----- (1290년) -----→ 1717년			아마겟돈		
	428년 ←----- (1335년) -----→ 1763년					
7봉인~ 4나팔	다섯째 나팔~여섯째 나팔~마지막 나팔	일곱 병				

18절__또 네가 본 그 여자는 땅의 왕들 위에 군림하는 저 큰 도시니라, 하더라.

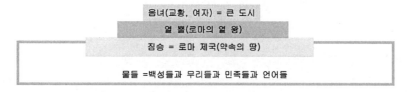

❚ **하늘의 신비**: 그 여자의 이마에 한 이름이 기록되어 있었는데, **신비**라 (계 17:5) 하나님의 왕국의 신비를 아는 것(막 4:11) 신비에 대해 너희가 모르기를 내가 원치 아니하노니 그것은 곧 이방인들의 충만함이 이를

때까지 일부가 눈머는 일(롬 11:25) 우리는 신비 속에 있는 하나님의 지혜 곧 감추어진 지혜를 말하노니 이 지혜는 하나님께서 우리의 영광을 위하여 세상이 생기기 전에 정하신 것이라.(고전 2:7) 그분께서 이제 자신의 거룩한 사도들과 대언자들에게 성령을 통해 이 신비를 계시하신 것 같이 다른 시대들에서는 사람들의 아들들에게 그것을 알리지 아니하셨는데 이 신비는 곧 복음으로 말미암아 이방인들이 그리스도 안에서 동료 상속자가 되고 같은 몸에 속하게 되며 그분의 약속에 참여하는 자가 된다는 것이라.(엡 3:5~6) 너희가 땅의 열매 거두기를 마치는 일곱째 달 십오일부터 이레(seven days) 동안 주께 명절을 지키되 **첫째 날**에도 **안식**(sabbath)하고 **여덟째 날**에도 **안식**(sabbath)할 것이요(레 23:39) **처음**에 하나님께서 **하늘**과 **땅**을 창조하시니라. **땅**은 형태가 없고 비어 있으며 **어둠은 깊음의 표면 위에 있고** 하나님의 영은 물들의 표면 위에서 움직이시니라.(창 1:1~2)

▶ **주께서는 하루가 천 년 같고 천 년이 하루 같다(벧후 3:8)**

하늘⇒ 태초 1) 하루 2) 하루 3) 하루 4) 하루 5) 하루 6) 하루 7) 안식일(sabbath)
땅 ⇒　　　　 1) 천년 2) 천년 3) 천년 4) 천년 5) 천년 6) 천년 7) sabbath에 참여

▶ **친히 만든 자신의 모든 일에서 떠나 일곱째 날에 안식(rest)하시니라(창 2:2)**

하늘 ⇒ 태초 1) 첫째 날 2) 둘째 날 3) 셋째 날 4) 넷째 날 5) 다섯째 날 6) 여섯째 날
　　　　　7) 하나님 안식(rest)
땅 ⇒　　 1) 월　　2) 화　　3) 수　　4) 목　　5) 금　　6) 토
　　　　　7) 주일

▶ **첫째 날**에도 **안식(sabbath)**하고 **여덟째 날**에도 **안식(sabbath)**(레 23:39)

하늘⇒ 1) sabbath 2) rest 3) rest 4) rest 5) rest 6) rest 7) rest 8) sabbath을 누림
땅 ⇒　　　　 1) rest 2) rest 3) rest 4) rest 5) rest 6) rest 7) sabbath을 기념함

▶그 짐승은 곧 여덟째며 그 일곱에 속한 자라. 그가 멸망으로 들어가느니라.(계 17:11)

하늘 ⇒ 1) 깊음 2) 애굽 3) 아시리아 4) 바빌론 5) 메대/페르시아 6) 그리스 7) 로마 제국
      8) 교황

 땅 ⇒   1) 애굽 2) 아시리아 3) 바빌론 4) 메대/페르시아 5) 그리스 6) 로마 제국
      7) 교황

깊음   1) 천년 2) 천년 3) 천년 4) 천년 5) 천년 6) 천년 7) 깊음(바빌론) 멸망
하늘1,땅1 1) 천년 2) 천년 3) 천년 4) 천년 5) 천년 6) 천년 7) 새 하늘과 새 땅

요한계시록 18장

이 일들 뒤에 내가 보니 큰 권능을 가진 또 다른 천사가 하늘로부터 내려오는데 그의 영광으로 인해 땅이 환해지더라. 그가 우렁찬 음성으로 힘차게 외쳐 이르되, 저 큰 바빌론이 무너졌도다, 무너졌도다. 그녀가 마귀들의 처소가 되고 모든 더러운 영의 요새가 되며 모든 부정하고 가증한 새들의 집이 되었도다. 모든 민족들이 그녀의 음행으로 인한 진노의 포도즙을 마셨고 또 땅의 왕들이 그녀와 **음행**하였으며 땅의 상인들도 그녀의 **넘치는 사치**로 말미암아 치부하였도다, 하더라. 또 내가 들으니 하늘로부터 또 다른 음성이 나서 이르되, **내 백성아, 너희는 그녀에게서 나와 그녀의 죄들에 참여하는 자가 되지 말고 그녀가 받을 재앙들을 받지 말라.** 그녀의 죄들이 하늘에까지 닿았고 하나님께서 그녀의 불법들을 기억하셨느니라. **그녀가 너희에게 갚아 준 대로 그녀에게 갚아 주고 그녀의 행위에 따라 두 배를 그녀에게 두 배로 갚아 주며 그녀가 채운 잔에 두 배를 그녀에게 채워 주라.** 그녀가 자기를 영화롭게 하고 호화로이 살았은즉 그만큼 그녀에게 고통과 슬픔을 주라. 그녀가 마음속으로 이르기를, 나는 여왕으로 앉아 있고 과부가 아니므로 결코 슬픔을 보

지 아니하리로다, 하나니 그러므로 그녀가 받을 재앙들 곧 사망과 애곡과 기근이 한 날에 임하리라. 그녀가 완전히 불에 타리니 **그녀를 심판하시는 주 하나님은 강하시니라.** 그녀와 음행하고 호화로이 살던 땅의 왕들이 그녀가 탈 때에 나는 연기를 보고 그녀로 인해 슬피 탄식하며 그녀를 위해 애통할 것이요, 그녀가 받는 고통을 두려워하므로 멀리 서서 이르되, 가엾도다, 가엾도다, 저 큰 도시 바빌론이여, 저 막강한 도시여! 너에 대한 심판이 한 시간 내에 이르렀도다, 하리로다. 땅의 상인들도 그녀를 두고 슬피 울며 애곡하리니 이는 아무도 다시는 그들의 상품을 사지 아니하기 때문이라. 그 상품은 금과 은과 보석과 진주요, 고운 **아마포**와 자주색 옷감과 **비단**과 주홍색 옷감이요, 모든 향목과 온갖 종류의 상아 그릇이요, 매우 값진 **나무**와 **놋**과 쇠와 대리석으로 만든 온갖 그릇이요, 육계와 향료와 향유와 유향과 포도즙과 기름과 고운 가루와 밀이요, 짐승과 **양**과 말과 **병거**와 노예들과 **사람들의 혼**이라. 네 혼이 탐하던 열매들이 네게서 떠났으며 우아하고 좋은 모든 것 들이 네게서 떠났으니 네가 다시는 그것들을 찾지 못하리로다. 이것들을 팔던 상인들 곧 **그녀로 인하여 부자가 된 자들**이 그녀가 받는 고통을 두려워하므로 멀리 서서 슬피 울고 통곡하며 이르되, 가엾도다, 가엾도다, 저 큰 도시여! 그녀가 **고운 아마포**와 **자주색 옷감**과 주홍색 옷감으로 옷 입고 금과 보석과 진주로 꾸몄는데 그렇게 많던 재물이 한 시간 내에 없어지게 되었도다, 하고 모든 선장과 배에 있는 온 무리와 선원과 바다에서 무역하는 자들도 다 멀리 서서 그녀가 탈 때에 나는 연기를 보고 외쳐 이르되, 이 큰 도시와 같은 도시가 어디 있으리요! 하며 티끌을 자기 머리 위에 뿌리고 슬피 울며 통곡하고 외쳐 이르되, 가엾도다, 가엾도다, 저 큰 도시여! 바다에서 배들을 부리는 자들이 다 **그녀의 값비싼 물품으로 인하여** 치부하였는데 그녀가 **한 시간 내에 황폐하게 되었도다, 하리라. 너 하늘아, 너희 거룩한 사도들과 대언자들아, 그녀로 인하여 기뻐하라. 하나님께서 너희를 위하여 그녀에게 원수를 갚으셨느니라.** 힘센 천사 하나가 큰 맷돌 같은 돌을 들어 바다에 던지며 이르되, 저 큰 도시 바빌론이 이같이 세차게 던져져서 다시는 보이지 아니하리로다. 또 하프 타는 자와 음악 하는 자와 피리 부는 자와 나팔 부는 자들의 소리가 다시는 네 안에서 들리지 아니하고 어떤 종류의 기술을 가진 기술자든지 그도 다시는 네 안에서 보이지 아니하며 또 맷돌 소리가 다시는 네 안에서 들리지 아니하고 등잔불 빛이 다시는 네 안에서 비치지 아니하며 신랑과 신부의 음성도 다시는 네 안에서 들리지 아니하리로다. 네 상인들은 땅의 위대한 자들이었으며 네 마법에 모든 민족들이 속아 넘어갔도다. **대언자들과 성도들과 땅에서 죽임을 당한 모든 사람의 피가 그녀 안에서 발견되었느니라**, 하더라.

요한 계시록 19장

우리가 즐거워하고 기뻐하며 그분께 존귀를 돌릴지니 어린양의 혼인 잔치가 이르렀고 그분의 아내가 자신을 예비하였도다. 또 그녀가 깨끗하고 희고 고운 아마포 옷을 차려입도록 허락하셨는데 그 **고운 아마포는 성도들의 의**니라, 하더라. 그가 내게 말하기를, 기록하라. 어린양의 혼인 만찬에 부름 받은 자들은 복이 있도다, 하고 또 내게 이르되, 이것들은 하나님의 참된 말씀들이라, 하기에 내가 그의 발 앞에 엎드려 그에게 경배하려 하매 그가 내게 말하기를, 나는 네 동료 종이요 예수님의 증언을 가진 네 형제들 중에 속한 자니 너는 주의하여 그리하지 말고 하나님께 경배하라. **예수님의 증언은 대언의 영이니라**, 하더라.(7절~10절)

요한 계시록 20장

1 또 내가 보니 한 천사가 바닥없는 구덩이의 열쇠와 큰 사슬을 손에 들고 하늘로부터 내려와 **2** 마귀요 사탄인 그 용 곧 저 옛 뱀을 붙잡으니라. 그가 그

를 붙잡아 천 년 동안 결박하여 **3** 바닥없는 구덩이에 던져 넣어 가두고 그 위에 봉인을 하여 천 년이 찰 때 까지는 그가 더 이상 민족들을 속이지 못하게 하니라. 그 뒤에는 그가 반드시 잠시 동안 풀려나리라.

열 왕 →	로마(넷째 짐승)		한 시기		때	성도들 왕국 소유
	교황		홍수	전쟁		
	일곱 왕					
33~381년	381(가톨릭 국교) --------→ 1763년					
	한 때		두 때	반 때	끝	
	428년 ←----- (1290년) ------→ 1717년					
	428년 ←----- (1335년) -------→ 1763년					
7봉인~4나팔	다섯째 나팔 ~ 여섯째 나팔 ~ 일곱째 나팔		일곱 병			

←---- ←----- 반드시 잠시 동안 풀려 남 ----→
천년 결박(예수님 태어나시기 전까지)

4 또 내가 보니 ①왕좌들과 그것들 위에 앉은 자들이 있는데 그들에게 심판이 맡겨졌더라. 또 내가 보니 예수님의 증언과 하나님의 말씀으로 인하여 ② 목 베인 자들의 혼들이 있는데 그들은 짐승과 그의 형상에게 경배하지도 아니하고 자기들의 이마 위에나 손 안에 짐승의 표를 받지도 아니한 자들이더라. 그들이 살아서 ③그리스도와 함께 천 년 동안 통치하되 **5** 그 나머지 죽은 자들은 그 천 년이 끝날 때까지 다시 살지 못하였더라. 이것은 ②첫째 부활이라. **6** 첫째 부활에 참여하는 자는 복이 있고 거룩하도다. 둘째 사망이 그들을 다스릴 권능을 갖지 못하고 도리어 그들이 하나님과 그리스도의 제사장이 되어 천 년 동안 그분과 함께 통치하리로다.

열 왕 →	로마(넷째 짐승)		한 시기		때	성도들 왕국 소유
	교황		홍수	전쟁		
	일곱 왕					
33~381년	381(가톨릭 국교) --------→ 1763년					
	한 때		두 때	반 때	끝	
	428년 ←----- (1290년) ------→ 1717년					
	428년 ←----- (1335년) -------→ 1763년					
7봉인~4나팔	다섯째 나팔 ~ 일곱째 나팔		일곱 병			

← 천년 →②←------ ③천년 통치 -------→
결박   ①왕좌들과 그것들 위에 앉은 자들(어린양 + 미가엘과 그의 천사들)

▌첫째 부활한 자들: 예수님께서 다시 큰 소리로 외치시고 숨을 거두시니라. 이에, 보라, 성전의 휘장이 위에서 아래까지 둘로 찢어지고 땅이 진동하며 바위들이 터지고 무덤들이 열리니 잠든 성도들의 많은 몸이 일어나 그분의 부활 뒤에 무덤 밖으로 나와서 거룩한 도시로 들어가 많은 사람에게 보이니라.(마 27:50~53)

7 ①그 천 년이 다 차매 사탄이 자기 감옥에서 풀려나고 8 ②나가서 땅의 사방에 있는 민족들 곧 곡과 마곡을 속이며 ③그들을 함께 모아 전쟁(battle)을 하게 하리니 그들의 수가 바다의 모래 같으리라. 9 그들이 ④땅의 넓은 곳으로 올라가 성도들의 진영과 그 사랑받는 도시를 에워싸매 ⑤불이 하늘에서 하나님으로부터 내려와 그들을 삼켰고 10 또 ⑥그들을 속인 마귀가 불과 유황 호수에 곧 그 짐승과 거짓 대언자가 있는 곳에 던져져서 영원무궁토록 밤낮으로 고통을 받으리라.

열 왕 →	로마(넷째 짐승)		한 시기		때	성도들 왕국 소유
	교황		홍수	전쟁		
	일곱 왕					
33~381년	(가톨릭 국교) ----→ 1763년					
한 때			두 때	반 때	끝	
428년 ← (1290~1335) → 1763년				battle		
7봉인~4나팔	다섯째 나팔 ~ 일곱째 나팔		일곱 병			

← 천년 ----------①천년 --------------------- ②천년 ---------→←→←→←⑤→⑥
└첫째 부활   곡과 마곡을 속임   ③ ④

11 또 내가 크고 흰 왕좌와 그 위에 앉으신 분을 보니 ❶ 땅과 하늘이 그분의 얼굴을 피하여 물러가고 그것들의 자리가 보이지 아니하더라. 12 또 내가 보매 죽은(dead) 자들이 작은 자나 큰 자나 할 것 없이 하나님 앞에 서 있는데 책들이 펴져 있고 또 다른 책이 펴져 있었으니 곧 생명책이라. 죽은(dead) 자들이 자기 행위들에 따라 책들에 기록된 것들에 근거하여 심판을 받았더라. 13 바다가 자기 속에 있던 죽은(dead) 자들을 내주고 또 사망과 지옥도 자기 속에 있던 죽은(dead) 자들을 넘겨주매 그들이 각각 자기 행위들에 따라

심판을 받았고 14 사망과 지옥도 불 호수에 던져졌더라. 이것은 둘째 사망이라. 15 누구든지 생명책에 기록된 것으로 드러나지 않은 자는 불 호수에 던져졌더라.

하나님의 나라 에덴(Eden, 천국, 새 예루살렘)이 땅에 임함 → 영원한 세상이 임함 ⌐

열 왕 →	로마(넷째 짐승)		한 시기	때	성도들 왕국 소유
	교황	홍수	전쟁		
	일곱 왕		(war)		
33~381년	(가톨릭 국교) -----→ 1763년				
	한 때	두 때	반 때		끝
	428년 ←- (1290~1335) -→ 1763년		(battle)		❶보이지
7봉인~4나팔	5나팔 ~ 6나팔 ~ 7나팔	일곱 병			않는다

13절) 바다(세상)와 사망(옛 뱀, 큰 용)과 지옥(깊음의 나라)이 죽은 자들을 넘겨줌 ⌐
└12절) 생명책과 삶을 낯낯이 적은 책들을 펼침. 낯낯이 기록된 책들의 기록을 근거하여 자기
　　행위들에 따라 심판을 집행함 → 심판 받음.
└14절) 사망(옛 뱀 즉 큰 용)과 지옥(깊음의 나라)과 생명책에 기록된 것이 없는 자 즉 그리스도
　　안에서 성령님과 동행 하지 않음으로 기록된 것이 없는 자들이 둘째 사망(불 호수)에 던져짐
└15절) 사망(큰 용)과 지옥(깊음)과 생명책에 기록된 것이 없는 자들이 영원히 고통을 받더라.

깊음의 하루

1. 깊음의 시작과 끝의 나이 – 깊음(사탄)이 결박된 시간 하루는?

깊음의 시간을 보면 지구의 시간을 대략 알 수 있습니다. 깊음이 풀려 난 시간이 한 시간(왕으로서의 권한)이니 그가 갇혀 있는 시간을 추정해 보도록 하겠습니다.

2. 성경에 나오는 시간 하루 = 24시간

처음에 하나님께서 하늘과 땅을 창조하시니라. 땅은 형태가 없고 비어 있으며 어둠은 깊음의 표면 위에 있고 하나님의 영은 물들의 표면 위에서 움직이시나니.(창 1:1~2)

낮 - Day	밤 - Night, 로마(사경) 해질 때부터 해 뜰 때까지
1) 제3시: 오전6시 ~ 9시(행 2:15)	1) 초경 ~ 저녁: 오후6시 ~ 9시(막 13:35)
2) 제6시: 오전9시 ~ 12시(요 4:6)	2) 이경 ~ 밤중: 오후9시 ~ 밤중(눅 12:38)
3) 제9시: 정오 ~ 오후3시(행 3:1)	3) 삼경 ~ 닭 우는 시간: 밤중 ~ 오전3시(눅 12:38)
4) 제12시: 오후3시 ~ 6시	4) 사경 ~ 아침: 오전3 ~ 6시(마 14:25)

3. 깊음의 하루 = 24시간, 땅의 30,960년

깊음의 1시간(1,290년 동안) ⇒ 1290 × 24 = 30,960년

⇒ **대략 30,960년 동안**

네가 본 열 뿔은 열 왕인데 그들이 아직 아무 왕국도 받지 못하였으나 그 짐승과 더불어 한 시간 동안 왕으로서 권능을 받느니라.(계 17:12) 그렇게 많던 재물이 한 시간 내에 없어지게 되었도다, 하고 모든 선장과 배에 있던 온 무리와 선원과 바다에서 무역하는 자들도 다 멀리 서서 그녀가 탈 때에 나는 연기를 보고 외쳐 이르되, 이 큰 도시와 같은 도시가 어디 있으리요! 하며 티끌을 자기 머리 위에 뿌리고 슬피 울며 통곡하고 외쳐 이르되, 가엾도다, 가엾도다, 저 큰 도시여! 바다의 값비싼 물품으로 인하여 치부하였는데 그녀가 한 시간 내에 황폐하게 되었도다, 하리라. 너 하늘아, 너희 거룩한 사도들과 대언자들아, 그녀로 인하여 기뻐하라. 하나님께서 너희를 위하여 그녀에게 원수를 갚으셨느니라.(계 18:17~20) 네가 하나님의 동산 에덴에 있었는데 모든 보석 곧 홍보석과 황옥과 다이아몬드와 녹주석과 줄마노와 벽옥과 사파이어와 에메랄드와 석류석과 금이 너를 덮었고 네가 창조되던 날에 네 안에서 네 작은북과 네 피리의 작품이 예비되었도다. 너는 기름 부음 받은 덮는 그룹이라. 내가 너를 그렇게 세우매 네가 하나님의 거룩한 산 위에 있었고 불타는 돌들 한가운데서 오르내리며 다녔도다. 네가 창조된 날부터 네가 네 길들에서 완전하였는데 마침내 네 안에서 불법이 발견되었도다. 네 상품이 많으므로 그들이 네 한가운데를 폭력으로 가득 채우매 네가 죄를 지었도다. 그러므로 내가 너를 더럽게 여겨 하나님의 산에서 쫓아내리라. 오 덮는 그룹아, 내가 너를 불타는 돌들 한가운데서 끊어 멸하리로다. 네 아름다움으로 인하여 네 마음이 높아졌으며 네 광채로 인하여 네가 네 지혜를 부패시켰은즉 내가 너를 땅에 던지고 왕들 앞에 두어 그들이 너를 바라보게 하리라. 네가 네 많은 불법 곧 네 무역의 불법으로 네 성소들을 더럽혔나니 그러므로 내가 네

한가운데서 불이 나오게 하여 너를 삼키게 하고 너를 바라보는 모든 자들의 눈앞에서 너를 데려다가 땅 위의 재가 되게 하리라. 백성들 가운데서 너를 아는 모든 자들이 너로 인하여 놀라리니 네가 두려움이 되고 결코 다시는 있지 아니하리라, 하라. (겔 28:13~19)

4. 아담이 에덴의 동산에서 쫓겨난 날로부터 현재의 시간?
하늘의 6일 = 땅의 6,000년

1) 아담에서 셈까지 = 1556년
2) 셈에서 아브라함까지 = 390년
3) 아브라함에서 야곱이 이집트 들어 간 날 까지 = 290년
4) 이집트에 들어가서 나온 날까지 = 430년   하늘의 하루
5) 이집트를 나와 저주의 시작 때 까지 = 대략 60년 + ?   = 땅의 천년
6) 저주가 시작 된 때에서 세례요한까지 = 1260년
7) 세례요한에서 예수님까지 = 3.5년
8) 예수님에서 2014년 = 1980.5년(2014-33.5)

1556 + 390 + 290 + 430 + 60 + ? + 1260 + 3.5 + 1980.5 = 5,970 + ?

대략 5,970년 이상

---

5. 하늘 6일의 끝 중에서도 동이 트기 직전 → 일곱째 날은 안식일

사랑하는 자들아, 주께는 하루가 천 년 같고 천 년이 하루 같다는 이 한 가지 사실에 대하여 무지한 자가 되지 말라. (벧후 3:8) 주의 눈앞에서는 천 년이 지나간 어제와 같으며 밤의 한 경점과 같나이다. (시 90:4) 참으로 그가 천 년을 두 번 살지라도 여전히 좋은 것을 보지 못하였으니 모든 사람이 한곳으로 가지 아니하느냐?(전 6:6)

1 - 아담(130세에 셋) → 셋(105세에 에노스) → 에노스(90세에 게난) → 게난(70세에 마하랄렐) → 마하랄렐(65세에 야렛) → 야렛(162세에 에 녹) → 에녹(65세에 무드셀라) → 무드셀라(187세에 라멕) → 라멕 (182세에 노아) → 노아(500세에 셈) ▶ 아담부터 셈(노아의 아들)이 태 어나기 까지 1556년(창 5장)

2 - 셈(100세에 아르박삿) → 아르박삿(35세에 셀라) → 셀라(30세에 에 벨) → 에벨(34세에 벨렉) → 벨렉(30세에 르우) → 르우(32세에 스룩) → 스룩(30세에 나홀) → 나홀(29세에 데라) → 데라(70세에 아브라 함) ▶ 셈으로부터 아브라함이 태어나기 까지는 390년(창 11:10~26)

3 - 아브라함(100세에 이삭) → 이삭(60세에 에서와 야곱) → 야곱이 바로 왕 앞에 섰을 때(130세) ▶ 아브라함에서 야곱이 애굽에 들어가는 때 까 지는 290년(창 21:5, 25:26, 47:9)

4 - 이제 이집트에 거하던 이스라엘 자손의 머무는 기간은 사백삼십 년이 었더라. 사백삼십 년이 끝나는 때에 바로 그 날에 주의 모든 군대가 이 집트 땅에서 나왔다. ▶ 애굽에 있었던 기간은 430년(출 12:40~41)

5 - 이집트에서 나와 광야 생활한 것 45년(수 14:10) → 정복전쟁 대략 7년 → 땅 분배 대략 8년 → 땅 분배에서 정확한 저주시작 시간 ? ▶ 대략 60 년 + ?

우리는 우리의 모든 조상들같이 주 앞에서 나그네요, 잠시 머무는 자이며 또 땅 위에 있는 우리의 날들은 그림자 같아서 영구히 지속되는 날이 없나이 다.(대상 29:15) 나의 사랑하는 이여, 날이 새고 그림자들이 달아나기 전까지 는 돌이키시며 또 당신은 베데르 산들 위의 노루나 젊은 사슴같이 되시옵소서.(아 2:17) 날이 새고 그림자들이 달아나기 전에 내가 몰약의 산과 유향의 작은 산으로 가리라.(아 4:6) 나의 사랑하는 이여, 서두르소서. 당신은 향료들의 산들 위에 있는 노루나 젊은 사슴같이 되시옵소서.(아 8:14)

16 곡과 마곡 땅

그가 많은 사람과 한 이레 동안 언약을 확정하리니 그가 그 이레의 한중간에 희생물과 봉헌물을 그치게 하며 또 가증한 것들로 뒤덮기 위하여 심지어 완전히 끝날 때까지 그것을 황폐하게 할 것이요, 작정된 그것이 그 황폐한 곳에 쏟아지리라, 하니라.(단 9:27)

1 주의 말씀이 내게 임하니라. 이르시되, **2** 사람의 아들아, 네 얼굴을 곡과 마곡 땅과 메섹과 두발의 최고 통치자를 향해 고정하고 그를 대적하여 대언하며 **3** 이르기를, 주 하나님이 이같이 말하노라. 보라, 오 ①**메섹과 두발의 최고 통치자 곡아, 4** 내가 너를 대적하노라. 내가 너를 뒤로 돌이켜 갈고리로 네 아가리를 꿰고 너와 ②**네 온 군대와 말과 기병들** 곧 온갖 종류의 갑옷을 입은 모든 자들 즉 모두 칼을 다룰 줄 아는 자들로서 큰 방패와 작은 방패를 지닌 큰 무리를 끌어내리라. **5** 또 그들과 함께한 ③**페르시아와 에티오피아와 리비아** 곧 모두 방패와 투구로 무장한 자들과 **6** ④**고멜과 그의 모든 떼와** ⑤**북쪽 지방의 도갈마의 집과 그의 모든 떼와 7** ⑥**너와 함께한 많은 백성을 내가 끌어내리라.** 너는 예비하되 스스로 예비하며 너와 네게로 모인 네 온 무리가 예비하고 너는 그들을 위해 감시하는 자가 될지어다.

▌메섹과 두발 - 전 세계에 있는 하나님의 성소에서 성경을 가르치며 활동하는 통치자들, 예언자, 사도, 선지자라 하는 자들을 말합니다. (창 9:27, 대상 1:5~6)

▌끌어 내리라(4절) - 결박하여(계 20:1~3)

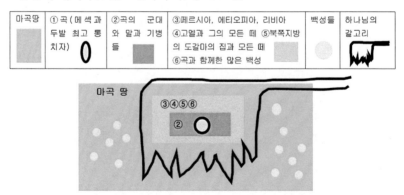

마곡땅	①곡(메섹과 두발 최고 통치자)	②곡의 군대와 말과 기병들	③페르시아, 에티오피아, 리비아 ④고멜과 그의 모든 떼 ⑤북쪽지방의 도갈마의 집과 모든 떼 ⑥곡과 함께한 많은 백성	백성들	하나님의 갈고리

8 많은 날 뒤에 네가 징벌을 받으리니 곧 마지막 해들에 네가 칼에서 벗어나

되돌아온 땅 즉 많은 백성에게서 거두어진 땅으로 들어가 항상 피폐하던 이스라엘의 산들을 치리라. 그러나 그것은 민족들에게서 나와 생겨났으며 그들은 모두 안전히 거하리라. **9** 네가 폭풍같이 올라와 그들에게 임할 것이요, 너 곧 너와 네 모든 떼와 너와 함께한 많은 백성이 구름같이 그 땅을 덮으리라.

▮ 그들은 모두 안전히 거하리라(8절) - 여자는 안전 함(계 12:14)

열 왕 →	로마(넷째 짐승)		한 시기	때	성도들 왕국 소유
	교황		홍수	전쟁	
	일곱 왕				
33~381년	381(가톨릭 국교) --------→ 1763년				
	한 때		두 때	반 때	끝
	428년 ←——— (1290년) ——→ 1717년				
	428년 ←——— (1335년) ——→ 1763년				
7봉인~4나팔	다섯째 나팔 ~ 여섯째 나팔 ~ 일곱째 나팔		일곱 병		

←————— 여자는 안전하게 광야에서 양육 받음(계 12:14) —————→
————— 마지막 해들 —————

항상 피폐하던 이스라엘의 산들을 침, 구름 같이 땅을 덮음, 민족들에게 나와서 생겨난 것임
칼에서 벗어나 되돌아 온 땅, 많은 백성에게서 거두어진 땅, 항상 피폐하던 이스라엘의 산들

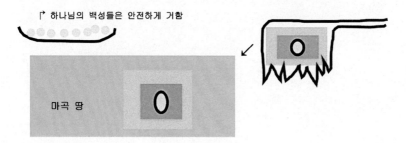

↱ 하나님의 백성들은 안전하게 거함

마곡 땅   O

10 주 하나님이 이같이 말하노라. 또 바로 그때에 여러 가지 일이 네 생각 속에 떠올라 네가 악한 생각을 하며 **11** 말하기를, 내가 성벽을 두르지 않은 마을들이 있는 땅으로 올라가리라. ①내가 성벽도 없고 빗장이나 성문도 없이 거하는 모든 자들 곧 안식(rest)하면서 안전히 거하는 자들에게로 가서 **12** 노

략물을 취하고 탈취물을 취하리라, 하고 네 손을 돌이켜서 전에는 황폐하였다가 지금은 사람이 거주하는 곳들과 또 민족들에게서 나와 모여 지내며 가축과 재물을 얻고 그 땅의 한가운데 거하는 백성 위에 두리니 13 세바와 드단과 다시스의 상인들과 그곳의 모든 젊은 사자들이 네게 이르기를, 네가 노략물을 취하려고 왔느냐? 네가 탈취물을 취하려고 네 무리를 모았느냐? 은과 금을 가져가고 가축과 재물을 빼앗아 가며 큰 노략물을 취하고자 하느냐? 하리라, 하라. 14 그러므로, 사람의 아들아, 곡에게 대언하여 이르기를, 주 하나님이 이같이 말하노라. ②이스라엘의 내 백성이 안전히 거하는 그 날에 네가 그것을 알지 못하겠느냐? 15 ③네가 네 처소를 떠나 북쪽 지역에서 나오리니 너와 및 너와 함께한 많은 백성 곧 말을 탄 모든 자들과 큰 무리와 강한 군대라.

> ①나가서 땅의 사방에 있는 민족들 곧 곡과 마곡을 속이며 그들을 함께 모아 전쟁(battle)을 하게 하리니 그들의 수가 바다의 모래 같으리라. (계 20:8)

열 왕 →	로마(넷째 짐승)		한 시기		때	성도들 왕국 소유
	교황	홍수	전쟁		
	일곱 왕		(war)		
33~381년	381(가톨릭 국교) ----------→ 1763년					
	한 때		두 때	반 때	끝	
	428년 ←----- (1290년) -------→ 1717년					
	428년 ←----- (1335년) --------→ 1763년					
7봉인~4나팔	다섯째 나팔 ~ 여섯째 나팔 ~ 일곱째 나팔		일곱 병			

←---------- ②여자는 안전하게 광야에서 양육 받음(계 12:14) ----------→

←①1534년 가톨릭 예수회 활동→   ③→

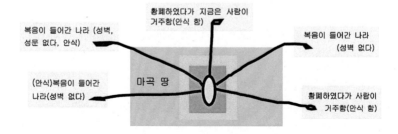

16 네가 그 땅을 덮는 구름같이 **내 백성 이스라엘을 치려고 올라오리니** 그 일이 ①**마지막 날들**에 있으리라. 오 곡아, **내가 너를 데려다가 내 땅을 치게 하리니** 이것은 내가 이교도들의 눈앞에서 네 안에서 거룩히 구별될 때에 그들이 나를 알게 하려 함이니라. **17** 주 하나님이 이같이 말하노라. 너는 내가 옛적에 내 종들 곧 **이스라엘의 대언자들을 통하여 말한 그자**가 아니냐? 그들이 그때에 내가 너를 데려다가 그들을 치게 할 것을 ②**여러 해 동안 대언하였느니라.**

열 왕 →	로마(넷째 짐승)			한 시기	때		성도들 왕국 소유
	교황			홍수	전쟁		
	일곱 왕						
33~381년	381(가톨릭 국교) ------→ 1763년						
	한 때			두 때	반 때		끝
	428년 ←---- (1290년) ----→ 1717년						
	428년 ←--- (1335년) ----→ 1763년						
7봉인~4나팔	다섯째 나팔 ~ 일곱째 나팔			일곱 병			

←②1260년→
동안 대언

내 땅을 치게 하리니, 그들이 나를 알게 하려 함, 내 백성 이스라엘을 치려고 올라옴, 너는 이스라엘의 대언자들을 통하여 말한 그자

←①→

▌**이스라엘의 대언자들을 통하여 말한 그자**(17절) - 그들의 왕국의 마지막 때 곧 범법자들이 가득할 즈음에 사나운 얼굴을 하고 숨겨진 글의 뜻을 깨닫는 한 왕이 일어나리라. 그의 권세가 강할 터이나 자기의 권세로 말미암은 것은 아니니라. 그가 놀랍게 파괴하며 형통하며 꾸준히 행하고 강한 자들과 거룩한 백성을 멸하리라. 그가 또 자기의 정책을 통하여 자기 손에서 속임수가 형통하게 하고 자기 마음속에서 자신을 높이며 평화를 빌미로 많은 사람을 멸할 것이요, 또 그가 일어서서 통치자들의 통치자들을 대적할 터이나 그가 손으로 말미암지 아니하고 무너지리라. 이미 말한 저녁과 아침의 환상이 참된즉 너는 그 환상을 닫아 두라. 그것은 많은 날(many days) 뒤에 있을 일에 대한 것이니라, 하더라.(단 8:23~26) 그가 또한 영화로운 땅으로 들어가며 많은 나라를 뒤엎을 터이나 이들 곧 에돔과 모압과 암몬 자손의 우두머리는 그의 손에서 피하

리라. 그가 또한 자기 손을 그 나라들 위로 펼치리니 이집트 땅이 피하지 못하며 그가 금과 은의 보물과 이집트의 모든 귀한 것을 다스릴 권세를 가질 것이요, 리비아 사람들과 에티오피아 사람들도 그의 발밑에 있으리라.(단 12:14~43)

18 곡이 이스라엘 땅을 치러 오는 바로 그때에 **내 격노가 내 얼굴에 나타나리라**. 주 하나님이 말하노라. 19 **내가 내 질투 속에서 내 진노의 불 속에서 말하였노니** 반드시 그 날에 이스라엘 땅에 큰 떨림이 있어서 20 바다의 물고기와 하늘의 날짐승과 들의 짐승과 땅 위에서 기는 모든 기는 것과 지면에 있는 모든 사람이 내 앞에서 떨며 산들이 무너져 내리고 가파른 곳이 쓰러지며 모든 성벽이 땅에 무너지리라. 21 주 하나님이 말하노라. 내가 **칼을 불러 내 모든 산에서 두루 그를 치게 하리니 각 사람의 칼이 자기 형제를 치리라**. 22 내가 또 **역병과 피로 그를 심판하고** 그와 그의 떼와 그와 함께한 많은 백성 위에 넘쳐흐르는 비와 큰 우박과 불과 유황을 비를 내리듯 내리리라. 23 이와 같이 **내가 내 자신을 높이고 거룩히 구별하여 많은 민족들의 눈에 나를 알리리니 내가 주인 줄을 그들이 알리라**.

▌그녀가 마음속으로 이르기를, 나는 여왕으로 앉아 있고 과부가 아니므로 결코 슬픔을 보지 아니하리로다, 하나니 그러므로 그녀가 받을 재앙들 곧 사망과 애곡과 기근이 한 날에 임하리라. 그녀가 완전히 불에 타리니 그녀를 심판하시는 주 하나님은 강하시니라.(계 18:7~8)

7년, 아마겟돈 전쟁, 마지막 대환란

에스겔 39장

1 그러므로 사람의 아들아, 너는 곡을 대적하여 대언하며 이르기를, 주 하나님이 이같이 말하노라. 보라, 오 메섹과 두발의 최고 통치자 곡아, 내가 너를 대적하노라. **2** 내가 너를 뒤로 돌이켜서 너의 **육분의 일만 남기며** 너를 북쪽 지역에서 올라오게 하여 **이스라엘의 산들 위로 데려다가 3** 네 활을 쳐서 네 왼손에서 떠나게 하고 네 화살들을 네 오른손에서 떨어뜨리리라. **4 너곧 너와 네 모든 떼와 너와 함께한 백성이 이스라엘의 산들 위에 쓰러지리니** 내가 너를 모든 종류의 굶주린 새들과 들의 짐승들에게 주어 삼키게 하리라. **5** 네가 빈 들판에 쓰러지리니 내가 그것을 말하였느니라. 주 하나님이 말하노라.

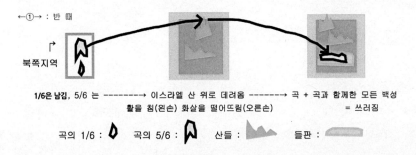

←①→ : 한 때

북쪽지역

1/6은 남김, 5/6 는 --------→ 이스라엘 산 위로 데려움 --------→ 곡 + 곡과 함께한 모든 백성
활을 침(왼손) 화살을 떨어뜨림(오른손)   = 쓰러짐

곡의 1/6 :   곡의 5/6 :   산들 :   들판 :

열 왕 →	로마(넷째 짐승)	한 시기		때		성도들 들 왕국 소유
	교황	홍수	전쟁			
	일곱 왕		(war)	←①→		
				아마겟돈 전쟁(battle)		
33~381년	381(가톨릭 국교) ---------→ 1763년					
	한 때		두 때	반 때		끝
	428년 ←1290년(1335년) → 1717년(1763년)					
7봉인~ 4나팔	다섯째 나팔 ~ 마지막 나팔	일곱 병				

6 또 내가 불을 마곡에 보내며 섬들에서 염려 없이 거하는 자들 가운데로 보내리니 내가 주인 줄을 그들이 알리라. **7** 이와 같이 내가 내 거룩한 이름을 내 백성 이스라엘의 가운데서 알리며 그들이 다시는 내 거룩한 이름을 더럽히지 아니하게 하리니 내가 주 곧 이스라엘에 있는 거룩한 자인 줄을 이교도들이 알리라.

←②→ : 나머지 반 때

불 :

섬들 :

곡과 곡을 따르는 모든 자들을 대적하시는 하나님

마곡 땅

열 왕 →	로마(넷째 짐승)	한 시기		때		성도들 왕국 소유
	교황	홍수	전쟁	battle		
	일곱 왕			전쟁	←②→	
				아마겟돈		
33~381년	381(가톨릭 국교) ---------→ 1763년					
	한 때		두 때	반 때		끝
	428년 ←1290년(1335년) → 1717년(1763년)					
7봉인~4나팔	다섯째 나팔 ~ 일곱째 나팔	일곱 병				

8 주 하나님이 말하노라. 보라, 그것이 이르렀으며 그것이 이루어졌도다. 이것이 내가 말한 그 날이니라. **9** **이스라엘의 도시들에 거하는 자들이 나아가서 무기들 곧 큰 방패와 작은 방패와 활과 화살과 몽둥이와 창에 불을 놓아 칠 년 동안 그것들을 불로 태우리라.** **10** 이와 같이 그들이 불로 그 무기들을 태울 터이므로 들에서 나무를 가져오지 아니하며 숲에서 아무것도 베지 아

니하고 자기들을 노략하던 자들을 노략하며 전에 자기들 것을 탈취해 가던 자들을 탈취하리라. 주 하나님이 말하노라.

열 왕 →	로마(넷째 짐승)		한 시기		때		성도들 왕국 소유
	교황		홍수	전쟁	①	②	
	일곱 왕				←--칠년---→		
33~381년	381(가톨릭 국교) --------→ 1763년						
	한 때		두 때		반 때		끝
	428년 ←1290년(1335년) → 1717년(1763년)						
7봉인~4나팔	다섯째 나팔 ~ 일곱째 나팔		일곱 병				

11 그 날에 내가 곡을 위하여 이스라엘에서 무덤이 될 곳을 거기에 주되 바다의 동쪽에 있는 통행자들의 골짜기를 주리니 그것이 통행자들의 코를 막을 것이요, 거기서 **그들이** 곡과 그의 온 무리를 묻고 그곳을 하몬곡의 골짜기라 **부르리라. 12 이스라엘의 집이** 일곱 달 동안 **그들을 묻어** 그 땅을 정결하게 **하겠고 13** 참으로 **그 땅의 온 백성이** 그들을 묻으리니 그것이 그 날 곧 내가 영광을 얻는 날에 그들에게 명성이 되리라. 주 하나님이 말하노라. **14 그들이** 계속해서 일할 자들을 따로 구별하고 그 땅을 지나다니며 통행자들과 더불어 지면에 남아 있는 자들을 묻어 그곳을 정결하게 하고 또 일곱 달이 끝난 뒤에 그들이 살피리라. **15** 또 그 땅을 지나다니는 통행자들 중에서 어떤 사람이 사람의 뼈를 보면 그 옆에 푯말을 세우되 묻는 자들이 하몬곡 골짜기에 그것을 묻을 때까지 그리할 것이요, **16** 그 도시의 이름도 하모나가 되리라. 그들이 이와 같이 그 땅을 정결하게 하리라. **17** 주 하나님이 이같이 말하노라. 사람의 아들아, 너는 깃털 가진 모든 날짐승과 들의 모든 짐승에게 이르기를, 너희는 모여서 오라. 너희는 사방에서 모이되 내가 너희를 위하여 희생시키는 내 희생물 곧 이스라엘의 산들 위에 있는 큰 희생물에게로 모여 살을 먹으며 피를 마실지어다. **18** 너희가 힘 센 자들의 살을 먹으며 땅의 통치자들의 피를 마시고 바산의 모든 살진 짐승 곧 숫양과 어린양과 염소와 수소의 살과 피도 먹고 마실지니라. **19** 또 내가 너희를 위하여 희생시킨 내 희생물의 기름을 너희가 배부를 때까지 먹으며 그 피를 취할 때까지 마시

고 **20** 이와 같이 내 상에서 말과 병거와 용사와 모든 전사로 배를 채울지니라. 주 하나님이 말하노라. **21** 내가 내 영광을 이교도들 가운데 두어 모든 이교도들이 내가 집행한 심판과 내가 그들 위에 얹은 내 손을 보게 하리니 **22** 이로써 그 날 이후로는 이스라엘의 집이 내가 주 자기들의 하나님인 줄을 알리라.

23 또 이교도들은 이스라엘의 집이 그들의 불법으로 인하여 포로로 사로잡혀 간 줄을 알리니 이는 그들이 나를 대적하여 범법하였으므로 내가 내 얼굴을 그들에게 숨기고 그들을 그들의 원수들의 손에 넘겨주어 모두 칼에 쓰러지게 하였기 때문이라. **24** 내가 그들의 부정함과 그들의 범법들에 따라 그들에게 행하였으며 내 얼굴을 그들에게 숨겼느니라. **25** 그러므로 주 하나님이 이같이 말하노라. 이제 내가 야곱의 포로 된 자들을 다시 데려오고 이스라엘의 온 집에게 긍휼을 베풀며 내 거룩한 이름을 위하여 질투하리라. **26** 그들이 자기들의 수치와 자기들이 나를 대적하며 범한 모든 범법을 담당한 뒤에 자기들의 땅에서 안전히 거하고 아무도 그들을 두렵게 하지 않을 때에 **27** 곧 내가 그들을 백성들에게서 다시 데려오고 그들의 원수들의 땅에서 그들을 모으며 또 내가 많은 민족들의 눈앞에서 그들 가운데서 거룩히 구별될 때에 **28** 그들이 내가 주 자기들의 하나님인 줄을 알리라. 내가 그들을 이교도들 가운데서 포로가 되어 끌려가게 하였으나 그들의 땅으로 그들을 모으고 다시는 그들 중의 하나도 거기에 남겨 두지 아니하였느니라. **29** 또 내가 다시는 내 얼굴을 그들에게 숨기지 아니하리니 내가 내 영을 이스라엘의 집 위에 쏟아 부었느니라. 주 하나님이 말하노라.

❙ 힘센 천사 하나가 큰 맷돌 같은 돌을 들어 바다에 던지며 이르되, 저 큰 도시 바빌론이 이같이 세차게 던져져서 다시는 보이지 아니하리로다. 또 하프 타는 자와 음악 하는 자와 피리 부는 자와 나팔 부는 자들의 소리가 다시는 네 안에서 들리지 아니하고 어떤 종류의 기술을 가진 기술

자든지 그도 다시는 네 안에서 보이지 아니하며 또 맷돌 소리가 다시는 네 안에서 들리지 아니하고 등잔불 빛이 다시는 네 안에서 비치지 아니하며 신랑과 신부의 음성도 다시는 네 안에서 들리지 아니하리로다. 네 상인들은 땅의 위대한 자들이었으며 네 마법에 모든 민족들이 속아 넘어갔도다. **대언자들과 성도들과 땅에서 죽임을 당한 모든 사람의 피가 그녀 안에서 발견되었느니라,** 하더라.(계 18:21~24)

이 말씀들은 신실하고 참되도다. 주 곧 거룩한 대언자들의 하나님께서 자신의 종들에게 반드시 곧 이루어질 것들을 보이시려고 자신의 천사를 보내셨도다. 보라, **내가 속히 오리니** 이 책의 대언의 말씀들을 지키는 자는 복이 있도다, 하더라.(계 22:6~7) 또 그가 내게 이르되, 이 책의 대언의 **말씀들을 봉인하지 말라. 때가 가까우니라.** 불의한 자는 그대로 불의하게 두고 더러운 자는 그대로 더럽게 두며 의로운 자는 그대로 의롭게 두고 거룩한 자는 그대로 거룩하게 둘지니라. **보라, 내가 속히 오리니 내가 줄 보상이 내게 있어 각 사람에게 그의 행위에 따라 주리라. 나는 알파와 오메가요 시작과 끝이요 처음과 마지막이라.** 그분의 명령들을 행하는 자들은 복이 있나니 이것은 그들이 생명나무에 이르는 권리를 소유하게 하며 그 문들을 지나 그 도시로 들어가게 하려 함이로다. 개들과 마법사들과 음행을 일삼는 자들과 살인자들과 우상 숭배자들과 거짓말을 좋아하며 지어 내는 자는 누구든지 밖에 있느니라. 나 예수는 내 천사를 보내어 교회들 안에서 이것들을 너희에게 증언하게 하였노라. **나는 다윗의 뿌리요 후손이요 빛나는 새벽별이라,** 하시더라. **성령과 신부가 말씀하시기를, 오라,** 하시는도다. 듣는 자도, 오라, 할 것이요, 목마른 자도 올 것이요, 또 누구든지 **원하는 자는 값없이 생명수를 취하라.**(계 22:10~17)

사랑하는 자들아, 주께는 하루가 천 년 같고 천 년이 하루 같다는 이 한 가지 사실에 대하여 무지한 자가 되지 말라.(벧후 3:8)

BC 1124~1103 ──────── AD34 ──────── 423년 ──────── 1763 ── 흥수와 전쟁 - 두로 임금 - 7/2 전쟁 - 7/2
(느부갓네살 1세   1000년 사탄 결박   하늘에서 전쟁 → 땅으로 사탄이 쫓겨남 땅으로 내려옴 (war) (먼트 왕국과) (battle) 나팔
바벨론을 수도 삼음)   땅 : 같음이 감옥에서 풀려나 땅으로 올라 음   노래를 부르며
                                          하늘(하나님 홍곡) : 부활하신 그리스도와 부활한 성도들이 통치   도시를 돌아다님

7봉인~4나팔   5나팔 ~ 6나팔 ~ 마지막 나팔   일곱 영
24장로와 네 짐승 응 내려옴(계 5:10)   심판

한 때(단 12:7)   두 때(한 시기) = 흥수와 전쟁   심판

BC537 ───── (2300일 동안 = 2300년 동안, 단 8:14) ──────→ AD1763
BC1230 ──── AD30~34 ──────→ 423년 ────────→ 1763년   17세기 역병 끝
      1260년 동안(두 증인 활동)   예수님(성소 반)   1290년 동안(마흔 두 달)   1763년 동안(마흔 두 달)   (계 11:2~3, 13:5)

BC521 70이레의 62이레 ─── AD33년 반 ── 전쟁 → 파괴자 ─── 흥수와 전쟁 ── 10이레 = 끝
성벽건축   메시아가 끊어짐   승리   (단 9:24~27)   (7년)

❶ 애굽 ❷ 앗시리아 ❸ 바벨론 ❹ 메드로사아 ❺ 그리스 ❻ 로마(젤 왕)   ❼ 음녀 = 작은 뿔 = 교황   한 시기 전쟁
     첫째   둘째   셋째   넷째   다섯째   여섯째   여덟째   (단 7장 예언)

숫양   반역자 가든
                            빼빼하고 속임수에 능한 한 왕
                            (단8장 예언)

갈음이 시작과 끝 = 대략 30,960년 동안 / 아담부터 현재까지 시간 6,000년이 다 되어 감 = 하늘의 시간 6일이 다 되어감
갈음이 표면 위로 있고(창 1:2) 갈음이 표면인 혈에 있느니라(욥 38:30) 주의 신들로 된 갈음과 된 갈음과 같음이다. 주께서는 사람과 짐승을 보존하시나이다(시 36:6)